개정판

아동안전관리

이명조 · 차승환 · 우정순 · 김영옥 · 김란옥 · 배진희

태영출판사

머리말

오늘날 많은 어머니들이 직장을 다니고 있다. 어머니를 대신한 교사의 아이 돌봄은 보편화되고 있고 돌봄의 질은 점차 높아지고 있다. 그런데 아이 돌봄의 질, 그 중심에 '안전'이 있음은 부정할 수 없는 사실이다. 아이와 함께 지내본 사람이라면 누구나 아주 사소한 안전 소홀도 생명의 위협까지 내몰 수 있다는 것을 안다. 아이 안전에 대한 보장 없이는 돌봄 자체가 의미 없다는 뜻이다. 안전이야말로 아이 돌봄의 최우선 과제라 할 수 있다.

어린이집마다 안전한 환경을 마련하기 위해 최선을 다하고 있다. 국가의 관련 법령도 마련되어 안전관리를 강화하고 있다. 하지만 영유아들은 환경을 전체적으로 조망할 수 있는 능력과 신체조절의 능력이 아직 덜 발달된 상태이다. 그런데 이들의 호기심은 엄청나다. 사고의 위험은 항상 따라 다니고, 그것도 일순간 발생한다. 안전한 환경과 더불어 영유아의 안전교육 또한 반드시 필요하다. 영유아 안전에 대한 교사의 책임은 그만큼 무거운 것이다.

이 '아동안전관리' 책은 아이 돌봄을 위해서는 무엇보다 안전이 전제되어야 한다는 차원에서 포괄적으로 엮어 보았다. 1장은 영유아 안전교육의 개념 및 필요성, 2장은 영유아 발달 특성과 안전관리, 3장은 영유아 교육기관에서의 안전교육의 실제, 4장은 보육교직원과 부모를 위한 안전교육의 실제, 5장은 어린이집의 실내외 놀이시설 설비 및 안전, 6장은 화재안전, 7장은 교통안전, 8장은 재난 및 환경오염, 9장은 안전과 가정연계, 10장은 응급처치, 11장은 아동권리와 아동학대, 12장은 미디어 안전 등으로 구성하였다. 또, 부록에는 어린이집을 운영함에 있어 안전에 실제적 도움을 주기 위해 활용 가능한 서식을 실었다.

이 책은 어린이집 교사, 예비교사, 학부모, 그밖에 어린이집 관련 모든 분들에게 영유아 안전관리를 위해 큰 도움이 되기를 기대한다. 다소 미흡한 내용에 대해서는 계속 수정하고 보완할 예정이며, 여러분의 조언을 부탁한다. 이 책의 출판을 맡아주신 태영출판사 김현태사장님 이하 임직원 여러분께 감사드린다.

2015년 9월

저자 일동

차 례

제7장 교통안전 153

제8장 재난 및 환경오염 185

제 1 장

영유아 안전교육의 개념 및 필요성

1. 영유아 안전교육의 개념
2. 영유아 안전교육의 필요성
3. 영유아 안전사고의 원인 및 이해
4. 영유아 안전사고의 실태 및 관련 법령

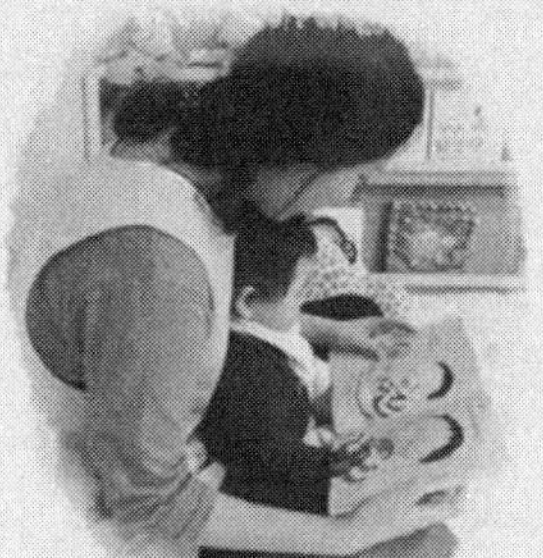

1. 영유아 안전교육의 개념

최근 의학과 과학기술의 발전으로 각종 질병이나 감염에 의한 영유아 사망률은 과거에 비해 감소되고 있으나 예측하지 못한 재해나 사고 등으로 인한 사망률은 오히려 증가하는 추세이며, 지난 10년간 우리나라의 아동 안전사고로 인한 상해나 사망률은 다소 감소하였으나 여전히 다른 선진국에 비해 높은 실정이다. 이는 우리나라의 영유아가 다른 나라에 비해 각종 사고위험으로부터 충분히 보호받지 못하고 안전에 노출되고 있음을 의미한다.

안전이란 사전적 정의에서 살펴보면 '위험이 생기거나 사고가 날 염려가 없는 상태'라고 되어 있고, 안전교육에 대해서는 '안전한 생활을 할 수 있도록 지식을 주고 태도나 행동의 바람직한 방향으로 바꾸어 나가는 교육' 또는 '일상생활에서 일어나는 사고를 미연에 방지하고, 불의의 재해나 돌발적인 사태가 발생하였을 때에는 생명을 지키기 위해서 취하여야 할 심신 양면의 행동을 지도할 목적으로 실시하는 교육'이라고 명시되어 있다. 즉, 안전교육이란 교육이라는 수단을 통하여 일상생활에서 개인 및 집단의 안전에 필요한 사항을 이해시키는 지식의 교육과 위험요소를 예측하고 예방하는 것이며, 안정적으로 행동하는 태도의 교육, 안전하게 행동할 수 있는 기능의 교육이 이루어져야 한다. 그리고 안전을 위협하는 여러 가지 요인들을 예방적 접근방법으로 사전에 제거하고 사고 시에도 피해가 최소화될 수 있는 체계와 대책 등을 마련하는 것이다.

영유아는 연령별 발달 특성으로 인하여 자기 조절 능력 및 상황에 대한 대처능력이 부족하여 안전사고에 빈번하게 노출되기도 하며, 성장하는 과정에서 그 어느 시기보다 크고 작은 사고로 상해를 입거나 사망으로 이어지기 쉬운 시기이다. 과거에는 아이들은 아프고 다치면서 성장한다고 생각하여 사고의 발생 원인에 대하여 간과하는 경향이 있었으나 최근에는 질병과 마찬가지로 사고도 원인이 있으며 사고의 원인을 제거하거나 개선하면 사고예방이 가능하다는 인식으로 바뀌어 가고 있다. 따라서 영유아의 안전은 성인이 사고의 발생 원인을 제거하거나 개선하여 안전한 환경을 조성하고 주변의 위험상황을 알려주고 대처법을 지도함으로써 영유아의 안전을 보장할 수 있다. 안전을 보장한다는 것은 아동의 삶의 질을 유지하는 것으로 인간의 가장 기본적인 삶을 보장하는 것이다. 이러한 여러 정의와 영유아의 발달적 특성을 고려하여 '영유아 안전교육이란, 영유아들이 신체적, 정신적 상해나 사고 없이 건강하게 자랄 수 있도록 환경을 조성하는 것이며, 보다 넓게는 영유아들이 신체적, 정서적으로 상해나 사고 또는 학대를 받지 않도록 인적, 물적 환경을 조성하는 것이다. 또한 영유아들이 모든 환경에서 안전하게 자랄 수 있도록 예방하는 총체적인 활동으로써 영유아가 스스로 안전에 대한 올바른 태도와 행동을 형성하여 안전한 생활습관 형성과 더불어 안전사고에 대한 예방과 적절한 대책을 모두 포함하는 교육'으로 정의하고자 한다.

2. 영유아 안전교육의 필요성

고도화된 산업문명의 발달과 급속한 산업성장으로 현대사회를 살아가는 우리는 윤택하고 풍요로운 삶을 살고 있지만 사회가 현대화되어 가면 갈수록 영유아의 안전문제 및 안전관리의 어려움 또한 증가되고 있다. 사회의 도덕불감증으로 인한 아동학대와 유괴 및 성폭력 등도 심각한 상태이다. 따라서 이러한 각종 위험한 환경으로부터 영유아를 보호하기 위해서는 안전한 환경을 만들고 영유아의 발달에 적합한 교육을 해야 한다. 영유아의 안전은 생명과도 직결되기 때문에 영유아가 건강하고 행복한 삶을 살기 위해서는 안전한 환경이 마련되어야 한다. 그러나 영유아는 신체적 · 정신적 발달이 미숙할 뿐만 아니라 선택의 여지없이 주로 성인중심의 생활환경에서 살고 있으며, 주변 환경에 대한 호기심과 충동적인 성향, 안전 불감증으로 인하여 스스로를 보호하기가 어렵다.

영유아는 안전한 환경에서 성장해야 할 권리가 있으므로 국가와 사회는 영유아들이 건강하고 안전하게 성장할 수 있는 환경을 조성해 주어야 한다. 그러나 영유아는 그들이 속한 환경을 선택할 능력이나 분별력이 없으며 주어진 환경에 따라 가정이나 영유아 교육기관에서 부모와 교사의 안전에 대한 태도나 지도에 의하여 안전에 대한 보장도 좌우될 수 있다. 이러한 점을 고려하여 볼 때 영유아에게 일어나는 사고를 예방하기 위한 방법으로는 첫째, 사고가 일어날 수 있는 환경적 요인을 찾아내어 환경을 개선하도록 법적인 조치나 제도적 규제를 만드는 것이고, 둘째는 사고가 일어날 수 있는 상황을 판단하여 교육을 통해 미연에 방지하는 것이다. 즉, 영유아 스스로 안전하게 행동할 수 있도록 안전과 관련된 지식과 기술을 습득하고, 안전한 태도를 몸에 익히는 교육이 필요하다. 이와 더불어 영유아와 관련되어 있는 각종 시설과 설비, 교재 · 교구 등은 사고를 미연에 방지할 수 있는 안전관리가 이루어져야 한다. 또한 영유아를 양육하는 부모와 교사의 안전의식 함양과 우발사고에 대한 올바른 인식이 중요하다. 안전교육은 계획적이고 체계적인 지도와 함께 가정과 지역사회의 연계를 도모하고 실천적으로 이루어져야 한다. 안전교육은 개인이 사고의 위험성이 높게 노출되기 이전에 제공하는 것이 효과적이라는 점을 고려하여 영유아기에는 모든 생활습관의 기초를 형성하는 시기이므로 이 시기에 주변 환경과 대상에 대하여 안전하고 건강한 생활태도와 습관을 갖도록 하는 것이 중요하다. 최근에는 가족구조의 변화와 여성의 사회진출로 인하여 어린이집을 이용하는 영유아의 수가 증가하고 있으며, 이에 따라 어린이집에서는 영유아가 사용하는 시설이나 설비 등의 올바른 사용법이나 교통법, 유괴 및 성폭력, 화재안전, 약물오남용 교육, 기타 재해안전 등에 관하여 정기적으로 교육을 실시하고 있다. 이는 영유아기부터 사고예방을 위한 안전교육을 시작하는 것이 효과적이므로 안전에 대한 올바른 지식과 태도 및 기술을 형성함으로써 이에 대처할 수 있는 능력을 길러주기 위함이다.

3. 영유아 안전사고의 원인 및 이해

일반적으로 사고의 원인을 예방하기 위해서는 우선 사고의 원인을 규명하고 이를 제거하기 위한 노력이 필요하다. 사고가 발생하는 요인을 중심으로 사고의 원인을 나누어 살펴본다면 인적 요인(human factor), 기계적 요인(merchanical factor), 환경적 요인(environmental factor)으로 크게 구분할 수 있다(Miller, 1995) 대부분 사고의 88%는 인적 요인에 의한 것이며, 나머지 10% 정도가 불완전한 기계적 요인에 의한 것이고, 불가항력적으로 인한 사고는 2%에 불과하다고 한다(Heinrich, 1980).

인적 요인(human factor)이란 사고의 일차적 원인으로써 사고가 발생하는 상황에 이르게 한 인간의 행동을 말한다. 예를 들어 기계나 장비 등을 조작하기 위해 필요한 기술의 숙련도나 개인의 신체적, 운동적 능력도 포함되며 안전에 관한 올바른 태도나 정서적 상태, 주의력 정도 등도 사고의 원인이 될 수 있다. 하지만 안전사고는 기계적 결함에 의해 발생하기도 한다. 그리고 다양한 환경적 요인(environmental factor)에 의해서도 발생한다. 이러한 사고를 예방하기 위해서는 각 요인에 대한 예방수칙을 알고 있어야 한다. 먼저 인적 요인(human factor)에 의한 사고를 예방하기 위해서는 사고에 대한 개인의 안전의식이나 지식, 기술, 태도를 향상시켜야 할 것이다. 이를테면 기계를 다룰 수 있는 기술을 익히게 한다든지, 안전규칙이나 제도를 올바르게 알고 이를 지킬 수 있는 태도를 갖게 하는 것이다. 또한 사고의 원인이 되는 정서적 요인을 발견하여 자신의 감정을 조절하고 주의할 수 있게 해야 한다. 이에 반해 기계적 요인(merchanical factor)에 의한 사고는 기계적 제작 기술을 증진시키고 제작과정을 보다 정교하게 하여 상품의 품질을 엄격히 관리하는 전략 등을 통해 사고의 가능성을 줄일 수 있게 하는 것이다. 마지막으로 환경적 요인(environmental factor)에 의한 사고를 방지하기 위해서는 각 사고별 위험 요인을 찾아내어 환경을 개선하도록 법적인 조치나 규제를 강화하는 것이다.

특별히 영유아가 사고에 취약한 이유를 살펴보면 첫째, 영유아는 인지수준, 근육 조절능력, 행동기술능력, 판단능력 및 상황에 대한 대처방법이 미숙하고 발달이 완전히 이루어지지 않았기 때문에 사고에 취약할 수밖에 없다. 둘째, 급격한 산업화와 도시화로 안전한 놀이공간의 축소와 시설과 설비들이 거의 성인위주의 생활환경으로 구성되어 있기 때문이다. 셋째, 성인에 비해 경험이 부족하고 가정과 영유아 교육기관의 교육이 부족하기 때문이다. 넷째, 사회 전반적으로 안전불감증이 뿌리 박혀 있기 때문에 성인들은 영유아들이 모방하고 학습하게 됨으로 주의를 해야 한다.

4. 영유아 안전사고의 실태 및 관련 법령

1) 안전사고의 실태

한국소비자원 연구조사(2013)에 의하면 급격한 산업문명의 발전으로 의학발달 및 도시화와 같은 주변 환경이 변화되면서 영유아들은 끊임없이 안전사고의 위험에 노출되어 있으며, 과거에 볼 수 없었던 새로운 위험 요소까지 등장하여 영유아의 안전을 위협하고 있다고 밝혔다. 따라서 영유아기의 연도별 어린이 안전사고 현황을 보면 〈표 1-1〉에 나타난 바와 같이 2010년에 '위해 발생' 건수가 15,006건이고 2012년에는 22,907건으로 2년 사이에 약 37.2%가 증가하였다고 보고하였다.

표 1-1 연도별 어린이 안전사고 접수 현황

구분	2010년	2011년	2012년
위해 발생건수	15,006	20,773	22,907
증가율	34.4	37.9	37.2

출처: 한국소비자원(2013).

또한 연령별 어린이 안전사고는 1~3세가 11,283(49.3%)으로 가장 높게 나타났고, 4~6세는 4,971(21.7%), 7~14세는 4,727(20.6%), 1세 미만은 1,926(8.4%)으로 취학 전 연령(만 0~5세)과 학령기 연령(만 6~14세)으로 나누어 보았을 때 안전사고의 건수가 인지 능력이 떨어지는 취학 전 연령이 학령기 전 연령보다 3.8배 높은 것으로 나타났는데 이는 이 시기의 아동들이 활동성 및 호기심 등의 발달적 특성이 사고를 유발하는 요인이 된다는 것을 보여주고 있다. 또한 〈표 1-2〉에서 보는 바와 같이 OECD국가 중 우리나라가 어린이 상해사망률이 가장 높다고 발표되었다(한국산업안전공단, 2003).

표 1-2 OECD국가 사고에 의한 1~14세 어린이 사망률 순위

연도	OECD 평균	1위	2위	3위
		멕시코	미국	한국
2005년	5.6명	13.6명	9.2명	8.7명
1991~1995년	10.5명	1위	2위	3위
		한국	멕시코	포르투칼
		25.6명	19.8명	17.8명

출처: 통계청(2010). 사고에 의한 어린이 사망 OECD국가 비교.

2005년 기준으로 OECD국가 사고에 의한 어린이 사망률(인구 10만 명당)의 평균은 5.6명이었으며, 한국은 8.7명으로 스웨덴(2.7명)의 3.2배로 나타났다. 한국은 사고

사망률이 1991~1995년 25.6명에서 2005년에 8.7명으로 대폭 하락하였으나, 아직은 OECD국가 중 3위로써 높은 순위에 올라 있다. OECD국가와 한국의 1~14세 어린이 사고 사망 원인을 살펴보면 〈표 1-3〉과 [그림 1-1]과 같다.

표 1-3 OECD국가와 한국의 1~14세 어린이 사고사망 원인 구성비

국가	연도	사고사망								
		계(%)	교통사고	익사	타살	화재	추락	자살	중독	기타
OECD	2005년	100.0	39.6	14.9	9.7	5.5	3.2	5.1	1.9	20.1
한국	2005년	100.0	42.7	20.0	8.7	2.4	7.9	5.3	0.5	12.4
	2007년	100.0	44.6	13.7	8.7	1.2	9.8	9.4	0.7	11.8

출처: 통계청(2010). 사고에 의한 어린이 사망 OECD국가 비교.

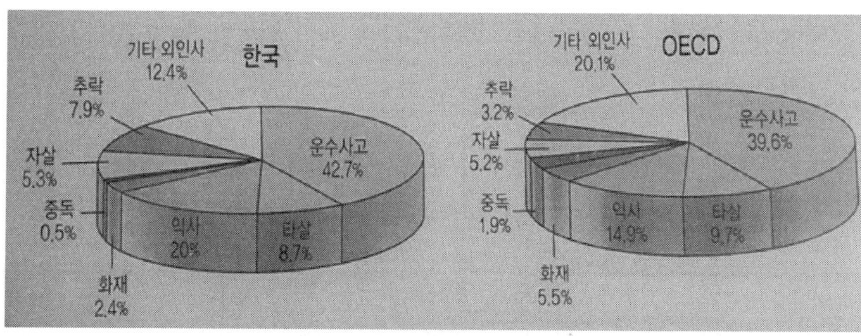

[그림 1-1] 2005년도 OECD국가와 우리나라 아동의 사고사망 원인 비교
출처: 통계청(2009)

2005년 한국의 어린이 사고 사망 3대 사인은 교통사고(42.7%), 익사(20.0%), 타살(8.7%) 순이었고, OECD국가의 경우에는 교통사고(39.6%), 익사(14.9%), 타살(9.7%)로 나타났다. 또한 한국이 추락과 익사에서 OECD국가 평균보다 각각 2.5배, 1.3배 높았으며, 중독과 화재는 OECD국가 평균보다 낮았다. 2007년에는 교통사고(44.6%), 익사(13.7%), 타살(8.7%), 추락(9.8%), 자살(9.4%), 중독(0.7%), 기타(11.8%)로 유

형별로 상이하게 나타났다.

통계청 자료(2000)에 의하면 아동 사망 원인 중 50% 이상이 각종 사고로 인한 사망이며, 하루에도 평균 11.7명의 어린이가 죽고, 이 중 6.2명의 어린이가 각종 사고로 사망한다고 한다.

표 1-4 사망원인별 어린이 사망사고(2005~2008년)

구분	계	교통사고	추락	익사	화재	중독	기타
2005	755	339	67	156	19	4	170
2006	642	316	58	78	42	5	143
2007	538	259	58	78	7	4	132
2008	508	214	50	78	2	2	145
2009	440	201	39	62	5	5	440

출처: 통계청(2010), 사망 및 사망원인 통계.

2005년부터 2009년간 어린이 교통사고 사망자수는 전체 어린이 사망사고 원인의 46.1%로 가장 높게 발생하였으며, 익사사고는 15.7%, 추락사고는 9.4%, 화재사고는 3.4%, 중독사고는 0.7%로 발생한 것으로 나타났다.

표 1-5 2008년 사고에 의한 어린이 연령별 사망률

연령	사망의 외부 요인						
	계(%)	교통사고	추락	익사	화재	중독	타살
1~4세	9.0	3.3	1.5	1.0	0.2	–	1.0
5~9세	6.5	3.1	0.5	1.1	0.0	–	0.8
10~14세	5.6	1.6	0.2	0.8	0.4	0.0	0.5

출처: 통계청(2010), 2008년 사망 및 사망원인 통계.

이처럼 사고의 유형은 어린이의 연령과도 연관이 있다. 그 중 추락사고는 어린이 안전사고에서 비교적 많이 발생하는 사고인데 만 0~4세까지의 연령의 사망률이 전체 중 66%를 차지하고 있으며, 5~9세와 10~14세까지의 연령의 사망률이 34%에 달한다. 이와 같은 내용으로 보아도 영유아 시기의 사망률은 어린이의 총 사망률에 아주 비중이 크게 나타났음을 알 수 있다.

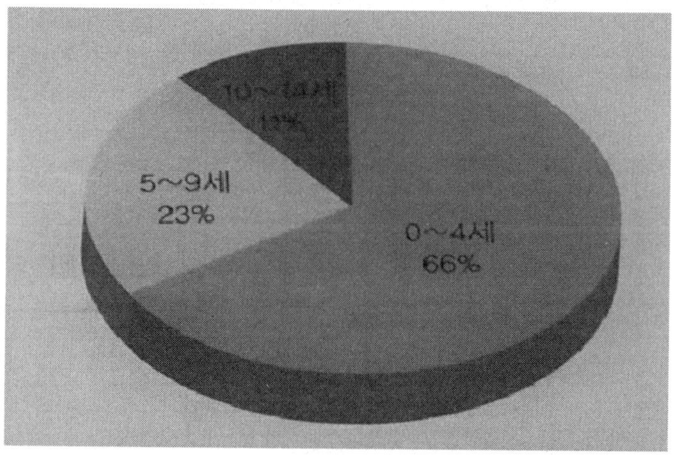

[그림 1-2] 추락 사망사고 연령
출처: 통계청(2010). 사망원인 및 통계

이외에도 2003~2006년까지 어린이 안전사고를 조사한 자료에 의하면 사고의 원인 중 가장 많은 비중을 차지하는 것은 추락, 넘어짐, 미끄러짐이다. 이러한 요인은 안전사고 원인의 33.7%의 비중을 차지한다고 한다. 충격, 충돌 23.2%, 삼킴 8.8%으로 나타났다. 어린이 사고의 계절별 발생률에 의하면 여름에 많이 발생하고, 겨울에 감소하는 것도 유아의 활동성과 무관하지 않다(한국소비자원 소비자안전센터, 2007). 특히 영유아의 안전사고는 부모의 보호나 감시가 철저한 영아기를 지나 단독 보행이 가능해지고 혼자서 바깥 활동이 활발하며 호기심이 증가하는 유아기 및 학령 전기에 많이 나타난다. 영유아의 사고가 자주 발생하는 시기나 상황은 무엇보다 부모나 교사의 보살핌이 소홀해지는 경우에 발생한다. 특히 영유아교육기관에서 일어나는 사고는 다른 영유아가 다치거나 아파서 일과 진행이 어려울 경우, 교사가 아프거나 결석한 경우, 영유아가 활동에 참여하지 않고 배회하는 경우, 영유아가 너무 배가 고프거나 아프거나 피곤한 경우, 견학이나 새로운 장소에 갔을 경우, 늦은 오전이나 늦은 오후 시간에 빈번하게 일어난다(Kendrick, Kaufmann & Messenger, 1995). 또한 가정에서 부모가 부주의하거나 영유아에 대한 세심한 보살핌을 소홀히 하는 경우 가정 내 영유아 안전사고가 발생할 수 있다. 그러나 부모가 상해의 위험요인에 주의를 기울이고 조심하면 가정 내에서 발생하는 영유아 안전사고의 90% 이상은 예방이 가능하다. (Hall-Long, Schell, & Corrigan, 2001) 즉, 영유아의 안전은 예방적 · 보호적 조치를 취하는 부모에 의해 보장될 수 있으며 영유아에 대한 적절한 보살핌은 부모의 중요한 책임이다. 결국 영유아는 가정, 유아교육기관, 기타 우리의 생활환경 어느 곳이라도 안전하지 못하며 부모나 교사의 안전지도가 소홀할 때 일어날 수 있다. 최근 우리나라에서는 유아 우발사고의 심각성을 국가적인 차원에서 인식되면서 공공차원에서 정부 관련전문가가 참여하고 지원하여 이를 예방하려는 적극적인 노력을 기울이고 있다.

2) 장소별 안전사고 현황

아동의 연령별 가정 내 안전사고 현황을 2012년 한국소비자원 CISS(소비자위해감시시스템)에 접수된 아동안전사고 중 2003~2011년 사이에 가정에서 발생한 안전사고 건수는 51.4~63.3%로 아동안전사고의 과반수 이상이 발생하고 있으며, 발생건수는 매년 비슷한 수준이 계속 유지되고 있음을 알 수 있다. 이와 같은 현상은 이 시기의 아동들이 타 연령층에 비해 많은 시간을 가정에서 생활한다는 점과 신체적 협응력이 낮고 호기심이 왕성하여 위험에 더 많이 노출된다는 결과로 볼 수 있다.

표 1-6 **가정 내 안전사고 발생 추이**

구분	2005년	2006년	2007년	2008년	2009년	2010년	2011년
발생건수	4,040	4,541	5,341	9,421	11,427	15,006	20,737
가정 내 발생건수	2,502	2,762	2,794	5,576	7,299	8,534	12,236
비율(%)	61.9	60.8	51.4	59.2	63.3	56.9	59.0

출처: 한국소비자원, 2012년 어린이 안전사고 사례분석(CISS).

사고유형별 가정 내 안전사고 현황을 살펴보면 충격이나 충돌은 72.3%로 안전사고율이 가장 높게 나타났으며, 찔림 11.0%, 온도(화상) 3.6%, 화학적 영향 1.2%, 의료시술 및 약물 0.4%, 기타 물리력 0.2%, 과도한 동작 0.1%, 기타 11.2%로 나타났다(한국소비자원, 2012년 어린이 안전사고 사례분석, CISS).

표 1-7 **연도별 어린이집 내 안전사고 발생 추이**

구분	2004년	2005년	2006년	2007년
부상자	3,003명	3,161명	3,716명	5,808명
사망자	8명	11명	10명	13명

출처: 보건복지부(2008). 2004~2007 어린이집 안전사고 현황.

연도별 어린이집 내 안전사고 현황(보건복지부, 2008) 보고에 의하면 어린이집 영유아 안전사고 발생으로 인한 부상 및 사망건수는 해마다 증가하고 있으며, 최근 취업여성의 사회진출 증가로 인하여 어린이집의 역할이 증가하는 현 시점에서 어린이집 안전관리 강화 대책 마련이 필요함을 시사해 준다. 또한 어린이집 안전사고 발생 원인을 살펴보면, 유아 부주의로 인한 사고가 13,457건(71.4%)이고, 아동 간 다툼이 3,579건(19.9%)이고 교직원 부주의 617건(3.3%)과 시설물 하자 214건(1.1%)으로 나타났으며, 사망사고의 경우 교통사고나 급성폐렴 및 원인 미상 등의 사망사건이 28건(51.9%), 교직원 부주의로 인한 사고가 16건(29.6%)으로 나타났다. 어린이집 안전사고 예방을 위해 아동과 보육교직원들에게 안전관리에 대한 교육과 실천이 더욱 강화되어야 할 것이다.

표 1-8 어린이집 내 안전사고 원인(2004~2008년)

계	유아 부주의	아동 간 다툼	교직원 부주의	시설물 하자	기타
54명	8명(14.8%)	0명	16명(29.6%)	2명(3.7%)	28(51.9%)

출처: 2009. 8월 보건복지가족부 제출. 손숙미 의원실 재구성(보도자료 2009-39) 재인용.

3) 안전사고 보상 및 관련 법령

지금까지 살펴본 바와 같이 안전사고의 실태와 현황은 매우 놀랍고 충격적이다. 영유아기의 발달적 특성으로 인하여 사고의 위험에 많이 노출되어 있기는 하지만 영유아의 사고는 무엇보다도 성인의 책임이 크다.

국민의 권리 중 안전하게 사는 것은 기본 권리 중 하나이며, 국가와 사회가 법적·행정적인 제도와 규제를 구비하고 이를 적절하게 이행할 수 있는 장치와 도구를 만드는 것은 국가의 책무이며 의무인 것이다.

어린이집 영유아 수는 매년 증가하고 있으며 더불어 안전사고 발생률도 늘어나 안전한 보육환경에 대한 수요자의 요구도 증가하고 있다. 2007년 어린이집에서 발생한 부상사고는 8,665건이었으며, 이 중 보험회사로부터 보상을 받은 경우는 5,220건에 불과해 30%의 사고에 대해서는 시설에서 사고 관련 비용을 부담하고 있는 것으로 나타났다. 특히 어린이집은 민영보험에 가입하고 있었기 때문에 유치원이 가입하고 있는 학교공제회와 달리 민영보험의 보상원리상 적절한 보상이 이루어지고 있지 않았으므로(보건복지부, 2009) 어린이집에서 안전사고가 발생할 때 행정적 · 재정적인 어려움이 발생하였다. 이에 따라 보건복지부에서는 2009년에 어린이집 안전사고를 예방하고 어린이집 안전사고로 인해 생명이나 신체에 피해를 본 영유아 및 보육교직원 등에 대한 보상을 위해 '어린이집안전공제회'를 설립할 수 있도록 법적 근거를 마련하여 어린이집 안전사고에 관한 보상업무를 수행하고 있다.

영유아보육법에 의하면 어린이집을 이용하는 영유아에 대한 상해 및 각종 배상보험 등을 의무 가입하도록 규정하고 있으며, 어린이집을 이용하는 영아에 대한 '영아돌연사'와 같은 사망사고의 경우도 보장하고 있어 안정적인 어린이집 운영에 도움을 주고 있다. '어린이집안전공제회'는 어린이집 안전사고에 대한 보상과 어린이집 안전사고와 관련한 분쟁 및 사안 조정, 영유아 및 보육교직원 등에 대한 복리후생 사업, 어린이집 안전사고 관련 통계 산출, 안전사고 예방 사업 등으로 운영한다. 어린이집 안전사고 발생 시 사고보고 및 보상 절차와 보상범위는 [그림 1-3]과 같다.

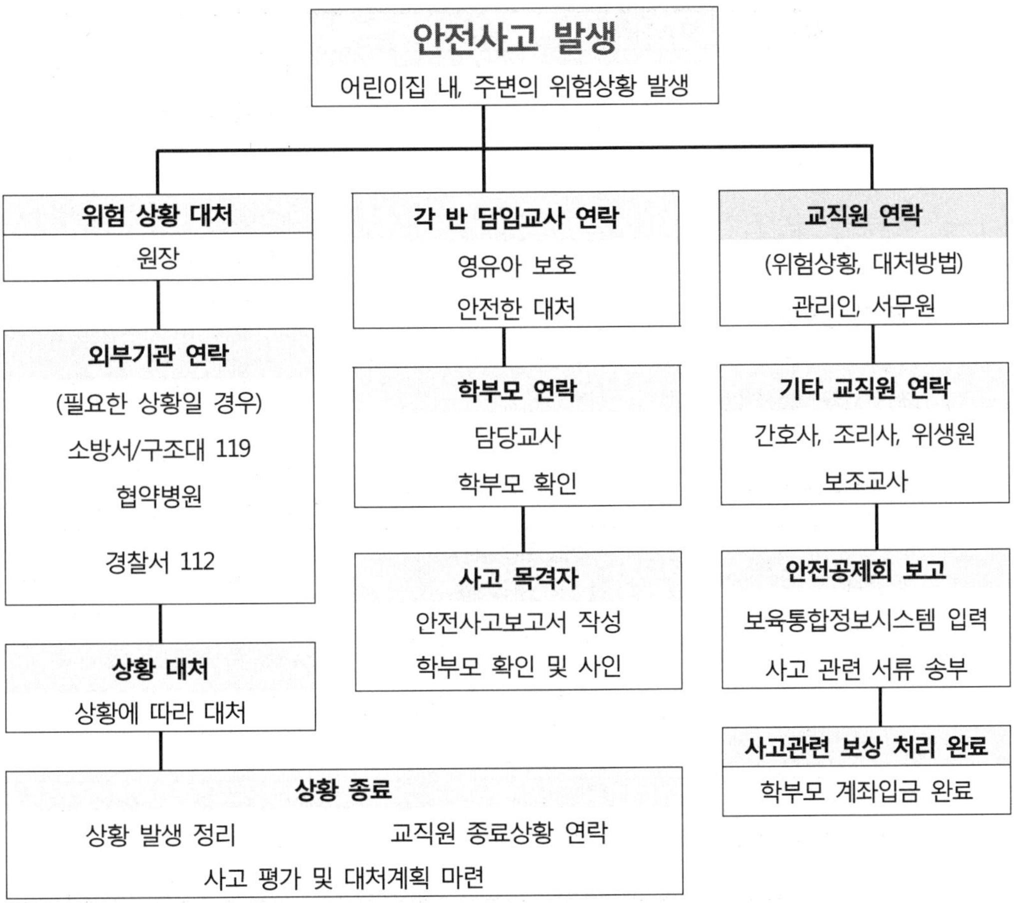

[그림 1-3] 안전사고 시 처리 절차

표 1-9 공제료 및 보상범위

대상	부과기준	공제액	보상범위
영유아 생명 · 신체 피해 (방과 후 아동 포함)	현원	• 영유아 : 4,890원 • 방과 후 아동 : 3,990원	배상책임담보 • 대인배상 : 1인당 4억원 한도 1사고당 20억원 한도

대상		부과기준	공제액	보상범위
				– 돌연사증후군 4천만원 보장 – 음식물 배상책임담보 포함 · 대물배상 : 1사고당 5백만원 한도 상해담보 • 치료비의 100% 보상
돌연사증후군 특약		현원	100원	1인당 8천만원 (영유아 배상 및 상해 4천만원 포함)
놀이시설 배상책임		정원	795원	• 대인배상 : 8천만원 한도 • 대물배상 : 2백만원 한도
가스사고 배상책임		정원	기본 2,500원+35원	• 대인배상 : 8천만원 한도 • 대물배상 : 3억원 한도
화재 보험	건물	정원	건물 유형에 따라 부과 (400~520원)	사고 발생 시 감정평가액 한도
	집기	정원	정원 기준에 따라 기본 한도 설정	가입 금액 한도
보증		경상 보조금	연 경상보조금총액 × 0.319%	경상 금액 한도
보육교직원 상해		현원	12,600원	사망 장애 시 : 1.5억원 한도 치료비 : 5백만원 한도 (치료비의 90%)

출처: 어린이집안전공제회(http://www.csia.or.kr).

우리나라에서 영유아 안전관련 법령으로는 영유아보육법, 유아교육법, 아동복지법을 근거로 영유아기 안전사고 예방정책 및 제도를 마련하고 있으며, 어린이 놀이시설 안전관리법, 품질경영 및 공산품안전관리법, 도로교통법 등이 있다. 구체적인 법령의 내용 및 소관부처에 대하여 알아보면 다음과 같다.

(1) 영유아보육법

이 법은 영유아의 심신을 보호하고 건전하게 교육하며 건강한 사회 구성원으로 육성함과 아울러 보호자의 경제적 · 사회적 활동이 원활하게 이루어지도록 함으로써 가정복지 증진에 이바지함을 목적으로 하는 법으로 어린이집 설치 기준, 건강관리 및 응급조치, 급식관리 등에 대한 내용을 규정하고 있다.

조항	주요내용
제15조 어린이집 설치 기준	보육실, 목욕실, 화장실, 옥외 놀이터, 비상재해대피시설 및 그 외 실내시설 설비 기준에 대한 기준
제15조의 2 놀이터 설치	50명 이상 어린이집의 놀이터 설치 기준
제15조의 3 비상재해 대피시설	어린이집 1층과 2층 이상에 비상재해대피시설 설치 기준
제31조 건강관리 및 응급조치	영유아와 보육교직원의 정기적 건강 진단 실시
제31조의 3 예방접종 여부의 확인	최초로 보육을 실시한 날로부터 30일 이내에 예방접종에 관한 사실 확인
제32조 치료 및 예방조치	건강 진단 결과 감염 위험성이 있을 때 치료와 예방에 필요한 조치
제33조 급식관리	균형 있고 위생적이며 안전한 급식 제공
소관부처	보건복지부

(2) 아동복지법

이 법은 아동이 건강하게 출생하여 행복하고 안전하게 자라도록 복지를 보장하는 목적으로 제정되었으며, 아동복지시설 및 아동용품의 안전 기준, 아동에 대한 안전교육 내용 및 시간에 대하여 규정하고 있다.

조항	주요내용
제25조 아동학대 신고 의무와 절차	영유아보육법에 따른 어린이집 원장 등 보육교직원의 신고의무, 유아교육법에 따른 교직원, 강사 등의 신고의무

조항	주요내용
第26조 아동학대 신고 의무자에 대한 교육	아동학대 예방 및 신고 의무와 관련된 내용 교육
第30조 안전 기준의 설정	아동용품에 대한 안전 기준 및 준수
第31조 아동의 안전에 대한 교육	유아교육기관의 매년 안전교육계획 및 실시 내용
소관부처	보건복지부

(3) 어린이놀이시설 안전관리법

이 법은 어린이들이 안전하고 편안하게 놀이기구를 사용할 수 있도록 어린이놀이시설의 설치 유지 및 보수 등에 관한 기본적인 사항을 정하고 어린이놀이시설을 담당하는 행정기관의 역할과 책무를 정하여 어린이놀이시설의 효율적인 안전관리 체계를 구축함으로써 어린이놀이시설 이용에 따른 어린이의 안전사고를 미연에 방지함을 목적으로 규정하고 있다.

조항	주요내용
第11조 어린이놀이시설 설치	품질경영 및 공산품안전관리법에 인증을 받은 어린이놀이기구 설치기준
第12조 어린이놀이시설 설치 검사	안전검사기관으로부터 설치 검사를 받아야 함
第15조 안전점검 실시	어린이놀이시설의 기능 및 안전성 유지를 위해 안전점검 실시
第16조 안전진단 실시	안전진단
第20조 안전교육	어린이놀이시설의 안전관리에 대한 교육 실시

조항	주요내용
제21조 보험 가입	손해에 대한 배상을 보장하기 위해 보험 가입
제22조 사고보고의무 및 사고조사	중대사고 발생 시 필요조치 및 감독 기관장에게 통보
소관부처	행정안전부

(4) 소방설치 · 유지 및 안전관리에 관한 법

이 법은 화재와 재난 재해, 그 밖의 위급한 상황으로부터 국민의 생명 · 신체 및 재산을 보호하기 위하여 소방시설 등의 설치 · 유지 및 소방대상물의 안전관리에 관하여 필요한 사항을 정함으로써 공공의 안전과 복리증진에 목적을 두고 있다.

조항	주요내용
제9조 특정 소방대상물에 설치하는 소방시설 등의 유지 · 관리 등	노유자시설인 어린이집과 유치원은 특정 소방대상물에 해당 하며 소방방제청장이 고시하는 화재 안전기준에 따라 설치 · 유지 · 관리해야 한다.
제10조 피난시설, 방화구 미방화시설의 유지 · 관리	피난시설, 방화구역 및 방화시설 폐쇄, 적치물, 장애물 설치에 관한 기준
제12조 소방대상물의 방염 등	창문에 설치하는 커튼류, 카펫, 두께 2㎜ 미만의 벽지류
제20조 특정 소방대상물의 소방안전관리	소방계획서 작성, 피난시설 및 방화시설 유지 · 관리
제22조 특정 소방대상물의 근무자 및 거주자에 대한 소방훈련 등	소방 안전관리에 필요한 교육 실시
소관부처	소방방재청

(5) 석면관리법

이 법은 석면을 안전하게 관리함으로써 석면으로 인한 국민의 건강 피해를 예방하고 국민이 건강하고 쾌적한 환경에서 생활할 수 있도록 하는 것을 목적으로 한다.

조항	주요내용
제21조 건축물 석면조사	유치원은 건출물 석면조사 후 결과 보고, 어린이집의 경우 연면적 130㎡ 이상의 건축물 대상 건출물 석면조사
제24조 석면건축물안전관리인의 교육	환경부령이 정하는 바에 따라 석면안전관리교육을 받아야 함
소관부처	환경부

(6) 다중이용시설의 실내공기의 질 관리법

이 법은 다중이용시설, 신축되는 공동주택 및 대중교통 차량의 실내공기질을 알맞게 유지하고 관리함으로써 그 시설을 이용하는 국민의 건강을 보호하고 환경상의 위해를 예방함을 목적으로 한다. 영유아들은 하루 중 대부분의 시간을 실내에서 보내게 되는데 실내공기의 질은 실외보다 약 2~5배 가량 더 오염되어 있다. 이는 미비한 환기시설과 실내에서 발생되는 화학물질이 주된 원인으로 장기간 이러한 환경에 노출될 경우 호흡기 질환, 피부병 등이 유발된다(어린이집안전공제회, 2012).

조항	주요내용
제3조 적용대상	영유아보육법에 따른 국 · 공립, 법인, 직장 및 민간어린이집

조항	주요내용
제7조 다중이용시설의 소유자 등의 교육 등	환경부령이 정하는 바에 따라 실내공기질 관리에 관한 교육을 받아야 함
제12조 실내공기질의 측정	다중이용시설의 소유자 등은 실내공기질을 측정하고 그 결과를 기록 · 보존해야 함
소관부처	환경부

(7) 도로교통법

이 법은 도로에서 일어나는 교통상의 모든 위험과 장해를 방지하고 제거하여 안전하고 원활한 교통을 확보함을 목적으로 한다.

조항	주요내용
제2조 23항	어린이 통학버스의 정의
제11조 어린이 등에 대한 보호	어린이를 보호하기 위해 시설 주변 일정 구간을 어린이 보호구역으로 지정해 통행 속도를 30km 이내로 제한
제51조 어린이 통학버스의 특별보호	어린이 통학버스 정차 시 앞지르기 금지, 일시 정지 등
제52조 어린이 통학버스의 신고 등	어린이 통학버스 신고 시 도색, 표지 보험 가입, 소유관계 등에 대한 요건
제53조 어린이 통학버스 운전자 및 운영자의 의무	운행 시 확인사항, 보호자 동승
제53조의 3 어린이 통학버스 및 어린이통학용 자동차 운영자 등에 대한 안전교육	어린이 통학버스 및 어린이 통학용 자동차를 운영하는 사람과 운전하는 사람은 어린이 통학버스 등에 관한 안전교육 실시
소관부처	경찰청

(8) 품질경영 및 공산품 안전관리법

이 법은 기업 · 공공기관 단체 등의 품질경영 조성 · 지원에 관한 사항과 공산품의 안전관리에 관한 사항을 정함으로써 기업 · 공공기관 · 단체 등의 품질경쟁력을 강화하고 소비자의 이익과 안전에 도모함을 목적으로 한다.

조항	주요내용
제2조 11항 어린이보호포장 정의	만 5세 미만의 어린이가 일정 시간 내에 내용물을 꺼내기 어렵게 설계 고안된 포장
제2조 12항 어린이보호포장대상공산품	중독 등의 위해가 우려되는 공산품 중 어린이보호포장의 대상이 되는 것
제2조 13항 안전관리대상공산품	가. 안전인증대상공산품 나. 자율안전확인대상공산품 다. 안전 · 품질표시대상공산품 라. 어린이보호포장대상공산품
제24조 어린이보호포장대상공산품 신고 등	공산품 제조업자 및 수입업자는 어린이보호대상공산품에 대해 어린이보호포장을 사용해야 함
제25조 어린이보호포장표시 등	어린이보호포장대상 공산품에 대해 어린이 보호포장을 사용하였음을 나타냄
소관부처	산업통상자원부

(9) 어린이 식생활안전관리 특별법

이 법은 어린이들이 올바른 식생활 습관을 갖도록 하기 위하여 고른 영양을 갖춘 식품을 제공하는데 필요한 사항을 규정함으로써 어린이 건강증진에 기여함을 목적으로 한다.

조항	주요내용
제5조 어린이 식품안전보호구역 지정	안전하고 위생적인 식품판매 환경조성으로 어린이를 보호하기 위해 학교 앞 200m 범위 안의 구역을 어린이 식품안전보호구역으로 지정
제8조 고열량 · 저영양 식품의 판매 금지 등	고열량저영양 식품의 영양성분 기준 고시 및 판매

조항	주요내용
제9조 정서저해 식품 등의 판매 금지 등	어린이 기호식품 중 건전한 정서를 해할 우려가 있는 식품의 진열, 판매 금지
제13조 어린이 식품안전 · 영양교육 및 홍보	공산품 제조업자 및 수입업자는 어린이 보호대상 공산품에 대해 어린이보호포장을 사용해야 함
제21조 어린이급식관리 지원센터 설치 · 운영	50인 이상 어린이집, 유치원의 집단급식소 운영
소관부처	식품의약품안전처

제2장

영유아 발달 특성과 안전관리

1. 영아기의 발달 특성과 안전
2. 걸음마기의 발달 특성과 안전
3. 유아기의 발달 특성과 안전
4. 안전관리 시 교사의 역할

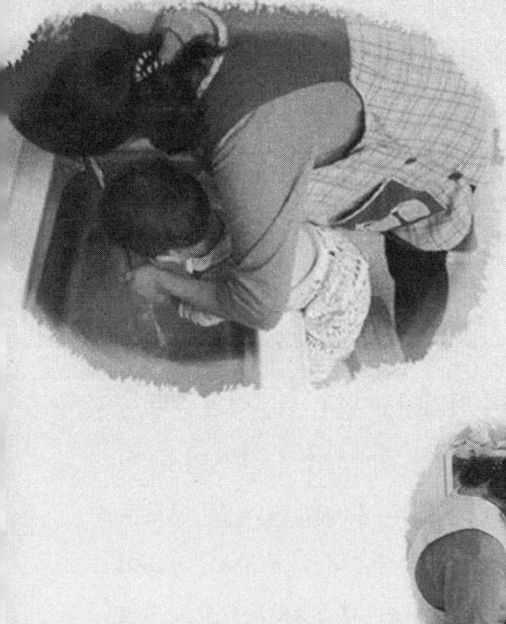

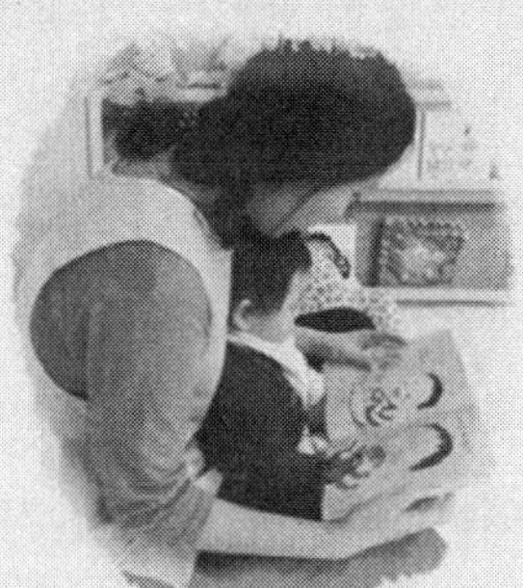

영유아는 주변 환경에 대해 호기심이 많고 활동량이 많은 반면 주의력이나 판단력 등의 인지능력은 미성숙하기 때문에 위험을 인지하거나 위험에 대처하는 능력은 부족하여 우발적 사고 발생 가능성이 높다. 이처럼 영유아기의 안전사고는 발달적인 특성과 밀접히 연관되어 있으므로 영유아의 발달 특성을 이해하면 잠재적인 안전사고의 상황이나 위험을 예측할 수 있고 사고의 위험을 사전에 방지하거나 예방도 충분히 가능하다.

사고 발생의 위험성이 높은 영유아의 발달에 따른 행동적 특성을 이해하는 것은 안전교육 시 선행되어야 할 부분이므로 영유아기의 발달특성을 영아기, 걸음마기, 유아기로 알아보고 이에 따른 안전사고 유형을 살펴보도록 한다.

1. 영아기의 발달 특성과 안전

출생에서 만 1세까지의 영아기는 성장과 발달이 일생 중 가장 빨리 진행되는 시기이다. 출생 직후 가진 본능적 반사 운동 능력이 사라지고 신체 협응력과 운동능력이 급속하게 발달하면서 기고, 앉고, 서고, 이동하는 등 운동적 행동이 많이 나타난다. 그러나 출생 시 신생아는 머리 부분이 신장의 1/4을 차지할 정도로 머리가 크고 무겁다. 성장하면서 머리 부분이 신체 전체에서 차지하는 비율이 줄기는 하지만 여전히 영아기에는 머리 부분이 크고 무거워 신체 불균형이 심하며 신체 각 부분의 협응력이 부족하여 신체적 균형을 잡기가 어렵다. 영아는 점차 주변 환경에 대한 호기심으로 자발적으로 움직이게 되나 신체적 불균형이 심하여 움직이는 과정에서 빈번이 넘어지고 부딪히는 사고가 많아 머리를 보호하는 것이 중요하다. 또한 영아는 모든 물체를 입으로 탐색하는 특성이 있어 주변에 있는 물건들을 입으로 가져가게 되므로 위험물질 흡입으로 인한 질식사고의 위험이 높아 각별한 주의가 필요하다.

영아기의 발달특성에 따른 안전사고를 예방하려면 잠시라도 추락할 가능성이 있는 곳에 영아를 두지 않도록 하며, 피부나 눈을 찌를 수 있는 날카로운 물체, 삼키거나 귀, 코 등에 들어 갈 수 있는 크기의 작은 장난감, 약물, 세제류 등은 절대 영아 주변에 두지 말아야 한다.

영아기에 발생할 수 있는 안전사고와 위험 요소를 생활안전, 놀이안전, 교통안전, 대인안전 영역으로 나누어 살펴보았다.

〈표 2-1〉과 같이 영아기에는 각 안전 영역에서 모든 사고의 위험이 있을 수 있음을 안다. 대부분의 사고 유형에서도 살펴볼 수 있듯이 성인의 부주의로 인한 사고가 대부분이므로 주변의 안전사고의 위험요소를 제거하는 것은 영유아의 안전사고를 예방할 수 있는 가장 중요한 방법이다. 또한 영유아는 순간적으로 위험한 상황에 처할 수 있기 때문에 늘 관심을 쏟고 주의를 기울이며 방치하지 않는 것 역시 매우 중요한 예방법이다.

표 2-1 **영아기의 주요 안전사고**

사고의 유형		위험요소
생활 안전	영아돌연사	• 사망 원인 불명확 • 미숙아, 저체중아, 호흡기 약한 영아, 심장이 약한 영아에게서 많이 발생 • 임신 중 흡연은 돌연사 위험 요인
	질식사고	• 푹신한 요나 베개에 의한 질식 • 우유에 의한 질식, 덩어리가 큰 음식에 의한 질식 • 작은 물체(단추, 동전, 사탕, 구슬 등)나 유독물질(세제, 약품 등) 흡입으로 인한 기도 폐쇄 • 비닐, 끈 등으로 인한 질식 • 목욕탕에서의 익사 • 옷장 및 냉장고 속에서의 질식

사고의 유형		위험요소
	추락 및 충돌 사고	• 안전대 없는 침대, 소파, 의자, 보행기 등에서의 추락 • 베란다, 계단, 창살 없는 창문 등에서의 추락 • 보행기와 가구, 선반, 모서리 등과의 충돌(안전보호장치) • 깨지기 쉬운 진열대 물건의 추락으로 인한 사고 • 욕실에서의 미끄러짐(미끄럼 방지 타일) • 옷장이나 서랍장, 문틈에의 손가락 끼임(안전장치 필수)
	화상	• 뜨거운 물, 증기로 인한 화상(정수기 온수, 온수, 수도꼭지, 가습기) • 음식으로 인한 화상(식탁보 잡아당기거나 식탁 위의 음식 등) • 다리미, 난로, 전기밥솥, 콘센트 등 전열기구에 의한 화상
	동식물 관련사고	• 애완견 등 애완동물로 인한 사고 • 독성 및 가시가 있는 화초 등에 의한 사고 • 작은 수조나 어항으로 인한 사고
	미디어 관련사고	• TV, 비디오 등 미디어의 과다 노출 • 스마트폰, 휴대용 PC 등의 과다 노출
놀이 안전	놀이사고	• 날카롭거나 뾰족한 놀잇감에 의한 사고 • 유해물질이 있는 안전하지 않은 장난감에 의한 피해 • 바퀴 등 굴러가는 놀잇감에 의한 사고 • 미끄럼틀에서의 낙상 및 충돌
교통 안전	교통사고	• 카시트 미사용으로 인한 사고 • 자동차 문의 오작동(안전장치 필수)
대인 안전	대인사고	• 사람이 많은 장소 등에서의 실종 • 양육자의 방임 및 유기

영아기의 안전관리 내용을 알아보면 다음과 같다.

- 적당히 딱딱한 매트, 너무 두껍거나 푹신하지 않은 요나 베개를 마련한다.
- 이불은 영아의 신체 크기를 고려하여 선택한다.
- 영아용 침대는 추락을 막기 위해 안전보호대를 설치해야 한다.
- 머리 위에 물건을 두지 않으며 침대 주위에 액자와 같이 떨어지기 쉬운 것은 올려 두지 않는다.
- 영아는 똑바로 재운다.

- 영아가 자는 방은 지나치게 덥지 않게 온도를 조절한다.
- 미숙아, 체중미달아, 호흡기가 약한 경우는 영아돌연사에 더욱 세심한 주의를 기울인다.
- 소파에 혼자 눕혀 두지 않는다.
- 우유는 안아서 먹이고 반드시 트림을 시켜 누웠을 때 역류하는 것을 예방한다.
- 영아의 옷은 몸에 잘 맞고 소매나 옷깃이 짧은 것으로 한다.
- 영아가 목을 제대로 가눌 때까지는 영아가 잘 때 가능한 한 자리를 비우지 않는다.
- 목욕물 온도를 팔꿈치로 확인한다.
- 목욕실에 영아를 혼자 두지 않는다.
- 얇은 비닐, 비닐봉지, 끈, 베개 등에 의하여 영아가 질식하거나 목이 졸릴 수 있으므로 주의한다.
- 약품은 안전마개가 있는 것으로 선택하고 약품이나 독성물질은 영아의 손이 닿는 곳에 두지 않는다.
- 위험한 물건은 손이 닿지 않는 곳에 보관한다.
- 입으로 탐색하는 시기이므로 놀잇감의 크기는 직경 3.5cm 이상의 것을 제공한다.
- 수시로 바닥에 작은 물건이 떨어져 있지 않은지 확인한다.
- 모서리가 날카롭지 않고, 독성이 없는 나무나 플라스틱 종류의 놀잇감을 선택한다.
- 놀잇감은 파손된 곳이 없는지 확인하고 수선한다.
- 단추, 구슬, 동전 등 작은 물체는 항상 주의한다.
- 계단이나 현관에 안전울타리를 설치한다.
- 난로나 라디에이터 주변에 보호막을 설치하고 다리미나 밥솥을 근처에 두지

않는다.

• 뜨거운 음식, 물, 기구 등을 영아 가까이에 놓지 않는다.

영아기 0세아는 스스로 안전과 위험을 인식하고 대응할 수 없다. 이 시기의 영아는 보호자 없이는 생존 불가능하며 100% 보호되어야 한다. 그러나 1세 무렵부터 무엇이 위험하고 어떻게 하면 안전한지를 가르치는 안전교육을 서서히 증가시켜 가야 한다. 영아는 주변을 탐색하고자 하는 열의와 호기심이 많기 때문에 주변 환경이 안전하지 못한 경우 안전사고에 직면하기 쉽다. 따라서 영아에게 위험한 물건이나 장소를 인식하게 하여 안전사고를 예방해야 한다. 이를 위해 위험한 것이 무엇인지 알려주고, 위험한 물건(칼, 가위, 작은 이물질 등)과 위험한 장소(높은 곳, 물 주변, 화기 근처 등)에 대해 알고 함부로 만지거나 가까이 가지 않는 안전한 태도를 갖도록 지도한다. 놀잇감을 입에 넣거나 삼키는 일이 없도록 주의를 주어야 하며 놀이 후에는 세척하여 청결하게 관리하도록 한다.

이 시기의 영아에게 뜨거움, 차가움, 날카로움 등등의 개념을 알려주고, 위험한 곳에 가려 하면 '위험해'라고 조용하고 단호하게 이야기한다. 영아반 교사는 위험이 줄어들도록 영아의 주변 환경을 바꾸어 주고, 영아에게 안전한 행동이 어떤 것인지 보여 준다. 또한 영아반 교사가 무언가를 마실 때는 앉아서 마시고, 도구를 사용할 때는 바르게 사용하며, 동물들을 다룰 때는 살살 부드럽게 다루게 되면 영아들은 이와 같은 정보들을 효과적으로 배우게 된다(한국보육진흥원, 2013).

2. 걸음마기의 발달 특성과 안전

걸음마기의 영아들은 보행이 가능해지고 다양한 이동운동 능력과 신체 조정

능력이 발달하면서 주변 환경에 대한 탐색 범위가 넓어지면서 안전사고의 위험도 높아진다. 즉, 걸음마기에는 활동의 범위가 넓어지면서 호기심이 증가하고 새로운 것에 대한 도전과 시도는 증가하는 반면, 여전히 주변 환경의 잠재적 위험을 인식하는 능력은 부족하여 사고의 위험이 높아진다. 이와 같이 걸음마기 영아들은 새로운 환경에 대한 호기심과 탐색이 왕성하여 높은 곳에 올라가다가 추락 및 낙상, 충돌사고 등이 빈번히 발생하기도 하고, 약품이나 세제 등의 위험물질을 마시거나 흡입하는 사고가 발생하기도 한다.

한편 이행운동의 발달과 더불어 소근육 기능과 인지가 발달하면서 주어진 상황에서 문제를 스스로 해결하고자 노력하고, 영아기에 비해 놀이가 현저하게 발달한다. 영아기에는 두드리거나 빠는 등 단순한 동작이나 행동을 반복하는 것 위주로 놀이를 했으나 이 시기에는 퍼즐이나 블록 조각을 맞추고 끼워 넣거나 담는 등 놀이에 사물 간의 관계성과 기능성을 반영하면서 서서히 목표지향적인 놀이를 발달시켜 간다. 이처럼 놀이가 목표지향적이 되면서 놀이 중에 새로운 행동을 시도하려 하고 사물의 다른 측면을 탐색하려고 시도하면서 놀이 중에 사고가 많이 발생하게 된다. 즉 쾌감이나 불쾌감 등 정서적 분화가 활발히 이루어져 놀이를 하다가 화가 난 영아는 또래를 물거나 물건을 던져 다치게 할 수도 있다. 걸음마기에는 놀이에 의한 안전사고가 가장 많이 발생하는 만큼 이에 대한 적절한 보호와 교육이 절실히 필요하다. 즉 걸음마기는 성인에 의존하던 영아기에서 점차 독립적으로 행동을 익히고 수행하려는 과도기적인 시기이므로 적절한 안전교육이 필요하다. 아울러 언어발달이 진행되고 있지만 위험을 신속하고 정확히 전달할 수 있는 능력이 부족하기 때문에 더욱 세심하고 특별한 교사의 관찰이 요구된다. 영유아의 동선이나 활동을 고려하여 가구나 기구 등을 배치하여야 하고, 바닥의 충격 흡수 상태, 놀이기구 간의 간격 등을 고려하여 설치하고 서랍에 약물이나 날카로운 물건 등을 넣지 않아야 한다.

걸음마기에 발생할 수 있는 안전사고와 위험 요소를 생활안전, 놀이안전, 교통안전, 대인안전의 영역으로 나누어 살펴보았다.

〈표 2-2〉와 같이 걸음마기의 안전사고와 위험요소는 모든 영역에 걸쳐 있음을 알 수 있다. 아직은 성인의 보호에 의지를 해야 하는 시기이므로 양육자와 영유아교육기관의 교사는 환경에서의 위험요소를 제거하고 안전사고를 예방하여야 한다.

표 2-2 걸음마기의 주요 안전사고

사고의 유형		위험요소
생활 안전	추락 및 충돌	• 책상, 의자 등 오를 수 있는 가구에서의 추락 • 베란다, 계단, 창살 없는 창문 등에서의 추락 • 걷고 뛰다가 가구나 선반 모서리, 영아끼리 충돌 • 문틈이나 자동문 끼임 사고 • 목욕탕에서 미끄러짐 • 무빙워크, 에스컬레이터 끼임 사고
	화상	• 뜨거운 물, 증기로 인한 화상(정수기 온수, 온수 수도꼭지, 가습기) • 식탁에서 뜨거운 음식으로 인한 화상 • 가스레인지, 오븐 등의 조리기구에 의한 화상 • 다리미, 난로, 전기밥솥, 콘센트 등 전열기구에 의한 화상
	질식 및 익사	• 작은 물체를 삼킴으로 인한 기도 폐쇄(단추, 동전, 사탕, 구슬, 콩 등) • 잠자기 직전 음식의 섭취로 인한 질식(특히 떡) • 생선가시로 인한 질식이나 목걸림 • 약품 및 유해물질(화장실의 세제, 아세톤, 화장품, 남은 약 등) 흡입으로 인한 사고 • 비닐, 끈, 풍선 등으로 인한 질식 • 양치질 도중 칫솔로 인한 기도 폐쇄 등의 사고 • 목욕탕에서의 익사 • 옷장 및 냉장고 속에서의 질식
	동식물 관련 사고	• 애완동물로 인한 피부염 등 감염 • 애완동물에게 물리거나 할퀴는 등의 사고 • 야외활동 등에서 벌에 의한 사고 • 독성 및 가시가 있는 화초나 식물 등에 의한 사고

사고의 유형		위험요소
	미디어 관련 사고	• TV, 비디오 등 미디어의 과다 노출로 인한 애착 장애 • 스마트폰, 휴대용 PC의 과다한 사용(게임, 교육 관련 애플리케이션) 및 폭력적 내용에의 노출 • 시각, 청각 손상 • 전자파의 과다한 노출
놀이 안전	놀이사고	• 미끄럼틀, 시소, 그네 등 실외놀이기구 등에 의한 사고 • 날카롭고 뾰족한 장난감에 의한 사고 • 공과 같은 둥근 장난감에 의한 미끄러짐 • 바퀴 달린 놀잇감에 의한 사고 • 불량 놀잇감으로 인한 유해물질 노출
교통 안전	교통사고	• 카시트 미사용으로 인한 사고 • 자동차 문의 오작동(안전장치 필수) • 길이나 주차장 등에서 노는 경우 • 등 · 하원 차량 사고
대인 안전	대인사고	• 물림, 할큄, 꼬집음 • 실종 및 유괴 • 학대 및 유기

걸음마기의 안전교육 내용은 다음과 같다.

- 도로에 접한 문은 항상 닫아 둔다. 계단, 복도 등에 안전대를 설치한다.
- 실외 놀이장에 울타리 설치, 실내에 있는 전기 포트, 토스트기 등의 전기 코드를 모두 제거한다.
- 영아의 손이 닿는 곳에는 뾰족하거나 날카로운 기구나 용품, 화상 위험이 있는 물건을 두지 않는다.
- 욕조, 물가 주변에 영아를 혼자 두지 않는다.
- 약품, 소독제 등은 장 안에 넣고 잠근다. 화장품, 청소용품 등 가정에서 항상 사용하는 것들도 영유아의 손이 닿지 않는 곳에 보관한다.

- 반짇고리는 높은 곳에 올려놓는다.
- 가구 모서리와 같은 뾰족한 부분은 모서리 보호대를 부착하고 바닥에 완충 깔개를 깐다.
- 단추, 구슬, 동전 등 작은 물체, 크기가 큰 사탕이나 과자 비닐, 비닐봉지, 끈이나 가는 실 등에 항상 유의한다.
- 떡이나 젤리는 잘게 잘라 준다.
- 창가나 베란다 주변에는 딛고 올라갈 수 있는 물건이나 상자를 두지 않는다.
- 각종 전기기구는 사용 후 플러그를 뽑고 안전보조기구로 막아 둔다.
- 난방용 기구는 보호대를 설치하고 조리용 기구는 사용 후 바로 정리한다.
- 난로, 다리미, 가스레인지 등 전열제품의 화상에 주의한다.
- 가스레인지 위의 냄비는 손잡이를 안쪽으로 둔다.
- 욕실은 바닥에 미끄럼 방지를 위한 안전장치를 하며 욕조에 물을 받아 두지 않는다.
- 놀잇감은 독성이 없고 날카롭지 않으며 견고하여야 한다.
- 방망이, 단단한 공 등 위험한 물건을 가지고 놀지 않게 한다.
- 놀이기구의 안전한 사용법을 미리 알려주어 몸에 익히게 하고, 이용 시 성인이 반드시 동행한다.
- 위험에 대해 이야기해 주고, 혼자 가서는 안 되는 곳을 알려 준다.
- 성인의 보호 없이는 얕은 물도 위험 요인이 될 수 있음에 유의한다.
- 성냥이나 라이터를 영아 가까이에 두지 않고, 불의 위험을 영아에게 알려 준다.
- 집에 잠시라도 영아를 혼자 두지 않는다.
- 가위, 칼 등을 안전하게 사용할 수 있는 방법을 가르친다.
- 자전거 등에 의한 사고위험과 안전한 이용방법을 알려 준다.

걸음마기는 다양한 이동능력과 대·소근육의 발달이 진행됨과 동시에 인지적 변화가 일어나 이전의 완전히 의존적인 존재에서 상당히 독립적인 존재로 이행해 가는 과도기적인 시기이다. 그러나 아직까지 자기중심적인 성향이 강하고 놀잇감이나 놀이기구를 혼자만 사용하려 하고 공유하는데 어려움을 갖는다. 이 시기에는 안전사고를 예방하고 안전생활을 습관화할 수 있는 교육이 이루어져야 한다. 영아에게는 현재 무엇을 지켜야 하는지만을 말하는 것이 효과적이며, 정해진 행동을 따라야만 하는 이유에 대해 항상 설명한다. 영아들은 자신들이 표현할 수 있는 것 이상을 이해하기도 한다. 영아는 기다림이 쉬운 일이 아니라는 점을 알게 된다. 안전에 대한 중요한 문제, 예를 들어 보도를 걸어갈 때 손을 잡는 것과 같은 문제는 교사가 침착하고 단호한 입장을 취해야 한다. 영아들이 짜증을 내더라도 이와 같은 규칙은 반드시 지켜야 하고 안전에 있어 타협은 있을 수 없다는 것을 영아들에게 알려주어야 한다(한국보육진흥원, 2013).

3. 유아기의 발달 특성과 안전

유아기의 신체발달은 영아기에 비해 양적인 성장은 둔화되지만 다리와 몸통 부분이 머리쪽보다 빠른 속도로 성장하여 신체의 균형감이 발달하는 시기이다. 신체 비율과 기능이 성인과 비슷하게 발달하고 균형을 잡으면서 균형감이 필요한 여러 가지 활동을 즐기게 된다. 걷기뿐만 아니라 한 발 뛰기, 스키핑, 말뛰기, 앵금질 등도 할 수 있게 된다. 또한 협응력과 균형감이 형성되면서 정글짐, 로프타기, 장애물 뛰어넘기 등과 같이 모험놀이와 적극적인 대근육 활동을 즐기며, 혼자보다는 친구들과 어울려 함께하는 놀이가 증가한다. 이러한 과정에서 다른 물체와 충돌하거나 놀이시설에서 추락하는 등과 같은 놀이사고의 빈도가 높아진다. 따라서

이 시기에는 여러 가지 놀이기구나 시설을 안전하게 이용하는 방법과 또래와 함께 놀이를 할 때의 규칙 등을 가르쳐 주고, 안전한 태도와 습관을 지니도록 지속적으로 교육하여야 한다.

한편, 유아기는 인지적 · 사회적 · 정서적 발달의 변화 속도나 정도가 다른 시기보다 급격히 일어나 새로운 기술이나 능력이 발달되며 보다 독립적으로 행동하고 사회적으로 적합한 행동을 배우는 시기이다. 그러나 아직 안전하게 생활하는 데 필요한 지식이나 기술, 상황 판단에 필요한 사고력 등이 부족하다. 더구나 이 시기의 유아는 주변 환경에 대한 호기심과 탐색 욕구가 강하여 각종 안전사고의 위험성이 더욱 커지는 시기이다.

이러한 발달을 고려할 때 유아기는 사고의 위험이나 이에 대처할 수 있는 기술을 제시해 주는 예방적 안전교육을 실시할 수 있다. 따라서 유아기에 안전사고에 대한 구체적인 영상매체나 그림, 사진, 자료 등을 이용하여 상황중심적이고 체험적인 교육을 실시한다면 주변의 위험 요인이나 대처방법 등을 인식하고, 이해할 수 있게 된다.

이 시기 발생하는 안전사고도 유아들의 발달 특성과 관련이 있다. 신체운동 기능이 발달하고, 위험한 상황이나 도구에 대한 판단력도 형성되므로 질식과 같은 사고는 줄어든다. 반면에 자유롭게 뛰거나 기구에 매달리고, 자전거를 타거나 놀이기구의 자유로운 이용이 가능해지면서 교통사고나 놀이기구 또는 시설물에서 추락하거나 충돌하는 사고가 증가한다. 이러한 사고가 발생했을 때도 움직이는 속도나 운동크기에 범위와 비례하여 사고의 정도가 커지게 된다. 즉, 골절, 탈구, 출혈과 같은 사태를 유발하고 때로는 생명의 위험으로 이어질 수도 있다.

이러한 발달 특성과 관련지어 유아에게서 발생할 수 있는 각 영역 안전사고와 위험요소를 〈표 2-3〉에서 살펴보았다.

표 2-3 유아기의 주요 안전사고

사고의 유형		위험요소
생활 안전	추락 및 충돌	• 엘리베이터, 베란다, 계단, 창살 없는 창문 등에서의 추락 • 에스컬레이터, 무빙워크, 자동문의 끼임 사고 • 가구, 선반의 모서리 충돌
	화상	• 성냥, 라이터 등의 불장난 • 뜨거운 물, 증기로 인한 화상(정수기 온수, 온수 수도꼭지, 가습기 등) • 다리미, 난로, 콘센트 등 전열기구에 의한 화상
	동식물 관련 사고	• 애완동물로 인한 피부염 등 감염 • 애완동물에게 물리거나 할퀴는 등의 사고 • 야외활동 등에서 벌에 의한 사고 • 독성 및 가시가 있는 화초나 식물 등에 의한 사고
	미디어 관련 사고	• TV, 비디오 등 미디어의 과다 노출 • 컴퓨터 및 게임 중독 • 폭력적인 게임 및 프로그램 노출 • 시력, 청각 손실 • 전자파의 과다 노출
놀이 안전	놀이사고	• 미끄럼틀, 시소, 그네 등 실외놀이기구 등에 의한 골절사고 • 자전거, 인라인스케이트 등 안전용품 미착용으로 인한 사고 • 날카롭고 뾰족한 기구, 칼, 총 등의 공격적 놀잇감에 의한 사고 • 놀잇감 총의 총알에 의한 사고 • 놀이기구에 끼이는 사고 • 수영 및 물놀이 사고 • 공사장 등의 공터에서 놀다가 추락하는 사고
교통 안전	교통사고	• 통원 버스 및 학원 차량의 승·하차, 급정거 사고 • 횡단보도 사고 • 오토바이, 자전거 등 차량에 의한 사고 • 카시트 미사용으로 인한 사고 • 자동차 문의 오작동(안전장치 필수) • 길이나 주차장 등에서 노는 경우
대인 안전	대인사고	• 실종 및 유괴 • 성추행 및 성폭력 • 학대 및 유기

유아기의 안전교육 내용은 다음과 같다.

- 놀이 규칙을 지키도록 교육한다.
- 놀이 도중의 신체적인 공격은 공격성을 야기하므로 언어적인 표현으로 적극 유도한다.
- 놀이시설에서 지켜야 할 행동규칙을 습득하게 한다.
- 놀잇감, 미술 재료 등의 구입 시에는 안전성이 인증된 제품을 선택한다.
- 총이나 칼 등의 공격성을 유발하는 놀잇감의 제공은 신중하게 선택한다.
- 가위, 칼 등의 위험성이 있는 교재·교구의 안전한 사용법을 지도한다.
- 약품, 청소용 약품 등은 잠금장치가 있는 장에 보관한다.
- 위험한 도구는 잠금장치를 하여 보관한다.
- 모든 가구에 모서리 보호대를 부착하고 바닥에 완충 깔개를 깐다.
- 자전거나 롤러스케이트는 안전한 장소에서만 탄다.
- 폐기된 냉장고, 쓰레기 더미, 오래된 건물, 폐기물 수거 장소 등에서 놀지 않도록 지도한다.
- 물의 위험을 알려주고, 안전한 수영방법을 지도하며 수영장에서 뛰지 않는다(미끄럼 사고).
- 차 안에서는 항상 안전벨트를 착용한다.
- 차 안에서의 안전한 행동을 지도한다.
- 교통안전에 대한 지속적인 교육을 한다(횡단보도의 올바른 이용, 신호등 지키기, 차량 내에서의 질서 준수, 교통규칙을 지도하며, 교통사고의 위험 등).
- 불 사용에 대한 위험성을 알려 준다.
- 유괴 및 성폭력 사고와 같은 신변 안전에 대한 교육을 실시한다.

이 시기의 유아는 독립성이 점점 증가하면서 자신의 새로운 능력을 사용해 보고

싫어한다. 그러나 어떤 행동을 능숙하게 수행하는데 필요한 자신의 행동을 통제할 힘과 능력이 완전하지 못하며, 어른들이 대신해 주려고 하면 좌절할 수도 있다. 이해능력은 자신이 볼 수 없는 무언가에 대한 복잡한 지식을 이해할 만큼의 수준에 이르렀기 때문에 위험하지만 흥미 있는 상황으로부터 주의를 돌리기가 쉽지 않고, 나중에 다시 그 위험한 상황으로 돌아올 수 있도록 기억할 수 있다. 또한 영아반보다 교사의 눈길로부터 벗어날 가능성이 높다.

만 3세 이상의 유아에게는 지시사항을 반복해서 전달해 주는 것이 필요하다. 항상 함께 있으면서 왜 정해진 규칙을 따라야 하고 어떤 행동은 해서는 안 되는지 설명해 준다면 규칙을 따르게 될 수 있다. 교사가 유아의 능력에 대해 칭찬해 주면 자부심과 안전성을 증진시킬 수 있다. 교사의 감독을 받는 상황 하에서 유아들이 직접 실험해 보고, 연습하지 못하게 하면 확신을 갖지 못하게 되며, 자신감이 결여되고, 실수할 가능성이 더 커진다. 교사가 높은 곳을 싫어하고 물을 두려워하며 수영을 하지 못할 경우, 교사가 돌보는 유아에게 어떤 식으로 비언어적인 부정 메시지를 전달하게 될지 교사는 염두에 두어야 한다.

4세가 되면 유아의 언어능력은 다른 어른들과 대화할 수 있을 정도가 되므로, 낯선 사람의 개념과 처음 보는 어른의 행동에 대해 어떻게 반응해야 하는지를 알려줄 시기가 된다. 아동이 모든 어른들에 대해 부끄럼을 타거나 무서워하게 되지 않도록 해야 한다. 교사는 유아에게 확실하고 간결하게 규칙을 정해 준다. 유아에게 자신의 이름, 주소, 전화번호를 알려 준다. 자신을 돌보아 주는 어른에게서 떨어지면 안 된다고 얘기해 준다. 혼자서 또는 낯선 어른과 함께 다른 곳으로 가면 안 되고 야외에서 혼자가 되었을 때는 그 자리에서 움직이지 말고 그대로 있어야 함을 알려 준다. 어떤 어른이 안전한지에 대해, 또한 경찰관은 안전한 어른이라는 사실을 알려 준다.

교사는 유아에게 도로에 대해 알려주고, 인도는 보행자를 위한 곳이고, 차도는 차들을 위한 곳임을 추가로 알려 준다. 차도의 어떤 곳에서 반대방향으로 건너야 하는지 설명해 주고, 직접 보여 준다. 주차된 차와 유아의 키를 비교해 보고, 아동에게 차의 건너편을 넘겨볼 수 있는지 물어 본다. 차도에서는 달리는 차들도 역시 자신을 볼 수 없다는 사실을 알려주어 메시지를 강화한다. 언제나 멈추어 서서 주위를 둘러보고 소리를 듣고 안전에 대한 메시지를 생각해야 한다는 사실을 반복하여 알려 준다. 차는 사람보다 훨씬 빠르다는 점, 기계는 유아보다 훨씬 단단하다는 점을 설명한다. 유아에게 차도가 아닌 공원과 정원에서 놀아야 한다는 사실을 알려 준다.

특수아동들에게는 항시 특별한 배려와 관심이 필요하다. 경보음을 들을 수 없거나 장애물을 볼 수 없는 아동, 그리고 균형을 잡지 못하고, 몸의 움직임을 효과적으로 통제할 수 없는 유아에게는 별도의 안전 지침이 필요하다. 이런 유아들은 궁금한 사항에 대해 질문하거나 교사의 대답을 이해하는데 어려움이 있을 수 있고, 위와 같은 문제들은 소란스러운 그룹 상황에서 더 심각해질 것이다. 장애를 가진 아동들에게 맞는 놀잇감과 놀이도구를 개조해야 할 필요가 있으며, 정상적인 아동에게 맞춘 권장 사항은 장애아동들에게는 적절하지 않을 수도 있다(한국보육진흥원, 2013).

4. 안전관리 시 교사의 역할

1) 안전교육을 위한 교사의 역할

영유아교육기관에서는 영유아의 발달 특성상 안전사고가 일어날 가능성이 높기 때문에 영유아 안전을 위한 교사의 역할이 중요하다. 교사는 영유아의 발달 특성에 따른 사고 예방을 위해 연령에 따라 안전한 보육환경을 조성하고 영유아 발달수준에 맞는 안전교육자로서의 역할을 해야 한다. 교사가 안전교육의 중요성이나 교육

내용 및 방법에 대해 제대로 인식하지 못하고 있다면 효과적인 안전교육을 기대하기는 어려울 것이다. 우선적으로 교사는 안전한 실내·외 환경을 제공해서 영유아가 안전하도록 하며, 주의 깊은 관찰과 일관성 있는 지도를 통해 영유아 스스로가 자신의 건강과 안전을 보호하고 유지하는 데 필요한 안전에 대한 지식과 능력, 기술 등을 형성할 수 있도록 도와주어야 한다. 또한 영유아교사는 발생 가능한 안전사고에 대비하여 처리절차나 대비책을 숙지하고 신속·정확하게 처리할 수 있도록 안전교육에 대한 훈련을 정기적으로 받아야 한다.

안전교육을 위한 교사의 구체적인 역할은 다음과 같다(교육부, 2000; 곽은복, 2008; 김승현, 2005; 보건복지부, 1998; 서울특별시, 2004; 윤선화, 2000; 조경자 외, 1998).

첫째, 역할모델로서 안전한 행동을 수행함으로써 영유아에게 좋은 본보기가 되도록 한다.

둘째, 관찰자와 보호자로서 화상, 질식, 중독 등의 상해를 예방하기 위해 위험한 것들을 없애고 그러한 요소들을 매일 점검한다. 영유아들에게 안전한 물리적 환경을 제공하기 위해 등원하기 전에 교사는 각 활동 영역의 안전을 점검해야 한다. 또한 실내·외 시설/설비 점검표를 비치해 두고 수시로, 정기적으로 점검한다.

셋째, 의사결정자로서 안전을 도모할 수 있는 정책과 방침을 세우고 결정하여야 한다. 특히 응급상황에서 교사는 침착함을 잃지 않고 신속한 판단과 결정을 하는 것이 아주 중요하다. 이를 위해 구급약품과 용품을 항상 구비해 두고, 응급 상황 발생 시 교사들이 손쉽게 활용할 수 있도록 응급전화번호, 긴급연락처, 학부모 연락처, 약품의 사용 요령 등을 준비해 둔다. 또한 입학 시 반드시 응급처치동의서를 받아 두어야 한다.

넷째, 비상사태에 대비하여 교직원 중 최소 1명은 응급처치를 할 수 있고, 모든 교직원들은 소화기 사용법 등 자신의 역할과 책임을 알고 있도록 한다.

다섯째, 교사는 영유아들에게 다양한 수업 방법들을 적용한 안전교육을 통해 안전에 대한 지식, 태도와 행동기술을 증진시키는 교육자이다. 따라서 교사는 안전교육의 내용에 적합한 다양한 소품과 교수자료 등을 사용하고, 영유아가 직접 참여하는 교육활동을 제공하여야 한다.

또한 영유아의 행동을 관찰하고 모니터함으로써 위험한 행동을 수정하고 위험에 개입한다. 이를 위해 교사는 영유아에게 안전한 행동과 안전하지 않은 행동의 인식을 명확히 하며 안전 행동을 습관화하도록 지도해 준다. 영유아의 태도나 행동이 긍정적인 방향으로 변화했을 때 교사가 격려하고 칭찬해 주는 일 또한 중요하다.

여섯째, 영유아 안전교육을 위해 가정과 지역사회와 밀접한 유대관계를 갖는다. 가정으로 보내는 통신문을 통해 현재 영유아교육기관에서 행해지고 있는 안전교육 내용을 가정에서도 연계하여 실시하도록 부모와 협조하며, 파출소, 소방서, 교통기관과의 긴밀한 협조를 통해 대피훈련 등 안전교육에 도움을 받을 수 있다.

2) 하루 일과 내에서의 교사의 역할

보육실태조사(2012)에 의하면 어린이집에서 부딪히거나 넘어지는 사고(49.1%)가 가장 빈번히 발생했으며 그 다음으로 영유아 간 다툼, 끼임사고 순이었다. 또한 발생 장소는 보육실(63%), 유희실, 실외 놀이터 순으로 나타났는데 이와 같이 영유아 안전사고는 장소와 시간에 관계없이 수시로 발생하므로 항상 주의를 기울이고 안전사고 예방을 위해 노력하여야 할 것이다. 영유아의 안전사고를 예방하기 위해 하루에 일어나는 일상적인 활동 속에서 유의해야 할 점을 하루 일과 시간대별로 교사의 안전사고 예방 행동지침을 알아보고자 한다(중앙보육정보센터, 2008).

(1) 자유놀이 시간

① 자유선택활동 시간에는 놀잇감 수, 공간의 크기 등을 고려하여 각 영역에

적절한 인원이 놀이할 수 있도록 중재한다. 유아반의 경우 계획하여 놀이하고 평가하도록 지도한다.

② 항상 영유아의 놀이를 관찰한다.

③ 전쟁놀이와 같이 싸움을 유발하는 위험한 행동이 보이면 즉시 중지시킨다.

④ 가정에서의 위험한 개인 놀잇감이나 용품(목걸이, 반지 등)은 원에 가져오지 않도록 한다.

⑤ 의자나 책상과 같은 무거운 가구를 이동할 때는 사전에 안전수칙을 설명한다.

⑥ 놀이한 후에는 반드시 놀잇감을 정리하고 이동하도록 한다.

⑦ 놀이 정리나 이동 시 영유아가 예측할 수 있도록 미리 예고한다.

⑧ 보육실에 영유아들만 두고 자리를 비우지 않는다.

⑨ 영유아를 돌보며 동시에 사무적인 일처리를 하지 않는다.

⑩ 영아의 경우 놀잇감이나 우유병을 입에 넣고 다니지 않도록 한다.

⑪ 같은 종류의 놀잇감을 여러 개 준비하여 영유아 간 다툼을 예방한다.

(2) 급 · 간식 시간

① 급 · 간식 시간에 음식을 앉아서 먹도록 지도한다.

② 주방에서 미리 음식을 식혀 배식할 수 있도록 조리사에게 부탁한다.

③ 뜨거운 물이나 국, 음식은 안전한 장소에 놓고 배식한다.

④ 영유아가 자리에 앉아 있는 상태에서 교사가 국을 배식한다.

(3) 이동 및 전이활동 시간

① 복도에서 뛰지 않도록 한다.

② 한 번에 많은 인원을 이동시키지 않도록 조절한다.

③ 화장실은 개별 또는 2~3명씩 나누어 다녀오도록 한다.

④ 줄 서서 차례차례 이동하도록 한다.

⑤ 계단을 오르내릴 때 위험한 행동(뛰기, 장난하기, 친구 잡아당기기, 밀기 등)을 하지 않도록 한다.

⑥ 복도나 계단에서 우측통행을 하도록 지도한다.

⑦ 영유아 혼자 오르내리지 않고 교사와 함께 이동한다.

⑧ 전이활동 시간에 교사가 다른 준비로 자리를 비우는 일이 없도록 한다.

⑨ 베란다(가정어린이집)에서 영유아 혼자 놀지 않도록 주의 깊게 관찰한다.

(4) 집단활동 시간

① 안전에 대한 다양한 교육을 실시한다. 연간 교육계획에 따른 주제와 상황에 맞는 안전교육을 한다.

② 영유아의 다툼으로 인해 발생하는 꼬집기, 물기, 던지기, 때리기 등의 부정적인 행동은 바르지 못한 의사소통 방법임을 교육한다.

③ 다른 사람의 의견을 받아들이고 이해할 수 있도록 중재하고 부정적인 감정을 언어로 표현할 수 있도록 지도한다.

④ 오후 통합보육을 위한 혼합반 구성 시 좀 더 세심히 영유아의 놀이를 관찰하고 되도록 영아와 유아를 나누어 프로그램을 진행한다.

(5) 실외놀이 시간

① 실외놀이 나가기 전에 안전수칙에 대해 항상 상기시킨다.

② 견학이나 현장학습과 같이 대집단으로 움직일 때는 혼자서 갑자기 뛰거나 앞을 보지 않고 걷다가 넘어지지 않도록 지도한다.

③ 옷에 걸려 넘어지지 않도록 영유아의 안전한 옷차림을 점검한다(긴 목도리, 모자끈, 리본 등은 10cm 이내로 짧게 묶는다).

④ 현관에서는 차례를 기다려 신발을 신고 벗도록 항상 주의시킨다.

⑤ 가정어린이집의 경우 현관이 좁고 영아의 행동이 느리므로 영아는 반드시 앉아서 신발을 신고 벗을 수 있도록 지도한다.

⑥ 실외놀이 공간의 크기에 적절한 인원이 놀이할 수 있도록 각 반의 실외놀이 시간을 조정한다.

⑦ 영아반과 유아반의 실외놀이 시간을 달리한다.

⑧ 항상 영유아의 놀이를 관찰한다.

⑨ 위험한 곳에 올라간 경우 갑작스럽게 내려오도록 지시하지 않고 교사가 영유아 가까이에 가서 이야기한다.

⑩ 위험한 행동에 대해서는 적극 중지시킨다.

⑪ 차례를 지켜 놀이기구를 이용할 수 있도록 수시로 이야기 나눈다.

⑫ 높이가 있는 놀이기구(미끄럼틀 등)를 타는 영유아들을 항상 관찰한다. 실외놀이 시 더욱 위험하므로 항상 영유아 가까이에서 관찰한다.

⑬ 실외놀이 종료 시간을 사전에 알려주어 정리를 서두르다 다치지 않도록 한다.

⑭ 실외놀이 기구와 주변 환경에 대해 매일 안전점검을 한다.

⑮ 원에서 기르는 동물을 함부로 만지지 않도록 주의시킨다.

⑯ 동네 놀이시설을 이용할 경우 혼자 떨어져 놀이하지 않도록 주의한다.

⑰ 사고 즉시 자세히 살피고 응급조치하도록 한다.

3) 안전한 환경 제공을 위한 교사의 역할

영유아교사는 안전한 환경을 제공하기 위해 실내 · 외의 위험 요소를 최소화하도록 노력해야 할 뿐 아니라 보육실과 놀잇감의 위생문제에도 관심을 가져야 한다. 보육실과 놀잇감 등을 위생적으로 관리하여야 하며, 실내 · 외의 모든 비품과 교재 · 교구의 위험 요소를 최소화하고, 친구와의 갈등과 공격적인 행동을 감소시키기 위해 놀잇감의 수와 공간 구성에 주의를 기울인다. 안전한 환경 제공을 위해 영아반 교사와 유아반 교사에게 필요한 지침은 다음과 같다(중앙보육정보센터, 2008).

(1) 영아반 교사를 위한 안전 지침

- 영아들이 삼킬 수 있는 작은 조각(직경 3.5cm 이하)이 있는지 확인한다.
- 한 번에 보육실의 모든 영아들을 관찰할 수 있도록 영역 구성을 한다.
- 보육실의 책상, 의자, 교구장은 영아의 신체 크기에 적합해야 하며 가구의 모서리는 둥글고 표면이 매끄럽게 처리된 것으로 준비한다.
- 보육실에 설치된 교구장, 수납장 등은 영아가 밀었을 때 넘어지지 않을 정도의 무게가 있어야 한다.
- 보육실에 선반을 설치하는 때에는 물건이 떨어지지 않도록 지지대를 설치하고, 무거운 물건은 너무 많이 쌓아 놓지 않는다.
- 보육실 게시판이나 벽에 게시물을 부착하기 위해 압정을 사용하지 않으며 테이프나 자석을 이용한다.
- 돌출형 방열기(라디에이터)가 있는 경우에는 영아의 신체가 직접 닿지 않도록 울타리를 설치한다.
- 전기 콘센트는 안전 마개를 이용하고 코드는 영아가 함부로 뽑지 않도록 단단히 고정시키며 지속적으로 주의 · 지도한다.
- 교사 책상 주변의 칼이나 스테이플러, 펀치, 가위, 본드 등은 영아들에게 위험한 도구가 될 수 있으므로 항상 보이지 않는 곳에 잘 보관한다.
- 화상의 위험을 방지하기 위해 교사가 사용하는 코팅기 등 뜨거운 기계를 잘 관리한다. 또한 배식 시 뜨거운 국 관리에 주의한다.
- 놀잇감이나 사진기, 시계, 계산기 등에 들어 있는 원판형 수은이나 리튬 전지를 영아가 삼키면 위험하므로 전지를 교환할 때는 못 쓰게 된 전지를 즉각 안전한 장소에 버린다.

• 질식사를 예방하기 위해서는 딸랑이나 장신구 등을 영아의 목에 걸어 주지 않으며, 음식을 입에 넣은 상태로 웃거나 울거나 달리지 않게 한다. 또한 스카프나 긴 끈, 비닐봉지, 커튼 등도 질식의 우려가 있으므로 가지고 놀지 않게 한다.

• 놀잇감의 수가 너무 적을 때 놀잇감으로 인해 공격적인 행동이 유발되므로, 영아의 경우는 같은 놀잇감을 두 개 이상 준비하여 준다.

• 영아는 교실이 밀도가 너무 높으면 다른 사람에게 공격적으로 행동하기 쉬우므로, 이런 경우 공간 배치를 달리 하거나 영아가 활동할 수 있는 공간을 넓혀 준다.

• 안전한 생활을 유지하기 위한 적절한 제한이나 규칙을 설정한다.

• 영아기는 대 · 소근육을 활용한 움직임이 활발해지는 시기이므로 움직이기에 충분한 공간을 마련해 주고, 안전하게 생활할 수 있도록 주변 환경을 정리해 주어야 한다.

• 영아의 활발한 신체 움직임을 위해 바닥이 미끄럽지 않도록 하고, 물을 쏟은 경우에는 즉시 걸레로 닦고, 바닥에 흩어져 있는 물건들은 즉시 치우도록 한다.

• 영아기는 주변을 돌아다니며 왕성한 호기심을 실험하는 시기이므로 실내 · 외에 있는 위험한 물건들을 모두 치운다. 물감이나 페인트 등 유독성 제품은 영아들의 손이 닿거나 보이는 곳에 보관하지 않는다. 약물이나 세제는 사용한 후 즉각 치워야 한다.

(2) 유아반 교사를 위한 안전 지침

• 위험요소가 있는 모든 재료는 유아의 손이 닿지 않는 곳에 보관한다(세제, 약품, 독성 식물, 날카로운 가위나 칼 등).

• 모든 전기 콘센트는 안전덮개로 덮어 놓는다.

- 보육실에 있는 날카로운 테이블, 책상다리 등의 모서리에 충격을 완화할 수 있는 안전커버를 한다.
- 유아들이 미끄러질 수 있는 낡은 카펫, 장애물은 치운다.
- 유아들이 줄을 잡아당기거나 엉키지 않도록 전기선 처리를 늘어지지 않게 정리한다.
- 소화기의 위치와 사용 방법을 반드시 숙지한다.
- 놀잇감은 유아의 안전에 적합한 것으로 선택하고 잘 소독한다.
- 유아들이 호기심을 갖고 코나 귀에 넣을 가능성이 있는 작은 조각(미술 재료, 관찰용 곡식 등)을 제공할 때에는 유아들에게 안전한 놀이 방법을 제시하고 주의 깊게 살펴본다.
- 보육실의 모든 유아들을 한 번에 관찰할 수 있도록 영역을 구분한다.
- 특별한 건강 이상이나 신체적 장애, 알레르기를 가진 유아를 위해 대책을 세워 둔다.
- 외부로 통하는 출입문은 항상 통제한다.
- 실외놀이터에서 사용하는 탈것의 크기는 유아의 신체 크기에 적합해야 한다.
- 모래놀이 영역은 모래 속에 이물질이 있는지 확인하고 모래를 사용하지 않을 때에는 뚜껑을 덮어 놓는다. 또한 정기적으로 모래 소독을 실시한다.
- 놀잇감의 수가 너무 적을 때 놀잇감으로 인한 분쟁이 많이 발생하므로 유아가 놀 수 있는 충분한 양의 놀잇감을 준비한다.

제 3 장

영유아 교육기관에서의 안전교육의 실제

1. 표준보육과정에 의한 안전교육
2. 누리교육과정에 의한 안전교육

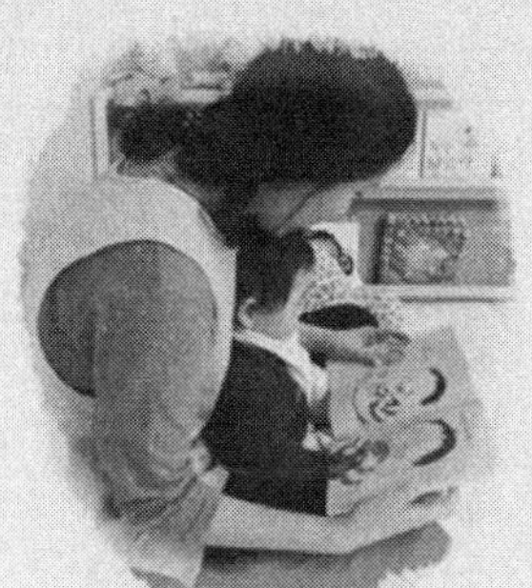

1. 표준보육과정에 의한 안전교육(0세, 1세, 2세)

<table>
<tr><th colspan="6">기본생활영역 (0~1세 보육과정)</th></tr>
<tr><th>내용범주</th><th>내용</th><th>1수준</th><th>2수준</th><th>3수준</th><th>4수준</th></tr>
<tr><td rowspan="4">안전하게 생활하기</td><td rowspan="2">안전하게 지내기</td><td colspan="3">안전한 상황에서 놀이한다.</td><td>놀잇감을 안전하게 사용한다.</td></tr>
<tr><td colspan="4">안전한 장소에서 놀이한다.</td></tr>
<tr><td rowspan="2">위험한 상황에 반응하기</td><td colspan="4">차량 승하차 시 안전 장구를 착용한다.</td></tr>
<tr><td></td><td>위험하다는 말에 반응을 보인다.</td><td colspan="2">위험하다고 알려주면 주의한다.</td></tr>
</table>

<table>
<tr><th colspan="3">기본생활영역 (2세 보육과정)</th></tr>
<tr><th>내용</th><th>1수준</th><th>2수준</th></tr>
<tr><td rowspan="2">안전하게 놀이하기</td><td colspan="2">놀이기구나 놀잇감 안전하게 사용한다.</td></tr>
<tr><td colspan="2">안전한 장소에서 놀이한다.</td></tr>
<tr><td>교통안전 알기</td><td>교통수단의 위험을 안다.</td><td>교통수단의 위험을 알고 조심한다.</td></tr>
<tr><td rowspan="2">위험한 상황알기</td><td>위험한 상황과 위험한 것을 안다.</td><td>위험한 상황과 위험한 것을 알고 조심한다.</td></tr>
<tr><td colspan="2">위험한 상황 시 어른의 지시에 따른다.</td></tr>
</table>

〈정기적인 안전교육〉

- 어린이집에서는 매년 안전교육을 통해 안전에 대한 지식이나 행동요령, 안전교육 지침 등을 숙지하여야 하며, 시·도 및 시·군·구 등에서 안전 관련 교육을 시행할 때 적극 참여한다.
- 안전교육의 주요 내용으로는 교통안전교육, 약물오남용교육, 재난대비교육, 성폭력예방교육, 실종·유괴 예방방지교육 등이 있으며, 이외에 안전한 보행

법, 놀이안전, 물놀이 안전교육 등 영유아 안전과 관련된 다양한 내용이 포함될 수 있다.

- 영유아를 대상으로 안전교육을 할 때는 영유아의 연령별 특성을 고려하여 놀이, 동화, 이야기나누기 등의 방법으로 보육과정 내에서 자연스럽게 다룸으로써 영유아가 보다 쉽게 안전의식을 내면화하도록 지도하는 것이 바람직하다.

1) 표준보육과 연계한 0~2세 연간 안전교육계획안

월	활동주제	활동내용
3월	자동차를 타면 약속해요. (교통안전 ①)	차 안에서 지켜야 할 안전한 행동과 위험한 행동, 차를 내리고 탈 때 어떻게 행동해야 하는지 안다(~2014 반영).
	미아예방 노래 (유괴안전 ①)	미아예방 노래를 인지하고, 위급한 상황에서 외쳐 볼 수 있도록 한다(~2014 반영).
4월	모래 바람이 불어요. (재난안전 ①)	황사 · 미세먼지에 대해 알아보고, 대처하는 방법을 실천해 본다(~2014 반영).
5월	손을 깨끗이 씻어요. (약물안전 ①)	더러운 손에는 온갖 병균이 있음을 알고 손을 깨끗이 씻어야 함을 안다(~2014 반영).
6월	횡단보도를 건널 때에는 (교통안전 ②)	신호등이 있는 곳과 신호등이 없는 곳을 알아보고, 횡단보도를 건너는 방법에 대해서 안다(~2014 반영).
	유괴방지 및 성교육 (유괴안전 ③)	동대문구 육아종합지원센터 선생님과 함께 하는 유괴방지 및 성교육(~2014 반영)
7월	낯선 사람을 만났어요. (유괴안전 ②)	위험한 상황을 알고, 자신을 보호하기 위한 방법들을 안다(~2013 반영).
	소중한 나의 몸 (성폭력안전 ①)	간단한 신체 명칭을 알아보고 남자와 여자의 몸의 차이를 안다.
8월	비가 올 때 보행안전 (교통안전 ③)	우산이나 우비를 착용하고 걸을 때 안전하게 보행하는 방법에 대해 안다(~2014 반영).
	아야! 배가 아파요. (약물안전 ②)	먹을 수 있는 것과 먹을 수 없는 것에 대한 개념을 안다(~2014 반영).

월	활동주제	활동내용
9월	골목길에서 자동차를 만나면 (교통안전 ④)	골목길에서 자동차와 마주쳤을 때의 대처방법에 대해 안다.
	쉿! 아무도 없어요. (유괴안전 ④)	혼자 있는 상황에 대한 대처방법을 안다.
10월	땅이 흔들려요. (재난안전 ②)	지진에 대해 알아보고 대처방법에 대해 안다.
11월	구급상자에는 뭐가 있을까? (약물안전 ③)	구급상자에 들어 있는 여러 종류의 약을 알아보고 어떤 상황에 쓰이는지 안다.
12월	주차장에서 장난을 치면 안돼요. (교통안전 ⑤)	주차장에서 장난을 치면 일어나는 상황에 대해 알아보고 주차장에서 어떻게 해야 하는지 안다.
1월	혼자 다니지 않아요. (유괴안전 ⑤)	사람이 많은 곳에서 미아, 실종을 예방하기 위하여 엄마, 아빠를 잃어버렸을 때 어떻게 해야 하는지 안다(~2012 반영).
	좋은 느낌 싫은 느낌 (성폭력안전 ②)	다른 사람이 함부로 몸을 만지지 않도록 좋은 느낌, 싫은 느낌의 다름을 안다(~2013 반영).
2월	초록불! 빨간불! (교통안전 ⑥)	신호등의 초록불과 빨간불에 어떻게 반응해야 하는지 안다(~2013 반영).
	어른들이 주는 약만 먹어요. (약물안전 ④)	선생님이나 부모님이 주는 약만 먹어야 하고, 친구의 약은 먹지 말아야 하는 이유에 대해 안다(~2014 반영).

2) 표준보육과 연계한 0~2세 안전교육의 실제

3-5-1 영유아를 대상으로 안전교육을 지속적으로 실시하고 있다.
- 영유아를 대상으로 발달에 적합한 안전교육을 정기적으로 실시한다.

〈영아 0세, 1세, 2세〉

- 대집단 활동이 아닌 소집단 활동이나 개별 활동의 방법으로 안전교육을 전해야 한다.

- 영아의 안전교육은 일과 중 영아의 발달 수준을 고려하여 일상생활, 놀이, 동화, 이야기나누기 등의 방법으로 보육과정 내에서 자연스럽게 다루어져야 한다.
- 안전교육의 내용은 영아가 이해할 수 있는 것으로, 일상적인 양육활동이나 놀이 활동 시 보육교사와의 상호작용을 통해서 벌어진 상황과 직접적으로 관련된 내용을 다루어야 한다.

〈0세〉 안전교육계획안

일 시	3월	대상연령	만 0세
주 제	교통안전	활동명	자동차에 타면 약속해요.
목 표	안전한 카시트의 사용법을 안다. 카시트 이용 시에는 벨트를 고정하고 일정 시간 있어야 함을 안다.		
표준보육과정	기본생활〉안전하게 생활하기〉안전하게 지내기(1-4수준)		
준비물	차량용 카시트		
지도방법	1. 영아들이 카시트를 충분히 탐색할 수 있도록 유도한다. 2. 카시트에 앉은 영아에게 교사가 벨트를 채워 주고, 영아가 벨트를 충분히 탐색할 수 있도록 한다. 3. 차량이 이동하는 가상 상황을 설정하여 영아들이 일정 시간 동안 즐겁게 카시트에서 벨트를 하고 있을 수 있도록 유도한다. 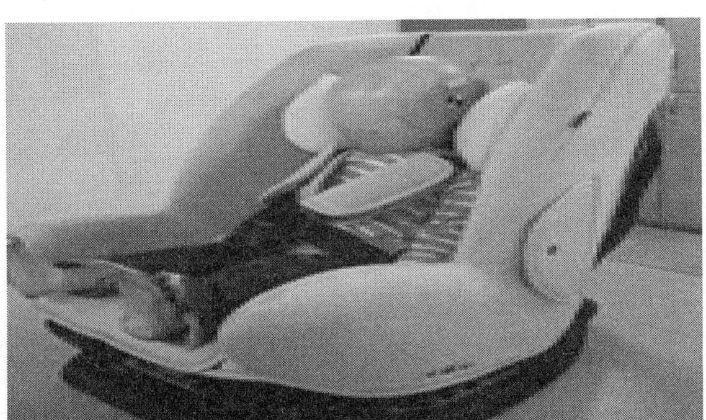		

평 가	영아들이 차량에 탑승할 때 안전을 위해 카시트를 사용하는데 거부반응이 없도록 활동을 계획하여 진행해 보았다. 충분히 카시트를 탐색할 시간을 주었더니 카시트에 앉아서 벨트를 채울 때에도 별다른 거부반응을 보이지 않고 앉아 있는 모습을 보였다. 교사는 차량이 이동하는 가상 상황을 설정하여 일정시간 동안 카시트에 앉아 있도록 유도할 때 영아가 평소 좋아하던 그림책을 읽어 주었던 것도 큰 도움이 되었던 것 같다. 가정과 연계하여 처음부터 긴 시간 동안 영아가 차량에 탑승하여 카시트에 앉기보다는 짧은 시간이라도 자주 앉아 볼 수 있는 경험을 할 수 있도록 배려해야겠다.

〈0세〉 안전교육계획안

일 시	5월	대상연령	만 0세
주 제	약물안전	활동명	손을 깨끗이 씻어요.
목 표	손이 깨끗해졌을 때 기분이 좋음을 안다.		
표준보육과정	기본생활〉건강하게 생활하기〉몸을 깨끗이 하기(1–4수준)		
준비물	핸드워시, 핸드타월		
지도방법	1. 교사는 영아가 손을 씻어야 할 때를 숙지한다. **영아가 손을 씻어야 하는 상황** 음식을 먹기 전(점심식사, 오전, 오후간식 전) 실외활동 후 대 · 소변 이후 기타 – 손이 더러운 경우 – 애완동물을 만진 후 – 피, 토사물, 코 흘린 것 등 신체 분비물을 만진 후 등 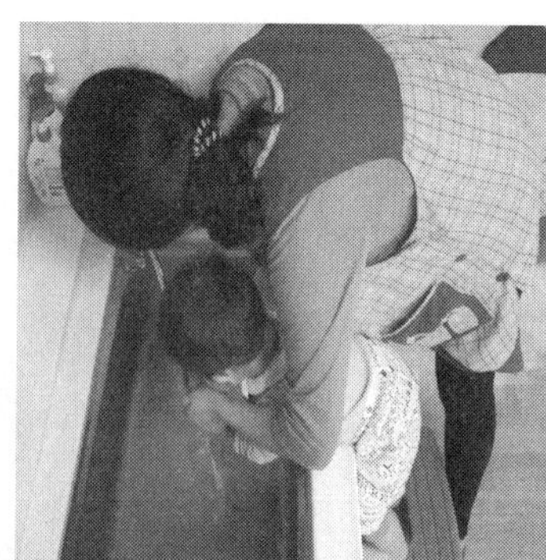 2. 영아가 기분 좋게 손을 깨끗이 씻을 수 있도록 지원한다.		

평 가	어린이집에서 하루일과 중 영아의 손씻기가 이루어져야 할 때를 숙지하여 스스로 손씻기가 어려운 영아들에게 손씻기를 지원해 주었다. 교사는 따뜻한 물로 평소 영아가 좋아하는 노래를 불러주며 손씻기를 함께하여 영아가 긍정적인 경험으로 인식될 수 있도록 활동을 진행하는 것이 중요하겠다.

〈0세〉 안전교육계획안

<table>
<tr><td>일 시</td><td>8월</td><td>대상연령</td><td>만 0세</td></tr>
<tr><td>주 제</td><td>약물안전</td><td>활동명</td><td>아야! 배가 아파요.</td></tr>
<tr><td>목 표</td><td colspan="3">교사의 위험하다는 말에 반응을 보인다.</td></tr>
<tr><td>표준보육과정</td><td colspan="3">기본생활〉안전하게 생활하기〉위험한 상황에 반응하기(2수준)</td></tr>
<tr><td>준비물</td><td colspan="3">“안 돼, 떽!” 그림책</td></tr>
<tr><td>지도방법</td><td colspan="3">1. “안 돼, 떽!” 그림책을 제시하여 자유롭게 탐색하도록 한다.
2. 영아가 관심을 보이면 그림책을 읽어 준다.
3. 그림책 내용 중 아무거나 먹으면 배가 아플 수 있음을 다시 알려주고, 아무거나 먹으면 “안 돼!”하고 반복하여 읽어 준다.
4. 그림책은 언어영역에 제시하여 영아가 자유롭게 읽어 볼 수 있도록 한다.

〈사후활동〉
교사는 하루일과 중 위험한 상황에서는 “안 돼!”라고 낮고 단호한 어투로 이야기해 준다.

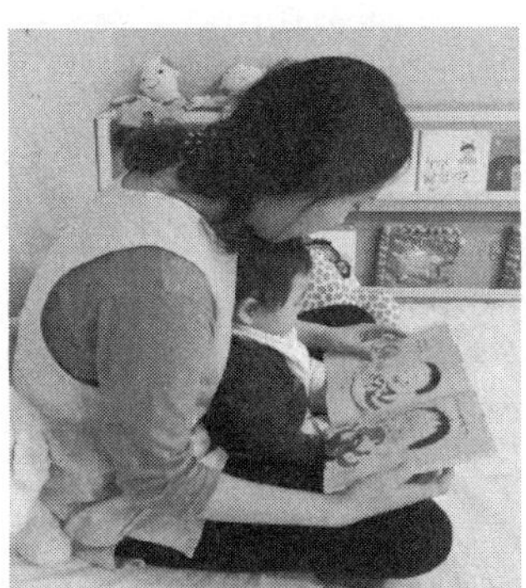 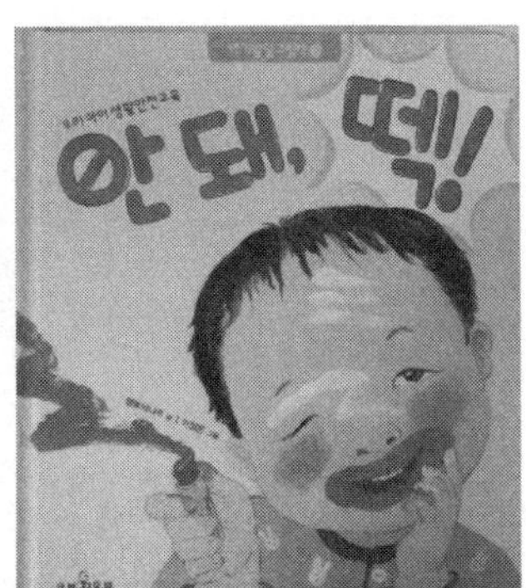</td></tr>
</table>

평 가	영아의 경우 교사가 안전한 보육환경을 제시하여 안전하게 놀이할 수 있도록 하는 것이 가장 좋지만, 위험한 상황에서는 "안 돼!"라는 말에 반응을 보일 수 있도록 교사는 평소와 다른 어투로 이야기해 주는 것이 좋다. 영아들이 안전하게 생활할 수 있도록 보육환경에 더욱 신경을 써야겠다.

〈1세〉 안전교육계획안

일 시	6월	대상연령	만 1세
주 제	교통안전	활동명	횡단보도를 건널 때에는
목 표	길을 건널 때의 올바른 태도를 알고 실천해 볼 수 있도록 한다.		
표준보육과정	기본생활〉안전하게 생활하기〉위험한 상황에 반응하기(3-4수준)		
준비물	모형 신호등, 횡단보도선(흰색 테이프)		
지도방법	1. '건너가는 길' 노래를 다함께 불러 본다. 2. 신호등에 대해 알아보고 빨간불과 초록불에 대해 이야기해 본다. 3. 횡단보도로 길을 건너는 바른 모습과 잘못된 모습의 사진자료를 보여주며 올바른 사진을 찾아본다. 4. 교사가 준비한 모형 신호등과 횡단보도 선을 이용하여 직접 길을 건너 보도록 한다. - 교사가 호루라기 소리와 함께 초록불을 들면 손을 들고 길을 건넌다. - 교사가 호루라기 소리와 함께 빨간불을 들면 출발하지 않고 자리에 멈춘다. 5. 영아들과 직접 횡단보도로 나가 길을 건너는 활동을 해 본다. 		

평 가	영아들이 실생활에서 접할 수 있는 횡단보도 길 건너기를 놀이로 경험하며 안전한 생활에 관심을 갖도록 활동을 진행하였다. 모형 신호등을 탐색하며 신호등의 신호에 따라 멈춤과 움직임 동작을 반복해 보며 신호의 의미를 더욱 즐겁게 인식해 가는 모습을 볼 수 있었다. 또한 길을 건널 때 주변 살피기, 손들고 건너기 등의 약속에 대해 이야기 해 보면서 안전하게 길 건너기에 관심을 가질 수 있었다. 더 나아가 가정과 연계하여 등 · 하원 시 엄마, 아빠와 안전하게 길 건너기를 해 볼 수 있도록 해야겠다.

〈1세〉 안전교육계획안

일 시	8월	대상연령	만 1세
주 제	약물안전	활동명	아야! 배가 아파요.
목 표	먹을 수 있는 것과 없는 것에 대한 개념을 익힐 수 있다.		
표준보육과정	기본생활〉안전하게 생활하기〉위험한 상황에 반응하기(3-4수준)		
준비물	먹을 수 있는 것과 없는 것 실물자료(사과, 바나나/색연필, 놀잇감) 먹을 수 있는 것과 없는 것 그림자료, 입을 크게 벌리고 있는 그림/입을 꼭 다문 그림자료		
지도방법	1. '배가 아파요' 노래를 불러 본다. 2. 손인형을 통해 먹어서는 안 되는 것을 먹어서 사고가 난 상황을 재연한다. 3. 배가 아픈 이유를 영아와 함께 생각해 보고 먹을 수 있는 것과 없는 것(실물자료)을 제시하여 이야기해 본다. 4. 두 가지의 그림자료를 제시한다(입을 크게 벌리고 있는 그림/입을 꼭 다문 그림). 5. 여러 가지 먹을 수 있는 것과 먹어서는 안 되는 것의 그림자료를 보며 먹으면 위험한 것에 대해 영아와 함께 이야기해 본다. 6. 먹을 수 있는 것과 없는 것을 분류해 4번 그림에 붙여 본다. 7. 활동 후 언어영역에 제시하여 영아가 직접해 볼 수 있도록 한다. 		

평 가	교수매체를 사용하여 영아가 직접 활동에 참여함으로써 먹을 수 있는 것과 먹을 수 없는 것에 대한 구별이 가능함을 알 수 있었고, 영아 또한 안전교육을 즐겁게 참여하는 모습을 볼 수 있었다. 활동 후 교수매체는 언어영역에 제시하여 자유놀이활동 시간에 영아들이 충분히 탐색해 볼 수 있도록 하였다. 교사가 활동 때 제시한 먹을 수 있는 것과 먹을 수 없는 그림자료 이외에 우리 주변에 먹으면 위험한 것들에는 어떤 것들이 있는지 이야기 나누는 시간을 가지고 그림자료를 추가로 더 제시해야겠다.

〈1세〉 안전교육계획안

일 시	4월	대상연령	만 1세
주 제	재난안전	활동명	모래 바람이 불어요.
목 표	황사와 미세먼지가 일어날 경우 대처방안에 대해 안다.		
표준보육과정	기본생활〉안전하게 생활하기〉위험한 상황에 반응하기(3–4수준)		
준비물	황사와 미세먼지 관련 그림자료, 마스크		
지도방법	1. 그림자료를 보며 황사와 미세먼지에 대한 이야기를 나눈다. 2. 황사와 미세먼지가 일어나면 대처하는 방법에 대해 알아본다. – 코와 입 속에 모래나 나쁜 먼지들이 들어가지 않도록 마스크를 착용한다. – (주의)황사가 부는 날이나 미세먼지 농도가 높은 날에는 바깥활동을 하지 않고 대체활동을 할 수 있도록 한다. 		

평 가	황사나 미세먼지는 경우 눈에 확연히 보이지 않으므로 그림자료를 통해 알아보는 시간을 가졌다. 미세먼지는 황사와 다르지만 요즘 더욱이 심해지고 있어 꼭 필요한 안전교육이었던 것 같다. 가정과 연계하여 황사나 미세먼지가 심할 경우에는 바깥활동을 삼가거나 황사용 마스크를 꼭 착용할 수 있도록 해야겠다.

〈2세〉 안전교육계획안

일 시	1월	대상연령	만 2세
주 제	성폭력안전	활동명	좋은 느낌 싫은 느낌
목 표	내 몸의 소중함을 안다. 내 몸에 닿는 느낌 중 좋은 느낌과 싫은 느낌을 구별할 수 있다.		
표준보육과정	기본생활〉안전하게 생활하기〉위험한 상황알기(1수준) 사회관계〉나와 다른 사람의 감정알기〉나의 감정을 나타내기(1–2수준)		
준비물	동화(난 정말 소중해), 여자 아이와 남자 아이의 그림자료, 다양한 접촉의 모습(안아주는 모습, 손잡고 있는 모습 등)		
지도방법	1. 동화 '난 정말 소중해'를 듣는다. 2. 여자 아이와 남자 아이의 그림자료를 보며 내 몸의 소중한 부분을 알아본다. 3. 다양한 접촉의 모습(안아주는 모습, 손잡고 있는 모습)이 담긴 사진자료를 보며 어떤 느낌일지 생각해 보고, 좋은 느낌과 싫은 느낌에 대한 이야기를 나눈다. 4. 누가 나의 몸을 만지면 "안 돼요, 싫어요, 하지 마세요!"라고 외칠 수 있도록 영아들과 함께 해 본다.  		

평 가	만 2세의 경우 자신의 여러 가지 감정을 말과 행동으로 표현할 수 있으므로 좋은 느낌과 싫은 느낌을 구별하여 이야기할 수 있도록 활동을 진행하였다. 또한, 가상 상황을 만들어 영아들이 스스로 대처해 볼 수 있는 방법을 재연해 봄으로써 실제상황이 일어나더라도 대처할 수 있도록 지도하였다. 가정과 연계하여 영아들이 자신의 감정을 말이나 행동으로 표현할 경우 받아들여주고, 존중해 줄 수 있도록 해야겠다.

〈2세〉 안전교육계획안

일 시	5월	대상연령	만 2세
주 제	약물안전	활동명	손을 깨끗이 씻어요.
목 표	영아 스스로 손 씻기를 시도해 본다.		
표준보육과정	기본생활〉건강하게 생활하기〉몸을 깨끗이 하기(1-2수준) 사회관계〉더불어 생활하기〉사회적 가치를 알기(1-2수준)		
준비물	손씻는 방법 그림자료, 핸드워시, 핸드타월		
지도방법	손을 씻어야 할 때를 알아보고, 그림자료를 보며 손씻는 방법에 대해 이야기 나눈다. 손씻는 방법의 순서대로 영아 스스로 손을 씻어 볼 수 있도록 유도한다. 손을 씻고 난 후 느낌에 대해 이야기를 나누어 보고, 평상시에도 손을 깨끗하게 씻을 수 있도록 영아들과 약속해 본다. 		

평 가	활동 후에도 영아 스스로 손씻기를 시도해 볼 수 있도록 손씻는 방법을 그림으로 제시하여 세면실에 붙여 주고 교사의 손씻는 모습을 영아들이 모방하여 따라해 볼 수 있도록 교사들도 항상 손을 깨끗이 씻는 습관을 보여주고 함께 씻어 볼 수 있도록 해야겠다.

〈2세〉 안전교육계획안

<table>
<tr><td>일 시</td><td>8월</td><td>대상연령</td><td>만 2세</td></tr>
<tr><td>주 제</td><td>교통안전</td><td>활동명</td><td>비가 올 때 보행안전</td></tr>
<tr><td>목 표</td><td colspan="3">비 오는 날의 경험을 회상하여 말한다.
비 오는 날 지켜야 할 보행안전 약속에 관심을 가진다.</td></tr>
<tr><td>표준보육과정</td><td colspan="3">사회관계〉더불어 생활하기〉사회적 가치를 알기(1–2수준)
자연탐구〉과학적 탐구하기〉생활도구 사용하기(1–2수준)</td></tr>
<tr><td>준비물</td><td colspan="3">비 오는 날 동영상, 빔 프로젝터, 영아용 우산, 영아용 비옷</td></tr>
<tr><td>지도방법</td><td colspan="3">1. 비 오는 날에 대한 동영상을 보고 비 오는 날의 보행에 대한 관심을 가져 본다.
2. 비 오는 날에 대한 영아의 경험담을 이야기 나눈다.
3. 비 오는 날에는 안전하게 보행해야 된다는 거에 대해 알아본다.

〈비 오는 날의 안전 약속〉
– 밝은 색 옷 입기
– 투명 비닐우산 쓰기 또는 밝은 색의 우비 입기
– 우산은 눈보다 높이 바르게 들고 걷기
– 우산으로 장난치지 않기
4. 빔 프로젝터로 비 오는 영상을 보며
5. 보행안전 약속을 지켜 빗속을 지나가 본다.

〈사후활동〉
비 오는 날 우산을 쓰거나 비옷을 입고 산책해 본다.</td></tr>
</table>

평 가	영아들에게 비 오는 날의 영상을 보여주니 빗소리, 비 오는 날 사람들의 옷차림 등에 대하여 관심을 보였다. 영상을 본 후 비 오는 날에 대하여 이야기를 나누며 비 오는 날에는 안전을 위해 지켜야 할 약속을 정해 보고 실제 상황에 대비해 보았다. 처음에는 비 오는 날에 대해 낯설어하던 아이들이 실제로 체험해 봄으로써 비 오는 날의 보행에 대한 안전사항에 관심을 보이는 것을 알 수 있었다. 가정과의 연계를 통해 비 올 때의 보행안전에 대해 지속적인 연계활동이 필요할 것 같다.

2. 누리교육과정에 의한 안전교육(3세, 4세, 5세)

<table>
<tr><th colspan="5">신체운동 · 건강영역 (3세, 4세, 5세)</th></tr>
<tr><th>내용
범주</th><th>내용</th><th>3세</th><th>4세</th><th>5세</th></tr>
<tr><td rowspan="5">안전
하게
생활
하기</td><td rowspan="3">안전하게
놀이하기</td><td colspan="2">놀이기구나 놀잇감, 도구를 안전하게 사용한다.</td><td>놀이기구나 놀잇감, 도구의 바른 사용법을 알고 안전하게 사용한다.</td></tr>
<tr><td>안전한 놀이장소를 안다.</td><td>안전한 장소를 알고 안전하게 놀이한다.</td><td>안전한 장소를 알고 안전하게 놀이한다.</td></tr>
<tr><td>TV, 인터넷, 통신기기 등을 바르게 사용한다.</td><td colspan="2">교통안전 규칙을 알고 지킨다.</td></tr>
<tr><td rowspan="2">교통안전 규칙
지키기</td><td>교통안전 규칙을 안다.</td><td colspan="2">교통안전 규칙을 알고 지킨다.</td></tr>
<tr><td colspan="3">교통수단을 안전하게 사용한다.</td></tr>
</table>

	비상 시 적절히 대처하기	학대, 성폭력, 실종, 유괴상황을 알고 도움을 요청한다.	학대, 성폭력, 실종, 유괴상황 시 도움을 요청하는 방법을 알고 행동한다.
		재난 및 사고 등 비상 시 적절하게 대처하는 방법을 안다.	재난 및 사고 등 비상 시 적절하게 대처하는 방법을 알고 행동한다.

- 안전교육 내용으로는 아동복지법 및 동법시행령에 의해 어린이집에서 실시하여야 하는 안전교육의 내용은 교통안전교육, 약물오남용교육, 재난대비교육, 성폭력 예방교육, 실종 · 유괴 예방방지교육 등이 있으며, 이외에 안전한 보행법, 놀이 안전, 물놀이 안전교육 등 영유아 안전과 관련된 다양한 내용이 포함될 수 있다.

1) 누리과정과 연계한 3~5세 연간 안전교육계획안

월	생활주제	구분	안전영역	안전교육내용
3	유치원/ 어린이집 · 친구	1	가정안전	우리 집은 안전할까?
		2	놀이안전	놀잇감을 안전하게 가지고 놀아요.
		3	교통안전	안전한 길로 등원하기
		4	소방안전	고마운 불, 위험한 불
		5	소방대피훈련	소방대피훈련
4	봄과 동식물	1	생활안전	잠깐! 동식물은 함부로 만지면 안 돼요.
		2	놀이안전	질서를 지켜요.
		3	실종유괴 예방	따라가면 안 돼요.

월	생활주제	구분	안전영역	안전교육내용
		4	소방안전	불이 났어요!
		5	소방대피훈련	소방대피훈련
5	나와 가족	1	가정안전	물건을 정리해요.
		2	생활안전	많이 먹으면 안 돼요.
		3	성폭력안전	좋은 느낌과 나쁜 느낌
		4	교통안전	교통질서를 지켜요.
		5	재난안전/ 소방대피훈련	황사대비훈련 및 소방대피훈련
6	우리동네	1	가정안전	안전 고리가 달린 서랍은 만지지 않아요.
		2	생활안전	안전한 쇼핑
		3	실종유괴예방	엄마, 아빠가 기다린대요.
		4	소방안전	119에 신고해요.
		5	소방대피훈련	소방대피훈련
7	여름 건강과 안전	1	놀이안전	물놀이 안전수칙
		2	생활안전	차가운 음식을 많이 먹지 않아요.
		3	교통안전	비 오는 날 안전하게 다녀요.
		4	재난안전	폭염을 대비해요.
		5	소방안전 /소방대피훈련	숨으면 안 돼요/소방대피훈련
8	교통기관	1	놀이안전	바깥놀이 시 안전규칙
		2	교통안전	교통수단을 이용할 때는?
		3	성폭력안전	안 돼요, 싫어요, 하지 마세요!
		4	소방안전	어린이집의 대피로
		5	소방대피훈련	소방대피훈련
9	우리나라	1	교통안전	자동차 안에서는?
		2	약물오남용	색이 비슷해요.
		3	재난안전	지진대피훈련
		4	소방안전	소화기 작동법

월	생활주제	구분	안전영역	안전교육내용
		5	소방대피훈련	소방대피훈련
10	세계 여러 나라 가을	1	생활안전	엘리베이터 안전규칙
		2	놀이안전	모래놀이 시의 안전
		3	실종유괴예방	엄마, 아빠 손을 꼭 잡아요.
		4	교통안전	자전거를 타요.
		5	소방대피훈련	소방대피훈련
11	환경과 생활	1	생활안전	승강기 안에서는?
		2	성폭력안전	내 몸을 지킬 수 있어요.
		3	재난안전	지구가 점점 더워져요.
		4	소방안전	연기 밑으로 기어가요.
		5	소방대피훈련	소방대피훈련
12	겨울	1	교통안전	겨울철 교통기관 이용 시 안전
		2	놀이안전	겨울철 놀이의 안전
		3	재난안전	폭설이 왔어요.
		4	소방안전	몸에 불이 붙었어요.
		5	소방대피훈련	소방대피훈련
1	생활도구	1	생활안전	현관문을 안전하게
		2	약물오남용	함부로 만지면 안 돼요.
		3	실종유괴예방	엄마, 아빠를 잃어버리면?
		4	소방안전	화상 예방하기
		5	소방대피훈련	소방대피훈련
2	형님반에 가요	1	교통안전	보호장구를 착용해요.
		2	가정환경	안전한 우리집
		3	생활안전	미디어 안전
		4	소방안전	지지직! 불꽃이 번쩍!
		5	소방대피훈련	소방대피훈련

2) 누리과정과 연계한 3~5세 안전교육의 실제

〈유아 3세, 4세, 5세〉

- 안전교육이 강사주도형 집단 교육의 형태가 아니라 유아들이 직접 모의상황에 참여하는 대 · 소집단 활동이나 역할극, 놀이 동화, 이야기 나누기 등의 방법으로 진행되어야 한다.
- 안전교육의 내용은 지식 전달보다는 유아의 대처행동 능력을 직접적으로 키워줄 수 있는 내용이여야 한다.
- 안전교육의 수준은 유아가 이해 할 수 있는 평이한 수준으로 해야 하며 구체적으로 해야 한다.

〈3세〉 안전교육계획안

일 시	4월 4회차	대상연령	만 3세
주 제	소방안전	활동명	불이 났어요!
목 표	불이 났을 때 당황하지 않고, 대피방법에 대해 안다.		
누리과정	신체운동 · 건강영역〉안전하게 생활하기〉비상 시 적절히 대처하기		
준비물	화재 대피 현장의 상황 그림과 대피도, 불이 나는 분위기의 배경음악, 신호용 악기		
지도방법	1. 화재 발생 현장의 상황 그림을 보며 이야기 나눈다. 2. 그림 속 상황과 같이 불이 나게 되면 어떻게 대처하면 좋을지 각자의 생각을 이야기해 본다. 3. 이야기나누기한 내용을 토대로 불이 난 상황에 대비한 대피훈련을 해 보기로 하고 필요한 준비물을 제시해 준다. 4. 넓은 공간에서 불이 나는 분위기의 배경음악을 틀어놓은 후, 불이 났음을 알리는 신호용 악기의 소리를 듣고 미리 파악한 대피로를 따라 대피해 본다.		

	5. 대피활동을 마친 후 활동에 대해 평가한다. 
평 가	소방안전교육의 가장 기본이며 핵심이 되는 불이 난 상황에 대한 이야기나누기 및 모의 대피활동을 계획하여 실행해 보았다. 그동안 소방대피훈련을 지속적으로 해왔던 유아들이기 때문에 불이 난 상황에 대한 그림자료를 보고 이런 상황에는 어떻게 대처하고, 대피하면 좋을지에 대한 아이디어를 표현해 내었다. 대피훈련 시와 유사한 과정으로 대피활동을 해 본 후, 대피훈련과 차별화를 두어 훈련으로 그치지 않고 더 나은 대피과정을 위한 평가를 하고, 유아들의 반성을 중심으로 다시 대피해 보아 바로 적용해 볼 수 있었던 것이 유의미했다고 평가된다.

〈3세〉 안전교육계획안

일 시	7월 3회차	대상연령	만 3세
주 제	교통안전	활동명	비 오는 날 안전하게 다녀요.
목 표	비 오는 날의 보행방법을 알고, 우산과 우비를 바르게 사용한다.		
누리과정	신체운동 · 건강영역〉안전하게 생활하기〉교통안전 규칙지키기		
준비물	비 오는 날의 안전과 관련한 상황 그림, 우산, 우비, 장화 등		
지도방법	1. 비 오는 날의 안전에 대해서 유아들과 이야기를 나눈다. – 비가 와서 아스팔트의 노면이 젖는 경우, 보행자가 잘 보이지 않는다. – 비 오는 날은 시야가 나쁘므로 눈에 잘 띄는 밝은 색상의 옷을 입는 것이 좋다. – 비 오는 날은 미끄러워 자동차의 정차 거리도 길어지고 매우 위험하므로 절대로 무단횡단을		

	해서는 안 된다. 횡단보도 내에서도 무리한 횡단을 삼가야 한다. 2. 역할영역에 비 오는 날 사용하는 물건을 비치하고, 이야기나누기의 내용을 토대로 역할놀이를 한다. 3. '비 오는 날의 안전'에 대해 가정연계가 이루어져 실생활에서 습관화할 수 있도록 자료를 공유한다. 
평 가	비가 오는 날에는 비를 피하기 위한 다양한 용구를 안전하게 착용하여 비를 피하는 것뿐 아니라 빗길에서의 교통안전 또한 매우 중요한 부분이다. 이런 이유로 유아들이 비 오는 날의 안전에 대해 생활 속에서 습관화할 수 있도록 이 활동을 계획, 실행하게 되었다. 비가 오면 우산, 우비, 장화를 착용하는 것에 즐거움을 느끼는 유아가 많은 만큼 안전하게 용구를 사용할 수 있도록 돕는 이번 활동은 유아에게 밀착형 교육이 되었으리라 평가된다. 그리고 원에서의 교육내용을 가정과 연계하여 지속적으로 실천할 수 있도록 유도한 것은 일관된 교육환경에서 유아가 자람과 동시에 안전한 환경을 제공해야 하는 성인의 의무에 대한 부모교육까지 동시에 이룰 수 있는 유익한 방안이었다.

〈3세〉 안전교육계획안

일 시	10월 1회차	대상연령	만 3세
주 제	생활안전	활동명	엘리베이터 안전규칙
목 표	엘리베이터를 안전하게 타는 방법을 안다.		
누리과정	신체운동 · 건강영역〉안전하게 생활하기〉비상 시 적절히 대처하기		
준비물	엘리베이터 그림자료(어른과 함께 타는 그림, 아이 혼자 타서 위험해 보이는 그림)		

지도방법	1. 엘리베이터를 타본 경험이 있는가에 대해 이야기를 나눈다. 2. 그림자료를 보면서 어떤 상황의 그림이 안전한 엘리베이터 사용인지에 대해 이야기를 나눈다. - 그림자료 ① 어른과 함께 엘리베이터를 타는 장면 - 그림자료 ② 아이 혼자 엘리베이터를 타서 위험해 보이는 장면 3. 그림자료 ②를 보며 엘리베이터를 혼자 타면 위험한 상황에 대해 이야기를 나눈다. - 엘리베이터를 탈 때 문이 닫힌다. - 엘리베이터의 문에 낄 수 있다. - 엘리베이터 안에 갇힐 수 있다. 4. 안전하게 엘리베이터를 타는 방법에 대해 이야기를 나눈다. - 어른과 함께 엘리베이터를 탄다. - 엘리베이터 바닥을 확인한 후 발을 내딛는다. - 엘리베이터 안에서 뛰지 않는다. 5. 이야기나누기를 회상하며 가까운 건물의 엘리베이터를 직접 타보는 경험을 한다. 안전규칙에 따라 엘리베이터를 이용한다. 
평 가	엘리베이터는 현대인의 실생활에서 떼려야 뗄 수 없는 사용 빈도가 잦은 이동수단으로, 유아의 경우 엘리베이터에 대한 규칙을 알지 못한 상태로 이용하게 되면 위험한 상황에 놓이기 쉽다. 그렇기 때문에 유아기에서부터 안전하게 엘리베이터를 이용하는 안전규칙에 대해 이해하고 숙지할 수 있도록 이번 활동을 실행해 보았다. 대부분의 유아들이 엘리베이터를 이미 이용해 보았기 때문에 기존의 경험을 바탕으로 안전한 이용방법에 대한 이야기 나누기가 수월하게 진행되었다. 또한 이야기나누기의 내용을 토대로 직접 엘리베이터를 이용하는 활동을 가져 보아 유아들이 배운 것을 체득할 수 있는 기회를 가진 것이 유익한 경험으로 작용했을 것으로 평가된다.

〈4세〉 안전교육계획안

일 시	9월 2회차	대상연령	만 4세
주 제	약물오남용	활동명	색이 비슷해요.
목 표	색이 비슷한 약물과 그 밖의 물질의 종류를 알아보고 올바른 약물의 사용법을 알아본다.		
누리과정	신체운동 · 건강영역〉안전하게 생활하기〉비상 시 적절히 대처하기		

준비물	주황색 물약, 주황색 주방세제, 오렌지맛 탄산음료, 주황색 식용색소와 색소를 탄 물
지도방법	1. 우리 주변에서 볼 수 있는 주황색 물건이나 음식을 알아본다. 2. 주황색으로 만들어진 여러 가지 액체를 소개한다. 3. 소개한 주황색 액체 중에서 먹을 수 있는 것과 없는 것은 무엇일지 생각해 보고 나누어 본다. 4. 색이 비슷한 것들에도 사용처가 각각 다르며, 특히 약과 같은 색이라고 다 먹을 수 있는 것은 아님에 대해 이야기를 나눈다. * 약물의 경우 성인의 도움이 있을 때 섭취해야함을 전제로 한다.  5. 각 액체의 올바른 사용법에 대해 알아본다. – 주황색 물약 : 아플 때 치료 목적 – 주황색 주방세제 : 설거지할 때 사용 – 오렌지맛 탄산음료 : 식음료 – 주황색 식용 색소 : 주황색을 내는 식용 가능한 색소 5. 그 밖에도 색이 비슷하지만 사용법이 다른 것들에 대해 이야기를 나눈다. 6. 올바른 약물사용의 필요성에 대해 알아본다.
평 가	약물의 위험성에 대한 인지가 부족한 유아기에는 약물의 안전한 섭취, 약물과 비슷하게 생긴 물질에 대한 주의 등과 관련한 교육이 반드시 선행되어야 하기에 이번 교육을 실시하게 되었다. 약물을 안전하게 섭취하고, 성인의 도움을 받아야 한다는 것에 대한 교육을 바탕으로 약물과 비슷한 색의 물질을 조심해서 다루고, 동시에 약물도 오남용하지 않아야 함에 대해 유아들과 실제 액체들을 구비하고 알아보았더니 쉽게 이해하는 듯했다. 이번 교육의 내용을 가정에서도 지속적으로 실천할 수 있도록 연계성 있게 다루는 것이 중요하다고 평가된다.

〈4세〉 안전교육계획안

일 시	8월 3회차	대상연령	만 4세
주 제	성폭력안전	활동명	안 돼요, 싫어요, 하지 마세요!
목 표	성폭력, 성희롱 등 위기상황에 적절히 대처할 수 있다.		
누리과정	신체운동 · 건강영역〉안전하게 생활하기〉비상 시 적절히 대처하기		
준비물	인형(어린아이 손인형, 아저씨 손인형), 인형극 배경		

지도방법	1. 교사가 준비한 성폭력안전과 관련한 인형극을 본다(성폭력안전과 관련한 그림책 중 만 4세 유아에게 적합한 내용을 각색한 것으로 준비한다). 2. 인형극을 보고난 후 유아 자신이 동일한 상황이라면 어떻게 대처할지에 대해 이야기를 나눈다. 이때 유아 자신의 느낌을 분명하게 표현해 보도록 유도한다. 3. 인형극과 같이 위험한 상황에 닥치게 되면 도움을 청하는 방법에 대해 이야기를 나눈다. - 어떻게 도움을 청해야 하는가? - 부모님이 물어 볼 때 어떻게 말해야 하는가? 4. 유아들이 인형극의 내용을 다시 재연해 보도록 한다. 5. 인형극(혹은 역할극)을 해 본 느낌에 대해 이야기 나눈다. 
평 가	유아에게 위험한 상황은 여러 가지 형태로 있을 수 있지만 그 중에서 성과 관련한 위험은 최근 큰 이슈가 될 정도로 사회적인 문제로 대두되고 있다. 그만큼 유아들이 위험에 노출될 확률이 많다는 증거이므로, 이와 관련한 안전교육은 반드시 필요한 것이다. 이런 필요성에 의해 유아들과 성폭력안전을 위한 교육을 실시했다. 그림책 보기, 이야기나누기 등 다양한 형태로 활동이 가능하나, 인형극이라는 방법을 이용하여 유아들이 보다 생생하게 교육내용을 경험할 수 있도록 도와 보다 직접적으로 인지할 수 있도록 도운 것이 긍정적으로 작용했다고 평가된다. 교육의 내용을 바탕으로 가정에서도 유아들이 안전한 환경에서 생활하고, 자신의 의사를 정확하게 표현할 수 있도록 하는 분위기 조성이 되어야 할 것이다.

〈4세〉 안전교육계획안

일 시	1월 1회차	대상연령	만 4세
주 제	생활안전	활동명	현관문을 안전하게
목 표	현관문 사용 시 위험할 수 있음을 인지하고 안전하게 이용한다.		
누리과정	신체운동 · 건강영역〉안전하게 생활하기〉비상 시 적절히 대처하기		

준비물	현관문 그림자료, 칠판(화이트보드 등 동시를 적을 수 있는 재료), 도화지
지도방법	1. 현관문 그림자료를 보면서 유아들과 현관문은 무엇인지, 현관문을 이용해 본 경험이 있는지에 대해 이야기를 나눈다. 2. 현관문을 이용할 때 주의해야 할 사항에는 어떤 것들이 있는지 알아본다. – 현관문에 손, 발, 옷 등이 끼지 않도록 주의한다. 3. 현관문을 이용할 때 조심해야 할 점에 대해 생각해 보며 아이디어를 모아 동시를 지어 본다. 4. 직접 지은 동시를 읊어 보고 느낌을 나눈다. 5. 완성한 동시를 큰 도화지에 옮겨 적고 언어영역에 게시하여 함께 감상하며 현관문의 안전한 이용에 대해 수시로 생각해 본다. 
평 가	안전교육을 하게 되면 대부분 그림자료를 보면서 이야기를 나누거나, 실제와 유사한 상황을 설정하여 모의경험을 해 보는 것으로 진행되는 경우가 다수이다. 그런데 이번 현관문 안전과 관련한 교육에서 현관문의 특징, 이용할 때 조심해야 할 점 등에 대해 이야기를 나눈 후, 유아들의 기존 아이디어와 이야기나누기를 통해 새롭게 알게 된 지식을 토대로 직접 동시를 지어 본 것은 참신한 접근이라고 할 수 있겠다. 실제로 유아들이 직접 지은 동시를 활동 후에도 언어영역에서 현관문의 안전한 이용에 대해 수시로 접할 수 있어 지속적인 관심을 이끌어 낼 수 있었다고 평가된다.

〈5세〉 안전교육계획안

일 시	5월 2회차	대상연령	만 5세
주 제	생활안전	활동명	많이 먹으면 안 돼요.
목 표	찬 음식을 많이 섭취하면 건강을 해칠 수 있음을 안다.		
누리과정	신체운동 · 건강영역〉안전하게 생활하기〉비상 시 적절히 대처하기		
준비물	꿀꿀이의 아이스크림 가게 앞치마 동화(또는 다른 종류도 가능함), 꿀꿀이의 아이스크림 가게 동화 등장인물, 동극 머리띠		

지도방법	1. 여름철에 우리가 즐겨 먹는 음식들에 대해 이야기해 본다. - 차가운 물, 음료수, 아이스크림, 빙수 등 2. 꿀꿀이의 아이스크림 가게 동화를 앞치마 동화로 듣는다. 3. 동화를 다 보고 난 후 동화의 내용을 다시 한 번 회상해 본다. 4. 동화의 내용을 바탕으로 유아들이 직접 동극을 꾸며 보기로 하고, 동극에 필요한 자료에 대해 이야기를 나눈 후 함께 준비한다. 5. 준비한 동극 자료를 이용해서 역할을 분담하여 동극을 꾸며 본다. 6. 동극을 마친 후 소감을 나누며 평가하는 시간을 갖는다. 7. 평가를 바탕으로 새롭게 배역을 정한 후 재공연을 해 본다. 8. 동극을 마친 후 동화의 내용에 대해 이야기를 나눠 보며 여름철 식품 안전에 대해 생각해 보는 시간을 갖는다. - 등장인물에는 누가 있었나? - 꿀꿀이에게 어떤 일이 벌어졌나? 왜 그랬을까? - 꿀꿀이와 같은 경험이 있는가? - 꿀꿀이처럼 아프지 않기 위해서는 무엇을 조심해야 할까? 
평 가	여름철에는 더위를 이겨내기 위한 하나의 수단으로 차가운 음식 섭취가 증가하며 이는 유아기의 분별없는 다량 섭취로 이어져 배탈 등의 질병으로 이어지기도 한다. 유아들이 이에 대해 동화라는 재미있는 소재를 통해 간접 경험하고, 더 나아가 자신들이 직접 동극으로 꾸며 극화하는 과정을 거치면서 '차가운 음식은 많이 먹으면 안 된다'는 것에 대해 자연스럽게 인지할 수 있는 유익한 시간이 되었다.

〈5세〉 안전교육계획안

일 시	11월 2회차	대상연령	만 5세
주 제	성폭력안전	활동명	내 몸을 지킬 수 있어요.
목 표	성안전과 관련해서 필요한 정보를 알고 글과 그림으로 표현할 수 있다.		
누리과정	신체운동 · 건강영역〉안전하게 생활하기〉비상 시 적절히 대처하기		
준비물	신문 또는 잡지 사진의 그림, 활동지		

지도방법	1. 성폭력 등 성과 관련한 위험상황에는 어떻게 대처하면 좋을지 의견을 나눈다. - 소중한 것이라고 생각하는 것에는 어떤 것들이 있나? 2. 성과 관련한 위험 상황이 닥치게 되면 어떤 느낌이 들지 이야기 나눈다. - 우리들의 소중한 몸을 누가 만지려고 할 때는 어떤 느낌이 드는가? 3. 이야기나누기를 한 내용을 토대로 성안전에 대한 자신의 느낌이나 생각을 글이나 그림으로 표현해 보기로 한다. - '내 몸을 지킬 수 있어요'라는 의지가 담긴 글이나 그림을 자유롭게 표현하기 - 그 외에도 다양한 표현방법(동시, 개사한 노래 등)으로 다채롭게 자신의 생각을 나타내기 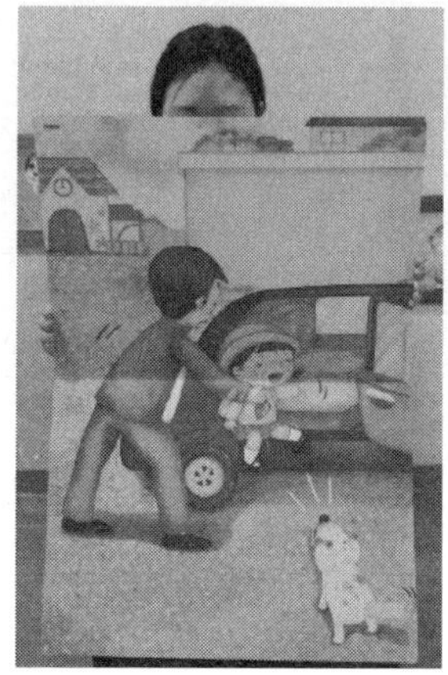 4. 각자의 활동 결과물을 발표해 보고 느낌을 나눈다. 5. 항상 자신의 몸을 소중하게 지키는 것이 중요함을 다시 한 번 이야기나누며 활동을 마무리한다.
평 가	유아 자신의 몸에 긍정적인 인식을 하고 소중하게 내 몸을 지켜야 한다는 것에 대해서는 성폭력안전교육을 통해 그동안 자주 접해 보았던 유아들이기에 조금 다른 측면에서 접근해도 좋을 듯했다. 그래서 성안전과 관련한 상황에 처하면 느끼게 될 유아 자신의 감정을 여러 가지 방법으로 표현해 보는 시간을 가지게 되었다. 이번 활동을 통해 주입식 성폭력안전교육에서 벗어나 유아 스스로 참여하여 주도적으로 의견을 표현할 수 있었던 점이 긍정적이었다고 평가된다.

〈5세〉 안전교육계획안

일 시	1월 4회차	대상연령	만 5세
주 제	소방안전	활동명	화상 예방하기
목 표	빈번하게 발생하는 유아기 화상에 대해 알고 예방할 수 있다.		
누리과정	신체운동 · 건강영역〉안전하게 생활하기〉비상 시 적절히 대처하기		
준비물	화상을 입을 수 있는 우리 주변의 뜨거운 물체 사진자료		
지도방법	1. 뜨거운 물이나 기타 다른 열에 의해서 화상을 입은 경험이 있는지, 혹은 주변인 중에서 그런 일을 당하는 것을 본 적이 있는지에 대해 이야기를 나눈다. 2. 화상을 입을 수 있는 우리 주변의 뜨거운 물체 사진자료를 보면서 그런 물체를 만지면 어떻게 될지 생각해 본다.		

<table>
<tr>
<td></td>
<td>3. 유아들이 열에 의해서 화상을 입을 수 있는 상황과 이를 예방할 수 있는 방법에 대해 이야기를 나눈다.
- 뜨거운 열이 나는 주방용품을 만지지 않는다.
- 난로나 다리미 등 열이 발생하는 가전제품을 가까이 하지 않고, 그 근처에서는 장난치지 않는다.
- 햇빛에 의한 화상도 자주 발생하므로 뜨거운 태양 아래에서 장시간 놀지 않는다.
4. 열에 의한 화상을 입었을 때 대처방법에 대해 알아본다.

</td>
</tr>
<tr>
<td>평 가</td>
<td>화상은 유아들에게 쉬운 개념의 사고는 아니나 빈번하게 발생하는 사고 중 하나이므로 이와 관련한 안전교육은 매우 필요하다고 할 수 있다. 그렇기 때문에 유아들이 화상에 대해서 인지하게 되고, 더 나아가 실생활에서 조심할 수 있도록 도와 안전사고를 예방하는 것에 대해 다룬 이번 교육이 중요한 부분이었다고 본다. 실제로 교육을 마친 후 유아들이 가정에서 흔히 접할 수 있는 다양한 화상을 유발하는 뜨거운 물체에 대해 경각심을 갖게 되어 조심하는 모습을 보인다는 학부모님들의 평가가 있어 교육이 긍정적으로 작용하였음을 알 수 있었다.</td>
</tr>
</table>

제 4 장

보육교직원과 부모를 위한 안전교육의 실제

1. 보육교직원의 안전교육
2. 부모를 위한 안전교육

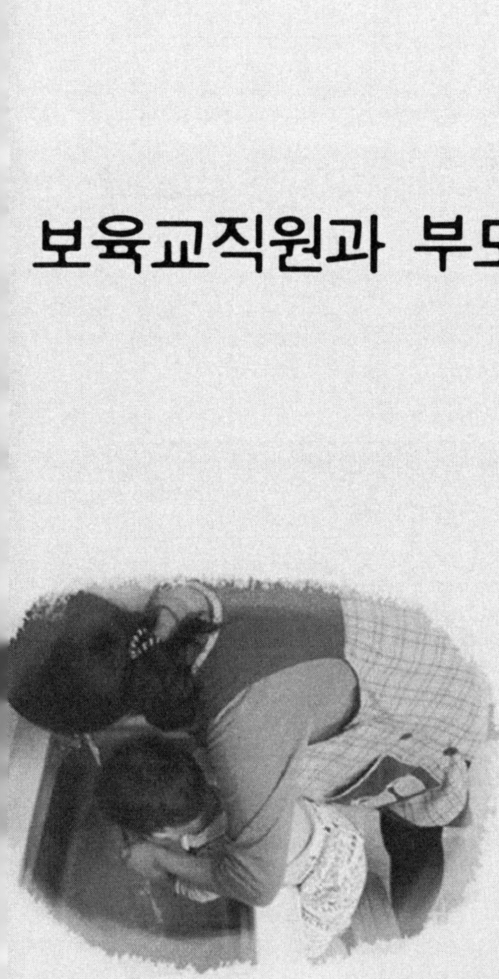

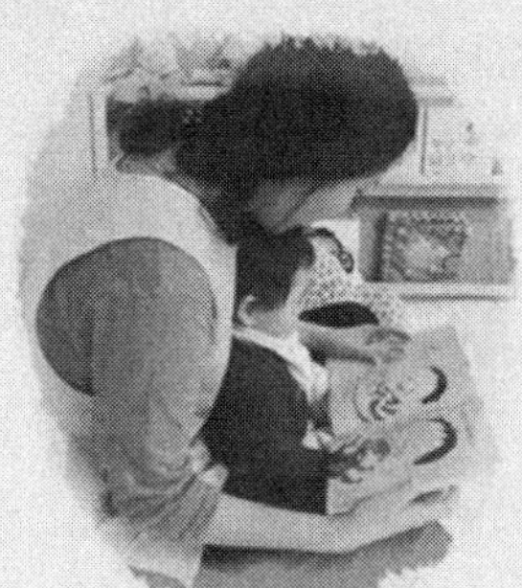

1. 보육교직원의 안전교육

1) 보육교직원의 안전교육계획안

월	교육명	월	교육명
3	아동권리 및 아동학대의 이해	9	영유아 심폐소생술과 응급처치
4	아동학대 유형	10	건전한 성의식 및 성문화 고취
5	아동학대 신고의무자의 역할 어린이집 내 아동학대 신고사례	11	성희롱 및 성폭력 방지를 위한 관련 법령 소개 및 홍보
6	재난대비 행동요령	12	성희롱 및 성폭력 위기 상황에 대응할 수 있는 능력 향상 교육
7	어린이집의 실내 · 외 공간의 안전	1	개인정보보호법 교육 I
8	어린이집 안전사고 실태 및 대처법	2	개인정보보호법 교육 II

2) 보육교직원의 안전교육의 실제

〈교사교육 보고서〉

<table>
<tr><td>주 제</td><td colspan="3">영유아 심폐소생술과 응급처치</td></tr>
<tr><td>일 시</td><td>9월</td><td>장 소</td><td>○○○ 소방서</td></tr>
<tr><td>참여교사</td><td colspan="3">이○○ 보육교사 외 8명</td></tr>
<tr><td>내 용</td><td colspan="3">★ 응급처치란?
• 갑자기 발생한 외상이나 질환(이것을 응급외상, 응급질환이라고 한다)에 대해서 주로 발생한 장소, 또는 반송된 의료기관에서 최소한도의 치료를 행하는 것을 응급처치라고 한다. 예를 들면 외상에 대해서 지혈, 창상의 청정화, 골절의 간이고정 등을 행할 것, 호흡 · 순환이 정지하고 있거나 대단히 약해지고 있는 경우에 각종 인공호흡, 심장맛사지법을 행할 것(이것을 소생법이라고 한다) 등이 전형적인 것이라고 할 수 있다.</td></tr>
</table>

1) 외상 응급처치

① 눈에 들어간 이물질 처치

- 알갱이종류 : 절대로 눈을 비벼서는 안 되며 세수대야에 물을 담아 물 속에서 눈뜨기를 반복한다.
- 액체종류 : 반드시 흐르는 물에 최소 15분 정도는 씻어야 한다.

② 신체에 들어가 이물질 처치: 병원에서 제거하는 것이 좋으므로 즉시 병원을 방문한다.

③ 교사(물림) : 흐르는 물로 5–10분간 세척, 요오드액(베타딘) 같은 소독제를 이용, 출혈부의 직접압박, 파상풍 예방접종

④ 벌이나 벌레에 쏘이거나 물린 경우

- 119에 신고하고 벌이 없는 안전한 곳으로 이송
- 침이 피부에 남아 있으면 신용카드를 이용해서 긁어 주면서 침을 제거
- 제거 후 냉 찜질 15–20분 진행
- 쏘인 부위는 심장보다 낮게 위치
- 기도가 부어 의식소실 시 빨리 심폐소생술 시행

⑤ 화상

- 환자를 안전한 곳으로 이동, 그을린 의복 제거한다.
- 시계와 반지는 피부가 부어 오르기 전에 발리 제거한다.
- 흐르는 찬물로 15–30분 정도 식힌다.
- 벗기기가 어려우면 그 부위를 가위로 찢는다.
- 수포(물집)를 터뜨리지 않는다.
- 화상부위를 심장보다 높게 위치한다.
- 깨끗한 거즈를 찬물에 적셔 화상부위를 싸고, 화상병원으로 이송한다.

⑥ 발열

- 아이의 옷을 벗겨 준다.
- 아이가 몸을 떠는 것은 열이 나는 징조이므로 두꺼운 담요 등을 덮어 주어서는 안 된다.
- 체온이 높으면 미지근한 물에 수건을 적셔서 닦아 준다.
- 타이레롤 등의 해열제를 적절한 용량만큼 복용한다.
- 고열이 지속되면 의사에게 상의한다.

⑦ 골절 : 가장 통증이 적은 상태로 부목을 대어 통증 감소와 함께 골절된 골편이 연부조직을 손상시키지 않게 빠른 시간 내 병원으로 후송한다.

⑧ 낙상 : 머리를 다친 뒤에 울거나 움직이지 않고 불러도 반응이 둔하거나 없는 경우 빨리 119에 신고 후 병원으로 후송한다.

2) 심폐소생술 요령

① 위 : 위험물 확인 및 동의 구하기

- 환자 주변에 위험 요소는 없는지 확인하고, 심폐소생술 실시 여부에 관한 동의를 얻는다.
- 주변에 환자의 가족이 있을 때는 가족에게 동의를 구하고, 가족은 없지만 환자 본인이 의식이 있는 경우 본인에게 의사를 묻는다.
- 주변에 가족도 없고 환자 본인도 의식이 없을 경우, 환자 본인이 동의를 한 것으로 간주하고 즉각 실시한다.

② 반 : 반응 확인

- 쓰러진 사람의 승모근(목에서 어깨로 이어지는 근육)을 눌러 자극하여 반응 여부를 살펴 의식이 있는지 확인한다.

③ 3신 : 신고, 자동심장충격기(AED) 확보

- 쓰러진 사람이 의식이 없다면 119에 신고하고, AED가 설치된 곳이라면 즉시 확보한다.
- 119에 신고할 때는 내가 직접 하기보다는 주변에게 신고를 부탁하되, 불특정 다수를 향해 신고해 달라고 외치는 것(예: 누가 119에 전화좀 걸어 주세요!!) 보다는, 한 사람을 지목하여 가리키며(예: 거기 파란 티셔츠 입은 아저씨, 119에 신고해 주세요!!) 부탁하는 것이 좋다.

④ 호 : 호흡 확인

- 한 손은 쓰러진 사람의 코와 입주변에 대어 숨결을 체크하고, 다른 한 손은 환자의 가슴이나 배 위에 놓아 몸통이 호흡으로 인해 오르내리는지 확인하는 것이다. 약 3초간 확인한다.

⑤ 30 : 30회 가슴 압박

- 한 손은 펼쳐 손꿈치를 환자의 양 젖꼭지 중앙에 오도록 놓고, 다른 한 손은 먼저 손의 손등위를 깍지 껴서 손꿈치로 30회 압박한다.
- 간격은 1초에 2회 속도로 압박한다(체크할 수 있는 팁: 〈애국가〉 '동해물과~~ 우리나라 만세'까지의 소절을 박자에 맞춰 압박하면 30회)

⑥ 2 : 2회 숨 불어넣기

- 이마를 한 손으로 잡고, 다른 손의 검지+중지로 턱을 들어 기도를 열어 준 다음, 구강으로 숨을 불어넣어 준다.

※ **주의할 점** : 숨을 불어넣을 때는 환자의 콧구멍을 막은 채로 불어넣으면서 가슴이 불룩하게 솟는지 확인한다. 숨을 불어넣은 다음에는 콧구멍을 열어 준다. 30회 가슴 압박 + 2회 숨 불어넣기를 반복한다.

이러한 과정을 거쳐, 다행히 쓰러진 사람이 숨을 쉬기 시작하거나, 구조자가 위험에 처하게 되는 경우, 그리고 119가 도착하면 처치를 중단한다.

<table>
<tr><td></td><td>

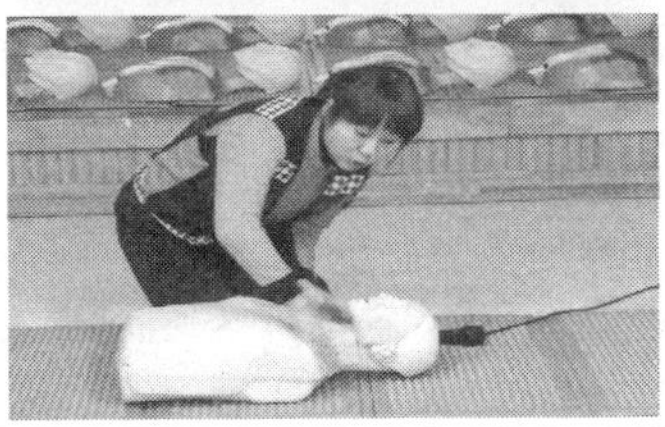
</td></tr>
<tr><td>평 가</td><td>이번 응급처치 교육은 동대문구 소방서에서 직접 이루어지는 교육이었다. 교육은 현재 119구조대원에서 현장에 직접 출동하시는 소방관 대원이 교육을 진행하였다. 교육은 응급처치 실제 사례 통해 교육생들에게 전달해 주었고, 응급처치 방법을 몸소 하나하나 시범해 주며 진행되었다.
또한 이론적인 교육뿐 아니라 심폐소생술 마네킹을 가져와 교육생들에게 직접 심폐소생술을 경험해 볼 시간이 주어지고 교육생들은 직접 앞으로 나가 가슴압박의 자세, 인공호흡 방법 등을 해 보았다.
교육을 듣고 몸소 실천하여 응급처치를 해 보니 너무나 뜻 깊은 교육이었다.</td></tr>
</table>

〈교사교육 보고서〉

<table>
<tr><td>주 제</td><td colspan="3">아동학대 유형 및 사례</td></tr>
<tr><td>일 시</td><td>4월</td><td>장 소</td><td>어린이집</td></tr>
<tr><td>참여교사</td><td colspan="3">이○○ 보육교사 외 8명</td></tr>
<tr><td>내 용</td><td colspan="3">아동학대란?
보호자를 포함한 성인에 의하여 아동의 건강 · 복지를 해치거나 정상적 발달을 저해할 수 있는 신체적 · 정신적 · 성적 폭력 또는 가혹행위 및 아동의 보호자에 의하여 이루어지는 유기와 방임을 말하고 있다.
① 신체적 학대 : 보호자를 포함한 성인이 아동에게 신체적 손상을 입히거나 또는 신체손상을 입도록 허용한 모든 행위를 말한다.
② 정서 학대 : 보호자나 양육자가 아동에게 언어적, 정서적 위협, 감금이나 억제를 하는 행위를 말한다. 언어적, 정서적, 심리적 학대라고도 한다. 정서 학대는 눈에 두드러지게 보이는 것이 아니고 당장 그 결과가 심각하게 나타나지 않기 때문에 간과할 수 있다는 점에서 유의해야 한다.</td></tr>
</table>

③ 성 학대 : 성인의 성적 만족을 위하여 아동의 신체에 접촉하는 행위를 말하며, 아동과 성인 사이의 부적절한 성적인 행동을 모두 포함한다. 아동 성 학대는 두려움이나 힘을 이용하여 이루어지기도 하지만, 놀이를 통해 착각하게 하는 방법이 사용된다.

④ 방임 : 반복적으로 아동양육과 보호를 소홀히 함으로써 아동의 정상적인 발달을 저해하는 모든 행위를 말한다.

- 물리적 방임: 아동에게 의식주를 제공하지 않거나 아동을 장시간 위험하고 불결한 주거환경에 그대로 방치함
- 교육적 방임: 아동을 학교에 보내지 않거나 아동의 무단결석을 허용함. 특수교육이 필요한 아동에게 특수교육을 제공하지 않음
- 의료적 방임: 예방접종을 제때에 하지 않거나 필요한 의료적 처치를 소홀히 함
- 기타: 아동의 출생 후 호적에 올리지 않음

평 가

최근 들어 각종 대중매체를 통해 보도된 아동학대 관련 기사들이 사회적 문제로 대두되고 있다. 이번 아동학대 교육을 통해 아동학대의 심각성을 다시 한번 느끼는 계기가 되었고, 아동학대 사례들을 보니, 우리 주변에서 쉽게 일어날 수 있는 가정에서의 폭력, 양육자에게 이루어지는 아동학대가 생각보다 많이 일어나고 있었다는 것을 알 수 있었다. 아동학대 신고의무자로서 아동학대의 여러 유형이 나타내는 징후에 대해 민감하게 관찰하여 학대로 고통받는 영유아들이 발생하지 않도록 해야겠다.

〈교사교육 보고서〉

<table>
<tr><td>주 제</td><td colspan="3">성희롱 및 성폭력 방지를 위한 관련 법령 소개 및 홍보</td></tr>
<tr><td>일 시</td><td>11월</td><td>장 소</td><td>어린이집</td></tr>
<tr><td>참여교사</td><td colspan="3">이○○ 보육교사 외 8명</td></tr>
<tr><td>내 용</td><td colspan="3">– 성희롱 개념과 관련법령
1. 성희롱이란?
• “성희롱”이라 함은 업무, 고용 기타 관계에서 공공기관의 종사자, 사용자 또는 근로자가 그 지위를 이용하거나 업무등과 관련하여 성적 언동 등으로 성적 굴욕감 또는 혐오감을 느끼게 하거나 성적 언동 기타 요구 등에 대한 불응을 이유로 고용상의 불이익을 주는 것을 말한다.
2. 성희롱 관련법령
• 업무상 위력 등에 의한 추행 : 2년 이하의 징역이나 5백만원 이하의 벌금에 처해지는 범죄행위임
• 업무상 위력 등에 의한 간음 : 5년 이하의 징역 또는 1천 5백만원 이하의 벌금에 처해지는 범죄행위임
• 강제추행 : 10년 이하의 징역 또는 1천5백만원 이하의 벌금에 처해지는 범죄행위임

– 성폭력 개념과 실태
1. 성폭력의 범위
• 법률에서는 주로 강간, 강제추행 등을 의미 (폭행이나 협박을 수반한 성적행위)
• 최근에는 상대방의 의사를 무시한 체 행위를 한 경우 폭행 없이도 강간, 강제추행으로 인정되기도 함
2. 성폭력 발생 원인
• 성폭력에 대한 오해와 편견
– 성폭력 피해가 발생하면 피해자가 원인을 제공했다고 생각하는 경향
– “피해자가 강력하게 저항하지 않았다, 노출이 심한 옷을 입었다, 밤늦게 돌아다녔다” ➜ 이러한 오해와 편견으로 피해자에게 책임을 전가하는 것은 성폭력을 사회적으로 용인하여 또 다른 성폭력의 원인이 됨
3. 성폭력 관련 법과 제도
• 성폭력 근절은 위한 법적, 제도적 행정적 기반 강화
– 정부는 국정기조인 ‘국민행복’ 실현을 위해 4대악(성폭력, 가정폭력, 학교폭력, 불량식품) 척결 강조
– 성폭력 범죄자 처벌 및 관리 강화 : 전자발찌 부착, 성범죄자 약물치료(화학적</td></tr>
</table>

거세),아동 청소년 관련기관 취업제한, 성범죄자 신상정보 공개제도

3. 성폭력 없는 조직과 사회 만들기

① 성인지 감수성 훈련

- 동의하지 않는 성적 접촉이 범죄임을 인식한다.
- 성별 특성을 이해하고 상대를 배려한다.
- 개인의 차이와 다양성을 존중한다.
- 폭력에 대한 민감성을 갖는다.

② 자기표현과 소통훈련

- 침묵은 동의가 아니며 'no' 는 'no'로 수용한다.
- 동료, 상사에게 'no'라고 말하기 어렵다는 것을 이해한다.
- 평소 자연스럽게 자신의 감정가 생각을 표현한다.

③ 신뢰관계 구축과 교육

- 상대방의 사적인 영역을 존중한다.
- 성폭력 예방교육에 적극적으로 참여한다.
- 편안한 직장 근무환경 조성을 위해 노력한다.

④ 성폭력 사건 발생시 법적 처리 절차

- 성폭력 발생시 가장 중요한 일은 전문기관에 '신고'하는 것이다.
- 신고와 동시에 피해자에 대한 보호조치가 시작된다.
- 전문기관에 상담 및 신고 ➜ 경찰수사 ➜ 검찰 조사 ➜ 법원 재판

평 가	성희롱 및 성폭력 방지 교육을 이론 및 UCC자료를 활용하여 교육하였다. 아이들을 가르치는 내용의 성교육이 아니라 직장 내에서의 성희롱이나 거리에서 혹은 다른 장소에서 겪을 수 있는 성희롱 및 성폭력에 대한 예방교육을 받을 수 있었다. 아이들 뿐만 아니라 여자로써 성희롱 및 성폭력의 위험이 있을 수 있는데 교사교육을 통해서 다시 한 번 자신의 몸의 소중함을 알 수 있는 시간이었다.

(3) 현장학습에서의 안전한 생활

① 사전계획

- 현장학습을 가기 전에 사전계획안을 작성하여야 한다.
- 현장학습 장소가 영유아의 발달에 맞는지 안전한 곳인지 확인한다.
- 가정과 연계하여 일일 교사가 가능한지 확인해 본다.
- 현장학습에 갈 탑승차량을 확인해 본다.
- 교사는 현장학습 가기 전 각자의 업무를 분담하여 현장학습이 안전하게 이루어질 수 있도록 한다(혹시, 있을 수 있는 사고를 대비하여 비상연락망과 비상약품, 여벌옷, 물티슈, 기저귀 등 현장학습 시에 필요한 물품을 준비한다).

② 사전답사 및 가정연계

- 사전답사를 통하여 현장학습의 동선을 파악해 본다.
- 위험한 곳은 없는지(공사하는 곳 등) 미리 파악해 본다.
- 현장학습 시 일어날 수 있는 사고에 대비하여 비상대피로와 비상대피 장소 등을 확인해 본다.
- 현장학습과 가까운 인근의 병원을 미리 파악해 본다.
- 현장학습에 대한 내용과 영유아들이 준비할 물건에 대하여 가정통신문 또는 알림장을 통해서 안내한다(출발시간과 도착시간, 복장, 탑승차량 등에 대한 안내를 한다).

③ 현장학습 당일

- 교사는 현장학습 당일에 아픈 영유아들은 없는지 건강상태를 확인한다.
- 탑승차량에 어린이집에 대한 안내사항을 부착한다.
- 탑승차량의 운전기사의 전화번호를 미리 파악해 놓는다(출발시간과 도착시간을 미리 알려주고 만날 장소를 확인해 본다).
- 영유아들이 담임교사를 잘 확인될 수 있도록 확인시켜 준다.
- 영유아들의 옷차림 등이 편한 복장인지 확인하고, 영유아들의 가방과 이름표를 확인해 본다(영유아들의 개인물품에 이름을 확인해 본다).
- 영유아에게 특이사항이 있을 경우 교사 간에 공유한다.
- 영유아들의 출결상황을 점검해 본다.
- 학습장에 도착하여 차량에서 내릴 경우 영유아의 인원을 다시 한 번 점검해 본다.
- 현장학습으로 이동시 영유아들이 다른 곳으로 이탈하지 않도록 수시로 인원을 점검한다.
- 현장학습 도착 시 영아들이 다치거나 넘어지지 않도록 주위를 다시 한 번 점검해 본다.
- 교사는 현장학습 시 모든 영유아를 한눈에 파악할 수 있도록 해야 하며 수시로 영유아의 건강상태를 점검한다.
- 현장학습을 마치고 출발하기 전 영유아의 인원을 점검하고, 영유아들이 가져온 개인물품을 다시 한 번 확인한다.
- 어린이집에 도착한 후 차량에서 내리는 경우 영유아의 인원을 다시 한 번 점검해 본다.

2. 부모를 위한 안전교육

1) 부모의 안전교육계획안

월	교육명	월	교육명
3	어린이집까지 가는 안전한 길	9	성교육 및 성폭행 대처법
4	귀여운 애완동물 위험할 수 있어요.	10	우리 아이가 이용하는 놀이터의 안전
5	안전한 가정환경 만들기	11	지진 · 홍수 · 태풍에 대비하기
6	우리 아이에게 알려 줄 수 있는 유괴 예방법	12	겨울철 안전보행
7	안전하고 즐거운 물놀이	1	우리 아이 화상 예방하기
8	안전 띠! 생명 띠!	2	목에 음식물이 걸렸어요.

2) 부모의 안전교육의 실제

2015년 9월

성교육 및 성폭행 대처법

1. 우리 아이와 함께 하는 성교육

유아기 성교육은 복잡한 성과 관련한 지식이 아니라 성을 대하는 긍정적인 자세와 태도를 기를 수 있도록 기초를 다지는 과정이 다뤄져야 합니다. 우리 자녀가 성에 대해 은밀하게 대하거나 장난스럽게 대하게 되는지, 또는 밝고 건강하게 이해하거나 반대로 더럽다고 느끼게 되는지 등의 자세, 태도가 이 유아기에 형성된다고 할 수 있습니다.

유아기의 자녀와의 자연스러운 대화 가운데 질문에 답해 줄 때, 성적인 놀이에 대응할 때, 자위행위가 나타날 때, 성폭행 등 성과 관련한 사고를 당했을 때 등 이를 대하는 부모의 자세가 중요합니다. 인생의 첫 단추라고 할 수 있는 유아기의 올바른 성교육을 위해서 먼저 부모부터 성에 대한 건강한 개념 정립을 바탕으로 진지하고 자연스러운 태도와 자세를 갖추어야 하겠습니다.

2. 성폭행에 어떻게 대처해야 할까요?

- 담담하게 아이를 대해야 합니다.
- 편안한 분위기에서 아이가 사실을 다 말하도록 하고 아이는 아무 잘못이 없다는 것과 폭행을 가한 사람이 벌을 받아야 하는 나쁜 일을 한 것이라고 이해시켜 줘야 합니다.
- 모든 사람을 경계하기보다는 좋은 사람도 있지만 너를 장난감처럼 생각하는 나쁜 사람도 있으니 다른 사람이 어디에 가자고 할 때에는 반드시 엄마에게 허락을 받으러 오라고 해야 하고, 강제로 몸을 만지려고 할 때에는 큰 소리로 "싫어, 만지지마"라고 외치도록 교육시켜야 합니다. 그리고 어떤 일이 일어나든지 엄마나 선생님께 다 말하도록 믿음을 주어야 합니다.
- 심각한 사건이거나 후유증이 심한 경우, 법적인 처리를 요할 경우에는 전문단체나 의사, 변호사와 상담을 해야 합니다.

2015년 10월

우리 아이가 이용하는 놀이터의 안전

유아기에는 실외에서 뛰어놀며 에너지를 발산하고자 하는 욕구가 많고, 실제로 하루 일과 중 놀이터에서 보내는 시간이 많습니다.

어린이가 안전하게 놀이를 할 수 있는 믿음직스러운 놀이환경이 제공되어야 함에도 실상은 제대로 관리 · 감독이 이루어지지 않아 다양한 안전사고가 빈번하게 발생하고 있습니다.

그렇기 때문에 각 가정에서는 우리 자녀에게 안전한 놀이기구 이용법을 알려주시는 것과 동시에, 자녀가 이용하는 놀이기구가 실제로 안전한지, 위험한 부분은 없는지 등을 부모님의 눈으로 한 번 살펴보는 시간을 가지시기 바랍니다.

1. 놀이터에서 주로 많이 일어나는 사고에는 어떤 것들이 있나요?

- 미끄럼틀, 복합 놀이대, 그네, 시소 등에서의 낙상 사고
- 그네를 타다가 손잡이에 손 끼임 사고
- 여름철 태양열에 달궈진 철제 부분에 데는 사고

2. 어떤 부분을 살펴봐야 할까요?

• 복합 놀이대, 미끄럼틀, 그네 등의 아래 표면에 보호 바닥재가 깔려 있나요?
(보호 바닥재 : 모래 30cm 이상, 고무매트, 인공잔디, 타이어 조각 등)
• 구름 사다리나 미끄럼 계단 사이의 공간은 자녀의 몸이 빠져 나갈 정도로 넓지 않나요?
• 놀이기구 간의 간격은 적당한가요?
• 파손된 놀이기구는 없나요?
• 녹슨 놀이기구는 없나요?

2015년 2월

목에 음식물이 걸렸어요.

아이를 키우는 가정이라면 한두 번 정도는 자녀가 음식물을 섭취하다가 잘못 넘겨 음식물이 목에 걸려 당황한 경우가 있을 것입니다. 음식물이 목에 걸리면 자칫 기도가 막혀 질식사를 유발하기도 하므로 각별한 주의가 필요합니다.

이런 경우를 대비하여 부모가 할 수 있는 간단한 응급처치 방법을 평소에 익혀 두어 응급상황에서 활용해 보세요.

1. 유아 뒤에 서서 허리를 팔로 감싸는 자세를 취합니다.
2. 다리를 구부리고 바닥에 버티고 서서 아이 몸을 지탱합니다.
3. 한 손은 주먹을 느슨하게 쥔 후 배꼽과 명치 사이에 놓고 다른 한 손으로는 주먹 쥔 손을 감쌉니다.
4. 복부를 압박하는 듯이 위로 밀어 올리기를 5회 정도 연속적으로 빠르게 반복합니다.

제 5 장

어린이집의 실내 · 외 놀이시설 설비 및 안전

1. 어린이집 실내 놀이시설의 설비기준 및 안전관리
2. 어린이집 실외 놀이시설의 설비기준 및 안전관리

1. 어린이집 실내 놀이시설의 설비기준 및 안전관리

1) 현관 설비기준 및 안전관리

- 어린이집의 실내 현관문은 영유아가 성인의 보호 없이 나갈 수 없고 외부인이 침입하지 못하도록 개폐장치가 설치되어 관리되고 있어야 한다.
- 영유아가 사용하는 모든 출입문(예 : 화장실문, 현관 중간문 등) 가장자리에는 영유아의 손이 끼지 않도록 손끼임 방지 고무패킹이나 완충장치를 설치해야 한다.
- 실내 공간의 모든 출입문 문턱은 영유아가 발에 걸려 넘어질 위험이 없도록 마감되어 있어야 한다.
- 어린이집의 실외 공간은 대문, 출입구, 울타리, 담장 등으로 외부와 명확하게 구분되어 있어야 한다.
  - 현관문은 영유아들이 등 · 하원 및 실외활동으로 하기 위해 들어가고 나가는 장소로, 신발을 벗고 신을 수 있는 충분한 공간이 확보되어야 사고로부터 방지될 수 있다.
  - 현관문은 한쪽으로 여닫는 문이 안전하며 문의 위치가 밖을 향하여 열릴 수 있도록 설비되어야 공간 활용에도 도움이 된다.
  - 현관문은 투시가 될 수 있어야 하며 문지방이 없어야 하고, 바닥은 미끄럼 방지가 되어 있거나 매트가 깔려 있어 영유아가 미끄러워서 넘어지지 않도록 해야 한다.
  - 비상구를 제외한 현관은 안쪽에서 잠길 우려가 없어야 하고 밖에서 쉽게 열 수 있어야 한다.
  - 장애아통합시설의 경우, 복도, 문, 화장실은 휠체어의 출입에 장애가 없어야 한다.

2) 복도 및 통로 설비기준 및 안전관리

- 실내 공간(복도, 계단, 유희실 등) 벽면에 설치된 게시판 등은 떨어지지 않도록 단단히 고정되어 있어야 한다.
- 화장실이나 복도에 설치된 세면대에서 뜨거운 온수가 나와 화상을 입을 위험이 없도록 온수 조절을 위한 안전조치가 되어 있어야 한다.
- 식당이나 복도 등에 설치된 정수기에서 뜨거운 온수가 나와 화상을 입을 위험이 없도록 온수 조절을 위한 안전조치가 되어 있어야 한다.
  - 온수 조절을 위한 안전조치 방법의 예는 온수의 양 조절, 온도 조절, 잠금장치 설정 등이 되어 있어야 한다.
  - 복도에 선반이나 게시물을 설치할 경우 물건이 떨어지지 않도록 지지대를 설치하고 안전하게 고정해야 한다.

3) 계단 및 난간 설비기준 및 안전관리

- 실내 계단, 화장실이나 세면장 등의 바닥은 영유아가 넘어지지 않도록 미끄럼 방지를 위한 안전조치가 되어 있어야 한다.
  - 계단의 난간은 단단히 고정되어 있어야 하고, 영유아의 키 높이에 적합해야 한다.
  - 레일 사이는 영유아의 추락방지를 위하여 공간을 막아야 한다.
  - 계단은 미끄럼 방지를 설치해야 하며 계단의 단차는 일정해야 하고, 영유아가 계단을 오르고 내리기에 공간이 여유로워야 한다.

4) 창문 설비기준 및 안전관리

- 창문 하단의 높이가 바닥으로부터 120cm 이하인 실내 공간의 모든 창문에는

영유아의 추락 방지를 위해 창문 보호대가 설치되어 있어야 한다.

- 특히 창문 아래에 영유아가 딛고 올라갈 수 있는 가구가 있는 경우 등은 매우 위험하므로 반드시 창문 보호대를 설치하여야 한다.

※ 방충망은 창문 보호대에 포함되지 않는다.

- 크기는 바닥의 10% 이상, 높이는 바닥으로부터 50~70cm 정도가 적절하다.
- 유리의 재질은 안전유리나 깨지지 않는 플라스틱 유리로 하고 빛을 조절할 수 있도록 커튼이나 블라인드를 치고 벌레가 들어오지 않도록 방충망을 설치한다.
- 창문은 투명하거나 투시가 가능하고 스티커를 붙여서 창문이 있음을 알도록 한다.
- 창에는 창문 보호대나 난간을 반드시 설치하고 난간의 한쪽을 개폐식으로 하여 비상시에는 대피할 수 있도록 한다.
- 창문에 커튼이나 블라인드를 설치하는 경우에는 커튼이나 블라인드줄을 짧게 정리한다(단, 커튼이나 블라인드는 방염 처리된 제품을 사용하여야 한다).

*** 방염 처리된 커튼이란?**

- 일정시간 불에 타지 않는 제품으로서 한국 소방산업기술원에서 인증받은 제품이다.
- 소방시설 설치 유지 및 안전관리에 관한 법률 시행령 제19조에 따라 노유자시설의 경우 실내장식물에 대하여는 방염성능 이상의 물품을 사용하여야 한다.
- 실내장식물의 범위: 다중이용업소의 안전관리에 관한 특별법 시행령 제3조를 참조하면 된다(합판, 목재, 합성수지류, 섬유류 등 가구류는 포함되지 않는다).

5) 화장실 설비기준 및 안전관리

- 실내 계단, 화장실이나 세면장 등의 바닥은 영유아가 넘어지지 않도록 미끄럼 방지를 위한 안전조치가 되어 있어야 한다.

• 화장실이나 복도에 설치된 세면대에서 뜨거운 온수가 나와 화상을 입을 위험이 없도록 온수 조절을 위한 안전조치가 되어 있어야 한다.
  - 온수 조절을 위한 안전조치 방법의 예는 온수의 양 조절, 온도 조절, 잠금장치 설정 등이 되어 있어야 한다.
  - 화장실은 보육실과 동일한 층의 인접한 공간에 설치하여야 한다.
  - 영유아용 수세식 변기는 가능한 한 10~15인당 1개 이상을 설치하는 것이 바람직하나 가정어린이집의 경우에는 성인용 변기에 디딤판 및 탈부착식 유아용 변기를 설치하고 이동식 어린이용 변기를 갖춘 경우에는 유아용 변기를 설치하지 아니할 수 있다.
  - 화장실의 바닥 중 미끄러질 염려가 있는 곳은 고무매트 등을 깐다.
  - 화장실의 전기관리는 물이 닿지 않도록 높은 곳에 설비하거나 안전덮개를 설치해야 한다.
  - 위험한 물건(각종 세제, 표백제, 나프탈렌, 대걸레, 고무장갑, 세척용 소독 스프레이 등)은 안전하게 보관해야 한다.
  - 교사용 화장실은 별도로 설치하는 것이 바람직하며 잠금장치는 성인의 눈높이에 설치해야 한다.

6) 교사실 설비기준 및 안전관리

• 교사실, 원장실 등 성인이 주로 사용하는 장소는 영유아가 성인의 보호 하에 출입할 수 있도록 관리하고 있다.
  - 교사실은 보육실 외에 별도로 설치해야 하며, 교사의 사물함은 영유아의 손이 닿지 않는 위치에 설치해야 한다.

7) 조리실 설비기준 및 안전관리

• 식당이나 복도 등에 설치된 정수기에서 뜨거운 온수가 나와 화상을 입을 위험

이 없도록 온수 조절을 위한 안전조치가 되어 있어야 한다.

- 온수 조절을 위한 안전조치 방법의 예는 온수의 양 조절, 온도 조절, 잠금장치 설정 등이 되어 있어야 한다.

• 조리실, 보일러실, 자료실, 덤웨이터(요리 및 식기 운반용 소형 승강기) 등 위험요인이 있는 장소는 영유아가 출입하지 못하도록 관리하고 있다.

- 어린이집 구조상 부엌 등의 조리실과 영유아의 활동공간이 분리되어 있지 않은 경우, 영유아의 접근을 막을 수 있는 안전장치를 설치하여 관리해야 한다.
- 조리실은 1층 이상에 설치하는 것을 원칙으로 한다.
- 유치원과 같은 건물에 설치된 어린이집은 유치원의 조리실을 함께 사용할 수 있다.
- 조리실은 채광이 잘 되도록 하고 창문에는 방충망을 설치하여 해충으로부터 안전해야 한다
- 주방에는 위험한 요소(칼, 조리도구, 주방용품, 주방세제 등)가 많이 있어 영유아들이 들어갈 수 없도록 출입구에는 차단 문을 설치해야 한다.
- 비상용 소화기를 설치하여야 하며, 가스레인지 설치 시에는 중간 밸브와 가스누설 자동 차단장치를 반드시 설치하여야 한다.
- 조리실에는 식기를 소독하고 위생적으로 취사 및 조리할 수 있도록 설비를 갖추어야 한다.
- 남은 음식은 즉시 폐기하여야 하여야 하며, 쓰레기통은 뚜껑이 있는 것을 사용하고 쓰레기는 반드시 분리수거하여야 한다.

8) 보육실 설비기준 및 안전관리

• 보육실의 출입문에는 손끼임 방지 장치가 부착되어 있다.

- 보육실의 출입문 문턱은 영유아가 발에 걸려 넘어질 위험이 없도록 마감되어 있어야 한다.
- 보육실의 천장, 바닥, 벽면 등에 균열이 없으며, 날카로운 못 등이 돌출되어 있지 않아야 한다.
- 보육실 바닥은 장판이 들뜨거나 울퉁불퉁하지 않고 고르게 설치되어 있어야 한다.
- 보육실 내 모든 전기콘센트(이동식 콘센트 포함)는 영유아의 손이 닿지 않는 곳에 설치되어 있거나 안전덮개로 덮어져 있어야 한다.
- 보육실 내 모든 전선줄(블라인드줄 포함) 등은 영유아의 손이 닿지 않도록 처리되어 있어야 한다.
- 전선줄(블라인드줄 포함) 등이 영유아의 손이 닿는 위치에 있는 경우, 영유아가 잡아당기거나 걸려 넘어지지 않도록 관리되고 있어야 한다.
- 컴퓨터 주변과 같이 전선줄이 다수 필요한 영역의 경우, 전선줄이 정리되어 관리되고 있어야 한다.
- 선풍기 등을 벽면에 설치한 경우 전선이 벽면에 늘어지지 않도록 관리되고 있어야 한다.
- 벽면에 설치된 게시판, 선반 등은 떨어지지 않도록 안전하게 고정되어 있다.
- 에어컨은 넘어지지 않도록 안전하게 설치되어 있어야 한다.
- 선풍기에는 안전덮개가 덮여져 있고, 영유아의 손이 닿지 않는 곳에 안전하게 설치되어 있어야 한다.
- 보육실 내 돌출형 라디에이터가 있는 경우 영유아의 손이 직접 닿지 않도록 계절에 관계없이 적절한 보호 장치가 되어 있어야 한다.
- 온열기가 있는 경우, 영유아의 손이 닿지 않는 곳에 안전하게 설치되어 있다.
- 보육실 내 세면대의 수도꼭지 등에 파손된 곳이 없고 표면은 거칠지 않고 매끄러워야 한다.

- 보육실에 비치된 책상, 의자, 활동자료장 등의 가구는 파손된 곳이 없고, 모서리가 날카롭지 않거나 보호대가 설치되어 있어야 한다.
- 보육실에 비치된 가전제품(공기청정기, 제습기, 가습기 등)은 파손된 곳이 없고, 안전하게 설치되어 있어야 한다.
- 흥미영역에 깔개가 있는 경우 바닥이 평평하며 찢어진 곳이 없어야 한다.
- 보육실 내 설치된 세면대에서 뜨거운 온수가 나와 화상을 입을 위험이 없도록 온수 조절을 위한 안전조치가 되어 있어야 한다.
- 보육실 내 설치된 정수기에서 뜨거운 온수가 나와 화상을 입을 위험이 없도록 온수 조절을 위한 안전조치가 되어 있어야 한다.
  - 온수 조절을 위한 안전조치 방법의 예는 온수의 양 조절, 온도 조절, 잠금장치 설정 등이 되어 있어야 한다.
- 보육실 내 모든 놀잇감은 거친 표면이나 날카로운 모서리가 없으며, 파손된 부분이 없어야 한다.
- 보육실의 놀잇감 중에는 깨지거나 베일 수 있는 재질로 된 물건(예 : 끝이 깨진 사기그릇, 안전 처리되지 않은 깡통 등)이 없으며, 특히 조개껍데기 등의 실물자료를 제시한 경우 깨지거나 날카롭지 않아야 한다.
- 놀잇감 보관함이나 바구니가 파손되어 날카로운 면이 드러나 있지 않아야 한다.
- 실내외 공간의 모든 놀잇감은 거친 표면이나 날카로운 모서리가 없으며, 파손된 부분이 없어야 한다.
- 실내외 공간의 놀잇감 중에는 깨지거나 베일 수 있는 재질로 된 물건(예 : 끝이 깨진 사기그릇, 안전 처리되지 않은 깡통 등)이 없어야 한다.
- 놀잇감 보관함이나 바구니 등이 파손되어 날카로운 면이 드러나 있지 않아야 한다.
- 보육실 내 모든 위험한 물건은 영유아 손이 닿지 않는 곳에 별도로 보관되어

있어야 한다.

- 위험한 물건을 영유아 손이 닿는 위치에 보관하는 경우에는 잠금장치를 사용하고 있어야 한다.
- 영아(0-1세, 2세)가 삼킬 수 있는 놀잇감이나 활동자료가 없어야 한다.

위험한 물건의 예
• 칼, 성인용 가위, 송곳, 스테이플러, 칼날이 드러나 있는 테이프 커터기 등 작업 시 찌르거나 자르는 용도로 사용하는 도구 • 강력접착제, 목공용 본드, 글루건, 살충제, 방향제, 어항수질 개선제, 각종 스프레이, 침핀, 건전지 놀잇감으로 제시된 화장품에 내용물이 들어 있는 경우(립스틱, 매니큐어 등) 등 • 화장실 내 각종 세제, 세척제, 표백제, 나프탈렌, 세척용 소독 스프레이 등 • 빗자루, 대걸레, 삽 등 영유아가 다칠 위험이 있는 물건 • 비상약품함, 영유아가 투약을 위해 가져온 약 등 • 만지면 다칠 수 있는 가시가 있는 식물(예 : 선인장, 밤송이 등) • 영아(0–1세, 2세) – 삼킬 수 있는 놀잇감이나 활동자료: 직경 3.5cm 이하 작은 크기의 물건이나 놀잇감(예 : 블록이나 구슬, 솜공 등) 또는 직접 활동자료로 제공되거나, 영아가 쉽게 열 수 있는 통 안에 들어 있는 크기가 작은 자연물(예 : 콩, 팥, 은행, 도토리 등)

- 보육실은 건축물의 1층에 설치하여야 하며, 보육실의 위치한 해당 층 4면의 100분의 50 이상 100분의 80 미만이 지상에 노출되고, 해당 층의 주출입구가 하단의 지표면으로부터 1미터 이내이며, 지방보육정책심의위원회 심의를 거쳐 채광 · 환기 · 습도 · 침수 등이 영유아의 건강과 안전에 문제가 없는 것으로 확인된 해당 층에 어린이집을 설치하는 경우는 예외적으로 인정한다.
- 건물 전체가 어린이집인 경우 및 사업장(사옥) 내 직장어린이집을 설치하는 경우에는 1층부터 5층까지 보육실을 설치할 수 있다(단, 영아반의 보육실은 1층에 우선 배치한다).

- 그 밖에 불가피한 사유가 있다고 보건복지부장관이 인정하는 경우, 2층 및 3층까지 보육실을 설치할 수 있다.
- 보육실의 바닥은 난방시설을 갖추고, 너무 미끄럽지 않은 소재를 사용하는 것이 좋으며, 천장의 높이는 3~3.4m가 적당하고 천장의 재질은 석면이 아닌 자연친화적인 것을 사용하는 것이 좋다.
- 보육실 내 모든 놀이기구와 모서리에는 안전보호대가 필요하다.
- 보육실 내 문에는 손이 끼이는 것을 예방하는 손끼임 방지장치나 문이 서서히 닫히게 하는 속도 늦춤 장치를 달고, 바람이 센 곳에 위치한 어린이집의 여닫이문은 자동 안전경첩을 다는 것이 필요하다. 또한 문 안전장치는 영유아가 혼자서 열 수 없도록 한다.
- 조명시설을 설치할 때에는 조명등에 보호막을 씌우거나 천장 안쪽으로 조명등을 설치하여 혹시 전구가 깨져도 파편이 튀지 않게 한다.
- 책상, 의자 등의 가구의 모서리는 둥글고 표면이 매끄럽게 처리된 것이나, 고무 등으로 모서리에 보호 장치를 설치하여야 한다.
- 보육실에 설치된 교구장, 수납장 등은 안전을 위하여 아래 부분에 무거운 비품을 보관하여야 한다. 무거운 물건을 너무 많이 쌓아 놓아서는 안 된다.

※ 영아반이 보육실에서 주의할 점

- 영아가 보육실에서 혼자서 밖으로 나가지 못하도록 안전문을 설치한다.
- 젖병 살균기를 사용하여 젖병을 위생적으로 관리하고, 영아의 손에 닿지 않는 곳에 두어야 한다.
- 영아를 씻을 수 있는 물 근처에 기저귀 갈이대를 설치하며 기저귀 갈이대에는 난간 또는 안전벨트가 있어야 한다.
- 대변 후 깨끗하게 씻어 줄 수 있도록 욕조와 샤워기를 비치하되, 온수에서 너무 뜨거운 물이 나오지 않도록 주의한다.

9) 실내 놀이터 설비기준 및 안전관리

- 유희실이나 실내놀이터의 고정식 놀이기구(예 : 고정식 미끄럼틀, 볼풀장 등)는 영유아가 사용하기에 안전하게 설치되어 있으며, 파손된 곳이 없다.
- 실내 공간의 돌출형 라디에이터, 화기시설, 가스밸브 등에는 적절한 보호 장치가 되어 있다.
- 실내 공간(복도, 계단, 유희실 등) 벽면에 설치된 게시판 등은 떨어지지 않도록 단단히 고정되어 있다.
- 실내 공간에 비치된 책상, 의자, 활동자료장 등의 가구는 파손된 곳이 없고, 모서리가 날카롭지 않거나 보호대가 설치되어 있어야 한다.
- 실내 공간에 비치된 가전제품(공기청정기, 제습기, 가습기 등)은 파손된 곳이 없고, 안전하게 설치되어 있어야 한다.
  - 실내놀이터는 놀이터 전용공간으로 확보하여야 하며, 조명 · 채광 · 환기 · 온도 습도가 적정해야 한다.
  - 어린이집 2층과 3층의 실내에 놀이터를 설치하는 경우에는 비상계단 또는 미끄럼대를 비상재해대비시설 설치기준에 의거하여 설치해야 한다.
  - 어린이집 4층 이상의 실내에 놀이터를 설치하는 경우에는 비상계단을 비상재해대비시설 설치기준에 의거하여 설치해야 한다.

2. 어린이집 실외놀이 시설의 설비기준 및 안전관리

1) 공간 크기 설비기준 및 안전관리

- 실외놀이 공간은 영유아들이 그 곳에서 놀이할 수 있는 공간이 영유아의 수에

따라 면적이 확보되어야 하며 밀도가 너무 높을 경우에는 사고가 발생할 수 있는 확률이 높아짐으로 유의해야 한다.

- 실외놀이를 할 경우에는 어린이집의 모든 영유아가 한꺼번에 나와서 놀이할 경우에는 안전에 문제가 발생할 수 있으므로 각 학급별로 상의하고 계획하여 체계적으로 사용해야 한다.
- 그 밖의 인근 놀이터를 사용할 경우에는 반드시 사용승낙서를 받아서 안전하게 사용할 수 있어야 한다.

2) 바닥 설치기준 및 안전관리

- 바닥은 모래밭(천연 및 인공잔디, 고무매트, 폐타이어 블록) 또는 어린이놀이 시설 안전관리법에서 정하는 기준에 적합한 것을 설치해야 한다.
- 바닥표면의 경계는 너무 높게 하지 않고 완만하게 하여 영유아가 걸려서 넘어지지 않도록 해야 한다.
- 물놀이를 하는 곳에는 배수가 잘 되어 물기가 잘 마르고 넘어지지 않는 재질의 바닥재를 사용해야 한다.

3) 통로 설비기준 및 안전관리

- 놀이기구 사이의 통로는 영유아들이 서로 부딪히지 않도록 1.5~2.5m 정도의 폭이 좋다.
- 모든 통로는 안전을 위하여 교사가 영유아를 잘 볼 수 있도록 구성되어 있어야 한다.

4) 울타리 및 담장 설비기준 및 안전관리

- 어린이집의 실외 공간은 대문, 출입구, 울타리, 담장 등으로 외부와 명확하게

구분되어 있어야 한다.

• 실외 공간에 장미 가시넝쿨이나 자연석 등이 구조적으로 영유아가 접근할 수 있는 위치에 있는 경우, 영유아의 접근을 막을 수 있는 완충 공간(화단, 울타리 등)이 마련되어 영유아 손이 닿지 않아야 한다.
  - 울타리 및 담장은 영유아들이 쉽게 오를 수 없는 재질을 사용하고 120cm 이상의 높이로 만들어야 한다.

5) 창고 설비기준 및 안전관리

• 교사실, 원장실 등 성인이 주로 사용하는 장소는 영유아가 성인의 보호 하에 출입할 수 있도록 관리하고 있어야 한다.
  - 창고의 물건은 용이하게 사용할 수 있도록 잘 정리하여 라벨을 붙여서 다음에 다시 사용할 경우 쉽게 찾을 수 있도록 한다.
  - 창고는 영유아와 교직원용을 각각 분리하여 사용할 수 있도록 하고 교직원용은 영유아들이 쉽게 접근할 수 없도록 별도로 잘 관리하여야 한다.

6) 실외놀이터 설비기준 및 안전관리

• 실내외 공간의 놀잇감 중에는 깨지거나 베일 수 있는 재질로 된 물건(예 : 끝이 깨진 사기그릇, 안전 처리되지 않은 깡통 등)이 없어야 한다.

• 실내외 공간에 비치된 평균대, 뜀틀, 자전거, 탈것 등의 이동식 놀이기구는 파손된 부분이 없으며 영유아가 사용하기에 안전한 상태여야 한다.
  - 정원 50인 이상의 어린이집은 영유아 1인당 3,5㎡ 이상 규모의 옥외놀이터 설치를 원칙으로 하되, 정원규모별 면적기준은 달리 적용할 수 있다.
  - 신축, 증 · 개축, 소재지 변경으로 면적 확보가 가능한 경우에는 옥외놀이터

를 확보하여야 한다.
- 어린이집의 지하층에는 놀이터 설치가 불가하다.
- 어린이집의 2층 이상에 놀이터를 설치하는 경우에는 영유아보육법령에서 정하는 비상재해대비시설을 설치해야 한다.
- 직장어린이집은 옥외 · 대체놀이터 중 자유롭게 설치 가능하다.
- 고정식 놀이기구가 설치된 부분에 대하여는 어린이놀이시설 안전관리법의 설치 검사로 인정받은 면적을 인정한다.
- 어린이집의 놀이터, 놀이기구 및 어린이용품은 품질경영 및 공산품안전관리법, 어린이놀이시설 안전관리법 및 환경보건법에서 정한 기준을 준수하여야 한다.

〈놀이터 면적 기준〉

정 원	면적 산정 기준	비 고
50인~ 99인	정원×45%×3.5m^2	각 정원의 45%를 기준으로 1인당 3.5m^2 이상으로 놀이터를 설치함.
100인~129인	100명×45%×3.5m^2	45명 기준
130인~159인	130명×40%×3.5m^2	52명 기준
160인~199인	160명×40%×3.5m^2	64명 기준
200인~249인	200명×35%×3.5m^2	70명 기준
250인~300인	250명×35%×3.5m^2	87명 기준

〈실외놀이터 이용 시 유의사항〉

- 실외놀이터는 실내놀이터에 비해서 동선이 넓기 때문에 교사는 영유아들이 한눈에 보일 수 있도록 수시로 점검해야 한다.
- 놀이기구를 이용할 경우에는 영유아들이 안전하게 시설을 이용할 수 있도록 사전에 안전규칙에 대한 약속을 하고 지도해야 한다.

- 미끄럼틀을 이용 시에는 올라갈 때는 계단을 이용하고, 내려올 때는 앞사람을 확인하고 내려갈 수 있도록 지도한다.
- 미끄럼틀을 내려올 경우 엎드려서 내려오거나 눕거나 서서 타지 않도록 영유아와 약속하고, 바른 자세로 내려오지 않으면 위험하고 다칠 수 있다고 주의를 준다.
- 원통의 미끄럼틀을 이용할 경우에는 원통 속이 보이지 않아 부딪히거나 다칠 염려가 있기 때문에 앞에서 완전히 내려온 후에 다음 사람이 내려올 수 있도록 한다.

제 6 장

화재안전

1. 화재 안전교육의 개념 및 필요성
2. 화재 안전사고의 실태 및 유형
3. 화재 안전교육의 내용 및 방법
4. 화재 대피훈련

1. 화재 안전교육의 개념 및 필요성

불은 물질이 산소와 결합하여 빛과 고열을 동반하는 연소 반응에 의해 나타나는 에너지로서, 우리의 생활에 필요한 것이지만 사람의 의도와 다르게 흩어지거나 방화에 의해 발생되면 인명과 재산의 피해를 발생시킬 수 있다(한국소방안전협회, 2012). 그렇기 때문에 화재(불)로 인하여 재해는 재난의 한 종류로서, 예방 · 대비 · 대응 및 복구를 위한 모든 활동의 목표나 표적이 된다.

1) 화재 안전교육의 개념

안전교육은 평상시 생활에서 일어나는 사고를 미연에 방지하고, 불의의 재해나 뜻밖에 별안간 사태가 발생되었을 때에는 생명을 지키기 위해 취해야 할 지식 · 기술 · 행동 · 태도의 습득을 목표로 시행하는 교육이다(이인실 외, 2006; 이윤경 외, 2013). 이와 같은 까닭에 영유아 화재 안전교육은 영유아들이 안전하고 건강하게 성장하고 발달할 수 있도록 안전한 환경을 제공하고 감독하여 영유아에게 사고 발생의 잠재적 가능성을 인식시키고 자신을 보호하기 위한 행동양식과 태도를 형성하는데 목표를 둔 교육이다(학교보건법 제12조, 아동복지법 제9조, 아동복지법 시행령 제4조 참조). 궁극적으로는 자신에 대한 보호뿐만 아니라 타인의 생명을 존중하는 인간 개개인의 존엄을 배우는 교육이기도 하다(이윤경 외, 2013).

영유아를 대상으로 실시하는 화재 안전교육은 영유아 스스로 위험으로부터 자신을 보호할 수 있고, 안전한 생활을 실천하는데 필요한 지식과 위험요소를 미리 예측하고 신중하게 행동하는 태도, 안전하게 행동할 수 있는 기능이 포함되어야 한다. 또한 영유아가 건강하고 안전한 생활을 습관화할 수 있도록 가정과 유아교육기관에서는 영유아에게 화재에 관련된 적절한 교육을 실시하여 화재 사고에 대처할 수 있는 능력을 길러주어야 한다(구경선 외, 2013).

2) 화재 안전교육의 필요성

우리나라에서도 경제 발전과 더불어 난방 및 취사연료의 형태가 전기, 가스, 유류 등으로 변화되었고, 에너지의 여러 가지 종류와 각종 위험물질의 많아짐에 따른 화재 발생은 날이 갈수록 늘어나고 있는 실제이다.

화재가 발생하면 다른 어떤 대상보다도 영유아들의 희생은 클 수밖에 없고, 사고의 피해와 후유증이 생각보다 훨씬 심한 고통을 생각할 때 적극적인 화재 안전교육이 필요하며, 화재의 원인을 알고, 예방적 행동을 실천하는 능력을 키울 수 있는 화재 안전교육은 필수적이다(윤선화 외, 2003). 화재는 항상 사소한 부주의에서 시작된다는 점을 기억하고 정기적으로 화재 위험 요인을 점검하고 화재 예방과 대피훈련을 실시하여 화재로 인한 손실과 상해를 최소화해야 한다. 특히 자신을 보호하는 능력이 부족한 영유아가 생활하는 공간에서 화재에 대한 안전은 반드시 이루어져야 한다.

이에 화재 안전교육의 필요성을 교육 대상에 따라 구분하여 교사 및 부모, 영유아의 측면에서 살펴보기로 한다(교육과학기술기술부, 2008, 2012; 오정옥, 2008).

(1) 교사 및 부모의 측면

화재 안전교육이 영유아에게 제대로 이루어지기 위해서는 영유아들을 보육하고 지도하는 교직원과 부모에 대한 화재 안전교육이 선행되어야 한다. 특히 영유아교육기관의 취원율이 증가하고 종일제(시간연장보육) 운영이 증가하면서 영유아를 안전하게 보호하고 관리하는 교직원의 책임에 대한 기대가 높아지고 있으므로 교직원에 대한 실제적인 화재 안전교육의 필요성이 높아지고 있다. 화재 안전교육의 경험이 있는 교직원은 환경관리를 안전하게 하고 영유아들에게도 화재 안전교육을 자발적으로 실행한다는 조사 결과(윤선화, 2002)는 교직원을 대상으로 한 체계적인 화재 안전교육의 중요성을 보여주고 있다. 앞으로 교직원 교육의 방법과 시기에 관한 법령이 보다 구체적으로 화재 안전교육에 관한 내용이 명시되고 마땅히 교육이 뜻한대로 하는 이유도 여기에 있다.

교직원을 대상으로 한 화재 안전교육의 필요성을 구체적으로 나열하면 다음과 같다.

- 영유아의 화재 안전교육 및 화재안전에 대한 체계적인 지식을 향상시키고 화재 안전 인식을 감정하도록 한다.
- 화재 발생과 같은 비상시에 영유아의 대피 활동에 있어 교직원의 주도적인 역할과 책임감을 한다.
- 영유아 화재 안전교육에 적합한 내용을 선정하고 효과적인 활동계획을 수립하도록 한다.

(2) 영유아의 측면

화재 안전교육의 필요성은 영유아의 발달 특성을 이해하고 이러한 특성들과 화재 안전사고의 관계를 고려해야 한다는 점에서 영유아를 대상으로 한 전반적인 안전교육의 필요성과 다르지 않다.

신체 발달 특성상 영유아기는 신체 성장과 운동 능력의 발달로 활동량이 급증하지만 아직 신체조절 능력과 운동 기능의 발달이 익숙하지 않다. 이러한 이유에서 화재사고의 대처와 대피를 위해 실내 환경이 신체 발달 특성을 고려하여 안전하게 제공되어야 함은 물론 영유아의 신속한 대피를 돕는 안전교육이 실행되어야 한다.

전조작기 영유아의 인지적 특성상 환경의 위험과 안전에 대한 결정이 확실하지 않은 자신의 행동이 원인이 되어 어떤 결과를 초래할지 인과 관계를 예측하기 어렵다. 이에 영유아는 주변 환경으로부터의 위험을 통제하거나 바꿀 수 있는 능력이 부족하다. 그러므로 평상시의 생활에서의 구체적인 자료를 활용하고 지속적이고 반복적인 교육을 통하여 화재 예방을 위한 되풀이를 형성하는 교육이 요구된다.

그리고 사회 · 정서적 발달 특성상 영유아기의 활동 이전 말과 대인관계의 폭이 넓어지고 다양해지면서 영유아는 또래와의 정서적 긴장이나 공격적인 행동, 과거의 경험이나 상상에 의해 불에 대한 공포반응을 보이기도 한다. 이러한 반응들은 때로 위험한 상황에서 자신의 감정을 제한하고 관리하는 데 힘들어함을 당하게 한다(이윤경 외, 2013).

마찬가지로 영유아기의 발달적 기초성과 누적성 측면에서, 가정과 어린이집(유치원)에서 이루어지는 영유아기의 화재 안전교육의 효과는 성인이 되어서도 안전을 생각하고 실행할 수 있게 한다.

한편 영유아를 화재사고로부터 보호하기 위해서는 화재안전 기술을 가르쳐야 하지만 다음의 이유 때문에 쉽지 않다(Cole, Crandall & Jiyrifsky, 2004; 이윤경 외 2013).

- 영유아들은 평상시의 생활에서 불을 친숙하고 우호적인 대상으로 인식하기 때문에 불에 의한 위험을 이해하기 어렵다. 처음으로 접하는 불과의 경험은 생일 케이크의 촛불이거나 가족야유회에서의 캠프파이어 정도이다. 불은 먹을 것, 편안함, 즐거움으로 연상되므로 자신들이 다루기 쉽다고 생각하며, 성인들이 필요에 따라 불을 피우려 노력하는 것을 보면서 불은 피우기가 힘들고 끄는 것은 쉽다는 인상을 갖는다.
- 영유아는 단순한 인과관계는 이해하지만 더 복잡한 인과관계의 이해는 어려우므로 작은 불씨가 집을 태울 만큼의 큰 불이 될 수 있다는 것을 이해하기 어렵다. 성냥 한 개비가 휴지 한 장을 태울 수 있다는 것은 이해하지만 가구나 집까지도 태울 수 있다는 것은 믿지 못한다.
- 영유아 화재 안전교육은 성인의 지각과 행동 때문에 쉽지 않다. 많은 성인들은 성냥이나 라이터가 눈에 띄지 않으면 잊어버린다고 생각하고 잠금장치가 없는

서랍이나 장에 넣어 두지만 호기심 많은 영유아는 쉽게 손에 넣을 수 있다. 부모와 성인들에게 영유아들이 이런 불소와 다른 원소의 화합물에 접근하지 못하도록 교육하는 것도 중요하지만 영유아들 역시 그런 불소와 다른 원소의 화합물을 접할 때 어떻게 해야 하는지를 배워야 한다.

2. 화재 안전사고의 실태 및 유형

1) 화재 안전사고의 실태

화재사고의 원인으로는 부주의, 전기적 요인, 방화와 방화의심, 기계적 요인 등이 다수를 차지하고 있다. 부주의에 의한 화재에는 14세 미만의 아동들이 단순 호기심으로 화재를 일으킬 수 있는 라이터, 촛불, 전기다리미 등의 발화열원을 가지고 장난을 하거나 불꽃놀이 · 화약놀이를 하다가 발생되는 것이 포함된 것이다. 화재발생 장소별로는 주거용 건물에서의 화재발생 건수가 가장 높게 나타났다.

표 6-1 화재사고 발생 건수와 인명피해 추세 분석(2010 ~ 2014년)

구분	화재건수	인명피해(명)			재산피해(억원)
		계	사망	부상	
2014년	42,135	2,180	325	1,855	4,021
2013년	40,932	2,184	307	1,877	4,345
2012년	43,249	2,223	267	1,956	2,895

2011년	43,875	1,862	263	1,599	2,565
2010년	41,863	1,892	304	1,588	2,668
5년 합계	212,054	10,341	1,466	8,875	16,494
5년 평균	**42,410**	**2,068**	**293**	**1,775**	**3,299**

출처: 국민안전처(2015).

국민안전처의 화재발생현황 분석(2014)에 따르면 화재 발생요인은 [그림 6-1]에서 보는 바와 같이 부주의가 가장 많았고, 다음으로는 전기로 인한 화재가 많았다.

표 6-2 **화재사고 발생원인 분석**

구분		계	전기적 요인	기계적 요인	가스 누출	화학적 요인	교통 사고	부주의	기타 실화	자연적 요인	방화	방화 의심	미상
2014년		42,135	9,444	4,063	168	359	511	21,488	871	243	477	948	3,563
2013년		40,932	10,103	4,058	181	322	567	19,011	843	397	497	1,071	3,882
전년 대비	건수	1,203	−659	5	−13	37	−56	2,477	28	−154	−20	−123	−319
	증감	2.9	−6.5	0.1	−7.2	11.5	−9.9	13.9	3.3	−38.8	−4.0	−11.5	−8.2

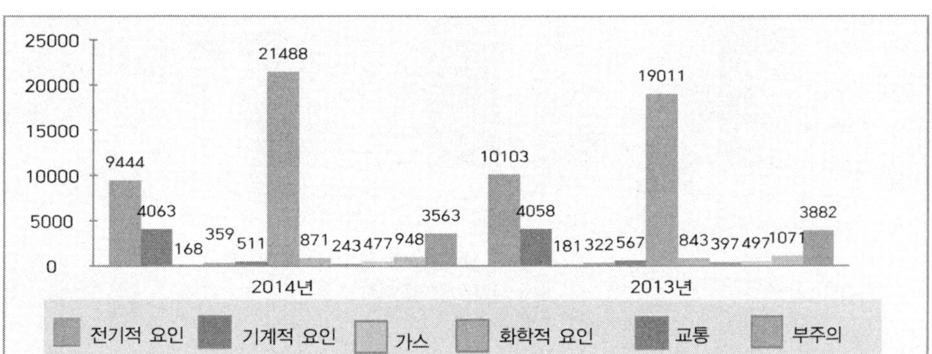

[그림 6-1] 화재발생 장소
출처: 국민안전처(2014)

화재가 발생하는 장소는 [그림 6-2]에서 보는 바와 같이 비주거지역이 가장 많았으며 다음이 일반주택과 같은 주거지역, 기타 순으로 나타나고 있다.

표 6-3 화재사고 발생 장소분석(2013 ~ 2014년)

구분(건)		계	주거	비주거	차량	위험물, 가스 제조소 등	철도, 선박, 항공기 등	임야	기타
2014년		42,135	10,861	14,960	4,823	22	111	2,921	8,437
2013년		40,932	10,596	15,066	5,249	24	90	2,334	7,573
전년 대비	건수	1,203	265	−106	−426	−2	21	587	864
	증감	2.9	2.5	−0.7	−8.1	−8.3	23.3	25.1	11.4

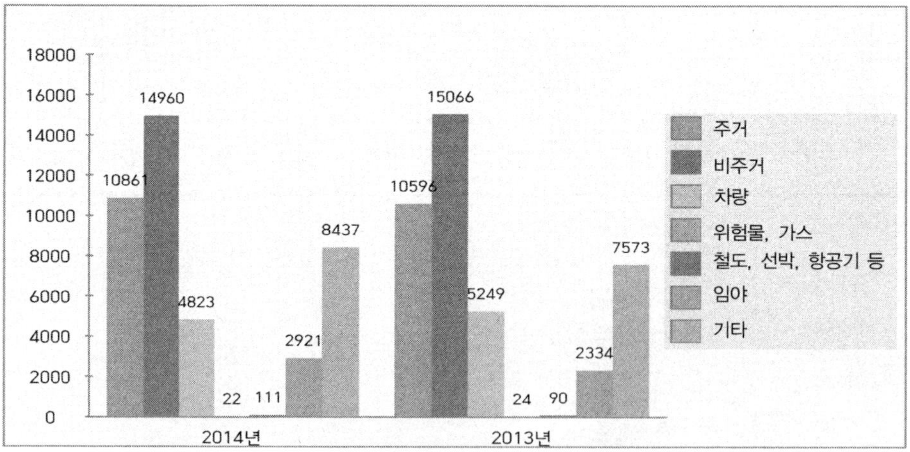

[그림 6-2] 화재발생 장소
출처: 국민안전처(2014)

표 6-4 화재발생 사고 열원 분석

구분		계	작동 기기	담배, 라이터불	마찰, 전도, 복사열	불꽃, 불티	폭발물, 폭죽	화학적 발화열	자연적 발화열	기타	미상
2014년		42,135	14,798	9,750	3,594	7,797	57	287	182	1,440	4,230
2013년		40,932	15,166	8,722	3,577	6,862	45	250	355	1,303	4,652
전년 대비	건수	1,203	−368	1,028	17	935	12	37	−173	137	−422
	증감	2.9	−2.4	11.8	0.5	13.6	14.8	14.8	−48.7	10.5	−9.1

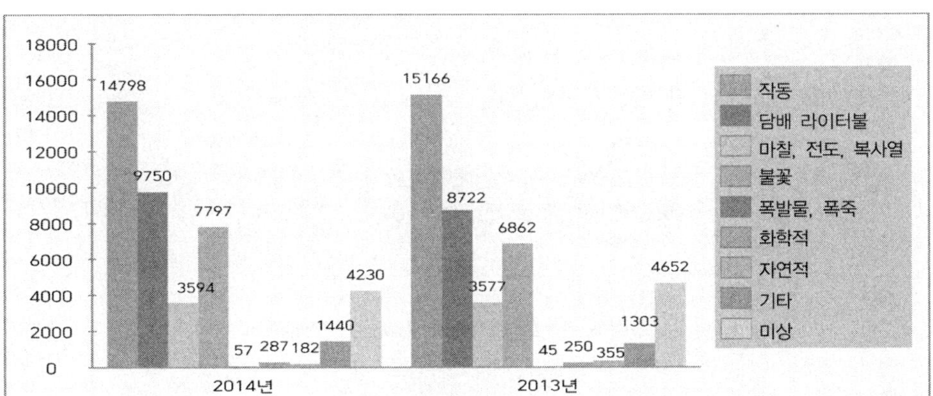

[그림 6-3] 화재발생 사고 열원 분석

출처: 국민안전처(2014)

표 6-5 화재발생 사고 최초 착화물

구분		계	가구	침직물류	종이, 목재 등	합성수지	간판, 차양막 등	식품	전기, 전자	위험물 등	가연성 가스	운송수단	쓰레기류	기타	[illegible]
2014년		42,135	246	1,639	10,929	4,579	217	3,064	7,753	972	301	2,005	4,717	2,722	2
2013년		40,932	257	1,653	9,656	4,425	279	2,658	8,493	1,001	346	2,266	4,137	2,473	3,
전년 대비	건수	1,203	−11	−14	1,273	154	−62	408	−740	−29	−45	−261	580	249	–
	증감	2.9	−4.3	−0.8	13.2	3.5	−22.2	15.3	−8.7	−2.9	−13.0	−11.5	14.0	10.1	–

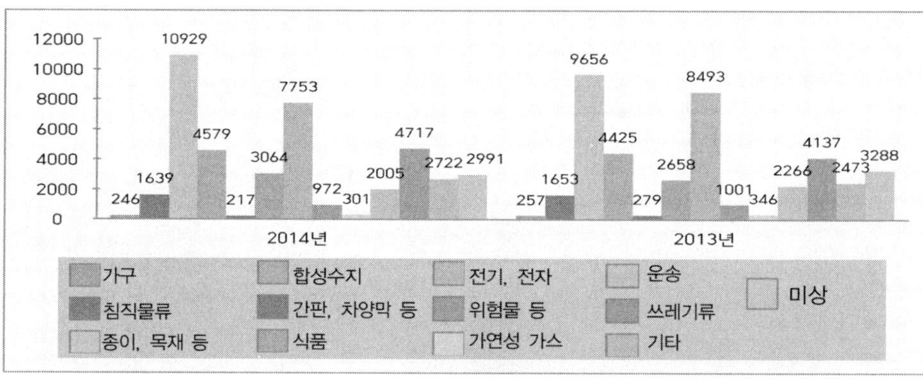

[그림 6-4] 화재발생 사고 최초 착화물
출처: 국민안전처(2014)

우리나라의 화재사고 발생건수와 인명피해가 감소하는 가운데 이처럼 화재에 의한 아동 사망자 수가 오랫동안 감소를 보이지 않는 것은 주거지와 같은 친숙한 공간에서 빈번하게 일어나는 화재사고에 대해 어린 영유아들이 화재 상황에 스스로 대처하지 못하는 까닭일 수 있다. 그렇기 때문에 영유아를 대상으로 한 화재사고의 예방과 화재 발생 시 조치에 대한 교육이 평소에 끊이지 않고 계속 뜻한대로 요구된다.

2) 화재 안전사고의 유형

불은 산소가 있는 상태에서 연료와 열이 화학적으로 반응하며 빛과 열이 발생하는 것이므로 산소 · 연료 · 열의 세 가지 조건 중 적어도 하나가 없으면 끌 수 있다.

특히 연료, 즉 무엇이 타느냐에 따라 불의 종류를 구분하는 것은 불을 끄는 방법과 직접적인 관계가 있으므로 연료의 종류에 따른 화재의 종류 구분을 꼭 알아둘 필요가 있다(소방방재청, 2012; Martoz, Tush, & Cross, 1989). 화재는 발화 원인과 매개체에 따라 다음과 같이 분류한다. 시중에 나와 있는 소화기도 불의 유형에 따라 구별된다. 어린이집이나 유치원에서는 다목적용 소화기인 ABC형을 구비해 둔다.

표 6-6 불의 종류와 소화기의 유형

종류	매개체	소화방법	소화기
A형(급)	목재, 종이, 섬유 등의 화재를 말한다.	불에 한 냉각소화를 주로 하거나 분말 약제를 사용할 수도 있다.	A형 또는 ABC형
B형(급)	가연성 액체나 가연성 가스 등의 화재를 말한다.	공기 차단으로 인한 피복소화로 화학포, 증발성 액체(할로겐화물), 탄산가스, 소화분말 등을 사용한다.	B형 또는 ABC형
C형(급)	전기기계, 기구 등의 화재로서 전기적 절연성을 가진 소화기로 불을 꺼야 하는 화재를 말한다.	탄산가스, 증발성 액체, 소화분말 등을 사용한다.	C형 또는 ABC형

기타	• D형(급)은 가연성의 금속을 연료로 발생하는 불로서 다른 화재에 비해 발생빈도는 높지 않다. • E형(급)은 가스를 연료로 발생하는 불이지만 국내에서는 B형(급) 화재로 취급한다. 따라서 통상적으로 화재의 종류는 A형, B형, C형으로 구분된다.

출처: 한국소방안전협회(2014), 이윤경 외(2013).

3) 화재 사고의 대처방법

(1) 화재 피해 최소화할 수 있는 시설 · 설비 및 교육

① 시설 · 설비

- **보육실 및 교실** : 화재 시 영유아와 교직원들의 안전한 대피를 위해 영유아가 사용하는 방에는 2개 이상의 출입구가 있어야 하며, 적어도 하나의 문은 바깥과 직접 연결되는 것이 바람직하다. 영아 보육실은 신속한 대피를 위하여 1층에 배치하고 교실이 2층에 위치한 경우에는 바깥으로 대피할 수 있는 시설(미끄럼틀)을 설치한다. 연기 탐지기나 열 탐지기 기능을 이용한 화재경보기를 설치한다. 스프링클러도 함께 설치하는 것이 이상적이다. 각 교실과 복도에는 소화기가 마련되어 있어야 하며 소화기 위치를 알리는 표지판이 설치되어 있어야 한다.
- **주방** : 화재경보기와 함께 가스누출 탐지기, 소화기도 반드시 설치해 두어야 한다(이순자 외, 2014).

	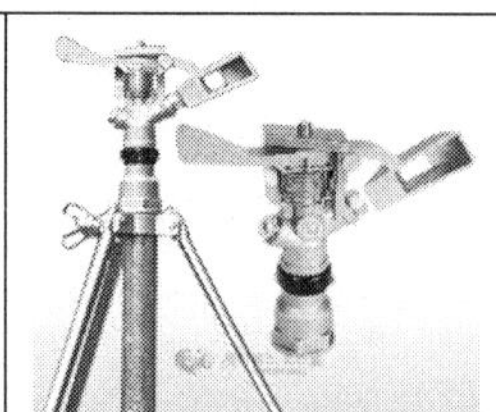		
연기탐지기	스프링클러 세트	가스누출 탐지기	소화기

[그림 6-5] 여러 가지 탐지기

② 교육 및 대피훈련

화재 시에 신속하고 안전하게 대피할 수 있도록 평소에 대피훈련을 해야 한다.

화재훈련에 대한 비디오테이프나 화재 현장을 방송한 뉴스의 화면을 녹화했다가 영유아와 교직원들을 대상으로 가상 경험을 갖게 하여 교육한다. 즉, 화재 발생 시의 적절한 대처방법에 대한 안전교육을 실시하고 그 내용을 자주 되풀이하여 일러 주며, 화재 상황을 가상하여 배우고 익힌 대처방법을 실제로 반복하여 경험하게 함으로써 만약의 경우 손상을 최소화할 수 있도록 해야 한다. 영유아에게도 불의 특징이나 화재 예방방법 등에 대해 알려주어 그들 스스로가 적극적으로 예방하고 대처할 수 있도록 한다. 적절한 교육을 받으면 영유아도 화재의 예방과 대처를 할 수 있는 주체가 될 수 있다(이순자 외, 2014).

5층에서 연결된 화재대피 통로	3층에서 연결된 화재대피 통로

[그림 6-6] 화재대피 통로

(2) 화재 시 대처방법

보육시설(어린이집, 유치원)이나 가정, 그 밖의 건물 안에 있을 때 화재가 난 사실을 알면 가장 먼저 할 일은 바깥으로 나오는 일이다. 전화로 119에 신고하기 위하여 잠시라도 머무르거나 건물 내에 남아 있는 물건을 챙기려고 대피를 미루는 것은 대단

히 위험하다. 건물 내부에는 방화문이 설치되어 있어 건물 내부에 머물수록 큰 화를 당할 수 있다. 화재가 발생하였을 때 대피하기 위해 알고 있어야 하는 안전원칙들은 다음과 같다.

- 화재가 났을 때는 "불이야" 하고 큰 소리로 외치며, 가장 빠른 경로를 통하여 바깥으로 나와야만 한다는 사실을 영유아들에게 교육해야 한다. 자기중심적 사고 경향이 강한 영유아들은 화재는 책상 밑이나 옷장 속에 숨으면 피할 수 있다고 생각하는 경우가 있다. 그러므로 영유아들에게는 화재는 불길이 없는 곳으로 도망해야만 피할 수 있다는 것을 반드시 가르쳐 주고 평소 여러 경로의 대피용 출구를 인지시켜야 한다.
- 화재가 났을 때는 소중한 물건을 가지고 나오려 하지 말고 얼른 건물 바깥으로 나온다. 화재가 난 후에는 일단 건물 안으로 들어가면 안 된다. 어린 동생이 남아 있는 등 꼭 들어가야 할 경우에는 소방대원에게 부탁한다.
- 화재 시 엘리베이터를 사용하지 않는다. 화재 시 엘리베이터는 정전으로 불이 난 층에 멈출 위험이 있고 유독가스에 질식될 위험이 매우 크다.
- 어느 건물이나 건물에 들어갈 때는 건물의 출구나 비상구를 확인하고 나오는 길을 익혀 둔다.
- 시설에서는 비상구의 유도등이 항상 켜져 있는지 확인한다(이순자 외, 2014).

유아에게 교육해야 할 화재 위험 상황에서의 대처방법(실습)

- 옷에 불이 붙었을 때에는 절대로 뛰지 말고 눈과 입을 손으로 가리고 바닥에 뒹굴어 끈다. 만약 옆 사람의 옷에 불이 붙었으면 전기에 의해서 불이 붙은 경우를 제외하고는 바닥에 눕히고 물을 부어서 끈다.
- 연기가 꽉 찬 곳에서는 팔과 무릎으로 기어서 나간다(대체로 바닥에서 30~60cm 사이의 공기가 더 맑다. 배로 기어 나가서는 나쁜 공기에 의해 질식할 수도 있기 때문이다). 수건이나 옷을 물에 적셔 코에 대고 숨을 쉬면 유독가스에 의한 기도의 손상을 어느 정도 감소시킬 수 있다.
- 방 밖에서 불이 난 경우 방문을 열고 나가기 전에 손잡이를 조금 만져 보고 뜨겁지 않으면

천천히 문을 열고 나간다. 손잡이가 뜨거우면 문 바로 바깥에 불길이 있다는 것을 의미하므로 다른 문이나 창문을 통하여 대피한다.

- 미처 대피하지 못하여 건물이나 방 안에 갇힌 경우 불길이 번져 들어오지 못하게 문을 닫고, 연기가 들어오지 못하게 문 틈새를 이불이나 옷(젖은 것이면 더욱 좋다) 등으로 막은 후, 창문을 통하여 도움을 청한다. 이 때는 밝은 색의 수건이나 옷을 벗어 흔들며 소방관들이 잘 볼 수 있게 한다.
- 베란다가 있는 건물에서 불길 때문에 바깥으로 대피하지 못한 경우 베란다로 대피한다. 이 때에는 베란다로 통하는 문을 닫아 불길이나 유독가스가 새어 나오지 못하게 한다.

첫째, 그 자리에 멈춰선다. 뛰거나 몸을 흔들면 불이 더 크게 번진다.

둘째, 바닥에 엎드려 두 손으로 눈과 입을 가린다. 눈과 입을 가리는 것은 얼굴에 화상을 입거나 폐에 열기가 들어가는 것을 막기 위한 것이다.

셋째, 불이 꺼질 때까지 계속 뒹군다. 노인이나 휠체어 사용자와 같이 엎드릴 수 없는 사람의 몸에 불이 붙었을 경우에는 수건이나 담요를 덮어서 불을 꺼 준다.

[그림 6-7] 옷에 불이 붙었을 때

[그림 6-8] 화재대피 방법

(3) 소화기의 사용법

소화기는 화재의 극히 초기 단계에서 소화제가 갖는 냉각 또는 공기차단 등의 효과를 이용해서 불을 끄고, 운반할 수 있는 기구를 말한다. 따라서 초기 진화를 위해서는 소화기의 구비가 필수이다. 소화기는 유류, 전기, 가스화재 등 물로 끌 수 없는 화재의 필수품으로 가장 일반적인 소방기구이다.

소화기에는 분말 소화기, 이산화탄소 소화기, 하론 소화기 등의 일반 소화기와 투척식 소화기가 있다. 분말 소화기는 냉각 효과가 있어 쉽게 불이 꺼진다. 이산화탄소 소화기는 모든 화재에 사용될 수 있으나 특히 물을 뿌리면 안 되는 화재에 사용하면 더욱 효과적이다. 하론 소화기는 사용 후 흔적이 없고 방출할 때 물체에 전혀 손상이 없는 소화기이다.

투척식 소화기는 고농축 소화액이 순간 산소를 차단해서 불길을 잡는 소화기로 불길이 거세어 다가가기 힘든 경우와 소화기 작동이 어려운 노약자나 어린이의 경우를 위하여 발명되었다. 이러한 이점으로 인해 소방방재청은 소방시설 설치 유지 및 안전관리에 관한 법률 시행령에 따라 양로원이나 어린이집(유치원) 등 사회적 약자를 위한 시설에 화재가 발생했을 때 쉽게 불을 끌 수 있도록 하기 위해 기존 소화기가 아닌 투척용 소화기 등을 의무적으로 설치하도록 하였다(구경선 외, 2013).

① 소화기 설치 및 취급요령

- 소화기는 보기 쉽고 사용하기 편리한 곳에 비치한다.
- 통행에 지장을 주지 않는 곳에 습기나 직사광선을 피하여 비치한다.
- 이산화탄소 소화기는 지하층, 무장층에는 설치하지 말아야 하며, 방사 시 노즐 부분 취급에 주의한다.

② 일반 소화기 및 옥내소화전 사용방법

▶ 일반 소화기 사용방법

- 안전핀을 뽑는다. 이때 손잡이를 누른 상태로는 잘 빠지지 않으니 침착하도록 한다.
- 호스걸이에서 호스를 벗겨 내어 잡고 끝을 불쪽으로 향한다.
- 가위질하듯 손잡이를 힘껏 잡아 누른다.
- 불의 아래쪽에서 비를 쓸듯이 차례로 덮어 나간다.
- 불이 꺼지면 손잡이를 놓는다(약제 방출이 중단된다).

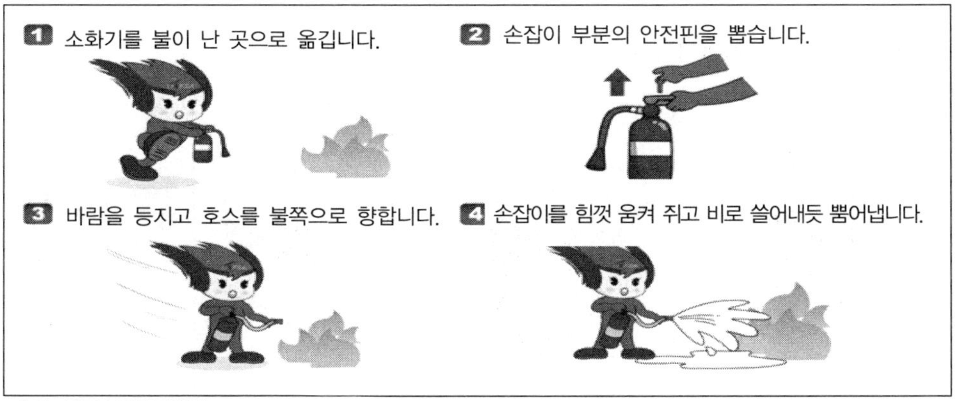

출처: 한국소방안전협회.

▸ 투척용 소화기 사용방법

▸ 옥내소화전 사용방법

출처: (주)스마트 소방(www.smartfire.co.kr), 국가재난정보센터(www.safekorea.go.kr)

표 6-10 소화기 종류

		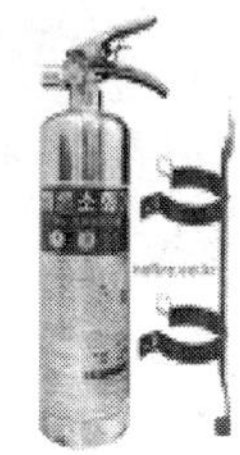	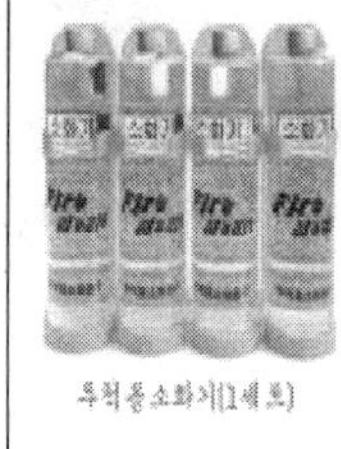
분말 소화기	이산화탄소 소화기	하론 소화기	투척식 소화기

(4) 화상

화상을 입었을 때	화상을 입힐 수 있는 물건
• 화상을 입으면 바로 찬물에 식혀야 한다. • 어른에게 반드시 알려야 한다. • 병균에 감염되지 않도록 깨끗한 거즈로 살짝 가려 준다. • 병원에 가서 치료를 받는다.	• 끓는 모습, 김이 나는 모습, 불이 나는 모습, 열이 오르는 모습 등을 보여주며 설명한다.

(5) 화상 시의 응급처치

구분	처치방법
열에 의한 화상	• 화상 부위를 찬물로 식혀 피부에서 빨리 열을 없앤다. • 호흡을 점검한다. • 멸균 거즈나 깨끗한 천으로 화상 부위를 덮는다. • 체온을 유지시키고 환자를 가까운 병원으로 이송한다.
화학약품에 의한 화상	• 최소한 20분 동안 물로 피부를 씻는다. • 화학약품에 오염된 옷을 제거하여 오염되지 않은 부위에 화학약품이 확산되지 않도록 주의한다.

	• 화학약품이 눈에 들어간 경우에는 응급처치를 받을 때까지 계속 물로 씻는다. • 멸균 거즈나 깨끗한 천으로 화상 부위를 덮는다. • 체온을 유지시키고 환자를 가까운 병원으로 이송한다.
전기에 의한 화상	• 전류를 차단한다. 단, 전기와 접촉된 사람을 만져서는 안 된다. • 열에 의한 화상치료와 동일한 방법으로 처치한다. • 체온을 유지시키고 환자를 가까운 병원으로 이송한다.
기타 주의사항	• 피부가 부어오르기 전에 조이는 옷 등은 제거한다. 단, 화상 부위에 달라 붙었을 경우에는 억지로 제거하지 않는다.

출처: 이기숙 외(2014).

(6) 화재 신고하기

불이 나면 어른이나 아동 모두 당황하게 되어 신고를 할 때에도 어디에서 불이 났다는 것을 신속하고 정확하게 알려주지 못하는 경우가 있다. 따라서 소화기를 사용해도 끌 수 없는 큰 불이 난 경우 즉시 밖으로 나와서 소방서에 정확하게 신고할 수 있도록 한다. 올바른 화재 신고에 관하여 구체적으로 알고 있어야 할 원칙은 다음과 같다.

- 불이 나면 119에 전화로 신고해야 한다.
- 119에 전화해서 불이 났다고 말하고 불이 난 곳의 위치를 정확하게 알려 준다. 아동에게 위치를 알리는 요령을 교육한다. 기관의 경우 정확한 '기관의 명칭(00어린이집, 00유치원)', 아파트인 경우에는 ' 00아파트 0동 0호', 주택일 경우에는 정확한 집 주소(동, 번지, 호수)와 주변의 중요한 건물명 등을 각 아동의 집과 기관으로 나누어 연습한다.
- 가능하면 화재 원인과 시작 시기와 장소를 간단하게 알려주는 것이 도움이 된다.
- 소방서에서 화재 장소를 정확하게 파악할 때까지 전화를 끊지 않는다.
- 공중전화로 화재 신고를 할 때에는 동전이 없어도 전화기에 있는 긴급통화용 빨간색의 단추를 누르면 된다는 사실을 알려 준다.

4) 화재의 유형에 따른 예방

화재 예방에 가장 효과적인 방법은 철저한 교육이다. 화재의 원인은 누전 등 영유아들과 전혀 관계가 없는 것도 있으나 성냥, 촛불, 불꽃놀이, 라이터를 이용한 불장난이나 영유아의 부주의로 인한 것도 있다. 따라서 주변 상황에 대하여 호기심이 많고 무엇이든지 직접해 보려고 하는 경향이 강한 영유아기부터 불의 편리함. 필요성과 함께 불의 특징 및 화재를 일으킬 수 있는 원인을 알려주고 이들을 어떻게 다루어야 하는지를 이해시킴으로써 그들 스스로가 화재를 예방할 수 있게 해야 한다. 화재의 유형에 따른 예방은 다음과 같다.

(1) 전기화재

일상생활에 있어 없어서는 안 될 전기는 우리나라 화재발생 원인 중 수위를 점하고 있다. 이런 전기화재는 낡은 전기기구나 부실공사로 인해 발생도 하지만 대부분은 전기용품에 대한 지식이나 상식부족 또는 사용하는 사람의 부주의나 방심으로 인하여 전기기구의 과열 및 탄화상태를 가져와 발생하는 것으로 날로 증가하고 있는 실정에 있으므로 전기용품을 사용시에는 올바른 사용법의 숙지와 세심한 주의가 필요하다.

원인	화재예방법
• **전선의 합선 또는 단란에 의한 발화** : 전선이나 전기기구의 절연체가 파괴되거나 두 가닥의 전선이 어떤 원인에 의해 서로 접촉하면서 순간 적으로 큰 전류와 많은 열을 발생하는 현상 • **전기에 의한 발화** : 전선이나 전기기구 등이 낡아 절연불량 등의 원인으로 전류가 건물 내의 금속체를 통하여 흐르게 되어 이로 인한	• 전기기구를 사용하지 않을 때에는 스위치를 끄고 플러그를 뽑아 둔다. • 가전제품의 플러그를 뽑을 때에는 선을 잡아 당기지 말고 플러그 몸체를 잡고 뽑도록 한다. • 개폐기(두꺼비집)는 과전류 차단장치를 시설하고 습기나 먼지가 없는 사용하기 쉬운 위치에 부착한다. • 개폐기에 사용하는 퓨즈는 규격퓨즈를 사용

원인	화재예방법
저항열에 의해서 발열을 일으키는 현상 • **전류(과부하)에 의한 발화** : 전선의 허용 전류를 초과한 전류를 과전류라 하며 에어컨, 전기다리미, 전자레인지, 동력 등을 동시에 사용할 적정용량을 초과하여 불이 붙는 현상 • **기타 원인에 의한 발화** : 규격 미달의 전선 또는 전기기계기구 등의 과열, 배선 및 전기기계기구 등의 절연 불량 상태, 또는 정전기로부터의 불꽃	하고 퓨즈가 자주 끊어질 경우 근본적으로 그 원인이 무엇인가를 규명, 개선한다. • 각종 전기공사 및 전기시설 설치 시 전문 면허업체에 의뢰하여 정확하게 규정에 의한 시공을 하도록 한다. • 콘센트에 플러그를 깊숙이 꽂지 않으면 흔들려 열이 발생하므로 완전히 꽂아 사용하도록 한다.

(2) 불장난에 의한 화재

영유아들은 놀기를 좋아하며 호기심이 많아 하고 싶은 일이 있으면 서슴없이 행하는 습성이 있다. 따라서 영유아들은 성냥, 라이터, 촛불, 모닥불, 폭죽놀이 등 손에 닿기 쉬운 것이면 무엇이던 가지고 불장난을 하게 되므로 영유아들에 대한 어른들의 각별한 주의가 필요하다.

원인	화재예방법
• 성냥, 라이터, 난롯불, 아궁이불, 전기다리미, 촛불놀이, 폭죽놀이, 화약놀이 등에 의해 발화되며 불장난하는 영유아들은 6~7세 미만의 영유아들이 가장 많고 부모가 외출 중인 토요일 오후나 일요일, 공휴일 등 학교수업이 없는 날에 많이 발생하고 있다.	• 라이터나 성냥, 유류 등을 영유아들의 손에 닿지 않는 안전한 곳에 두어야 한다. • 성냥이나 폭죽에 불을 켜고 깡통놀이 장난을 하지 말아야 한다. • 산에 올라가거나 집주변에서 모닥불을 피우는 불장난을 하지 말아야 한다. • 불에 대한 올바른 인식을 갖도록 영유아들에게 교육을 한다. • 영유아들에게 석유난로 등을 놓지 않고, 불을 켜거나 끄도록 심부름을 시키지 않도록 한다.

원인	화재예방법
	• 영유아들에게 119 허위신고(장난전화)를 하지 않도록 교육을 한다. • 모든 화기의 안전점검을 하고 영유아들에게 불조심에 대한 주의를 환기시켜 준다.

(3) 가스화재

그림 출처:한국소방안전협회

일상생활에 있어 가스는 가격이 저렴하고 사용하기에 편리할 뿐더러 열량이 높고 공해가 적어 가정이나 직장 등에서 주 에너지로 사용되고 있으나 잘못 다루면 가스중독 또는 폭발을 동반한 대형화재를 유발시켜 매우 위험하다. 따라서 가스배관과 연소기 등에 대한 정기점검을 철저히 실행하고 가스사용 안전수칙을 규정대로 해야 한다. 눈에 보이지 않는 연료가스의 종류와 특성을 살펴보면 다음과 같다.

구분	주의사항
액화석유가스 (LPG)	• 프로판과 부탄이 주성분으로 공기보다 1.5~2배 정도 무거워 누설되면 낮은 곳에 체류하게 된다. • 주로 용기에 충전하여 사용하며 수도권 이외 지역의 도시가스로도 공급되고 있다. • 화학공업의 원료로도 사용된다. • 순수한 LPG는 아무런 냄새나 색깔이 없으나 가정이나 영업소에서 사용하는 LPG는 누설을 쉽게 감지하기 위하여 마늘 썩는 냄새가 나는 부취제가 섞여 있다.
액화천연가스 (LNG)	• 메탄이 주성분으로 공기보다 0.65배 가벼워 누설되면 높은 곳에서부터 체류하게 된다. • 액체온도가 −162℃ 이하로 냉열산업에 이용하고, 기화시켜서 전국적으로 청정 연료인 도시가스로 공급되며 주로 화력발전 연료로 사용된다.

(4) 도시가스

도시가스는 LPG, LNG, 납사 등을 주원료로 혼합가스를 만들어 파이프라인을 통하여 계획도시의 수요자에게 공급되는 가스연료로 현재 도시지역에서는 천연가스, 기타 지역에는 LPG에 공기를 혼합한 가스를 사용하고 있다. 눈에 보이지 않는 가스를 발견하여 화재원인과 예방할 수 있는 방법을 살펴보면 다음과 같다.

원인	화재예방법
• 용기밸브의 오조작 • 용기교체 작업 중 누설화재 • 잔량 가스처리 및 취급 미숙 • 가스충전 작업 중 누설폭발 • 고압가스 운반기준 미이행 • 배관 내의 공기치환작업 미숙 • 용기본관실 화재(연탄 등) 사용 • 배달원의 안전의식 결여 • 실내에 용기보관 가스누설 • 점화 미확인으로 누설폭발 • 환기불량에 의한 질식사 • 가스사용 중 장기간 자리이탈 • 성냥불로 누설확인 중 폭발 • 호스 접속불량 방치 • 조정기 분해 오조작 • 코크조작 미숙 • 인화성물질(연탄 등) 동시 사용	• 불을 켜기 전에 새는 곳이 없는지 냄새를 맡아 확인해 보도록 한다. • 연소시에는 많은 공기가 필요하므로 창문을 열어 실내를 환기시키도록 한다. • 가스레인지 주위에는 가연물을 가까이 보관하지 않도록 한다. • 점화용 손잡이를 천천히 돌려 점화시키고 불이 붙어 있는지 확인하도록 한다. • 연소시에는 파란 불꽃이 되도록 공기 조절기를 조절하여 사용하며, 요리 중에 자리를 뜰 때 반드시 용기밸브를 잘 잠가 두어야 한다. • 가스사용 후에는 콕크와 중간밸브를 반드시 열리지 않도록 한다. • 가스레인지는 자주 움직이지 않으며 고정시키고 불켜 놓은 상태에서 움직이지 않는다. • 주변의 불씨를 없애고 전기기구는 조작하지 말고, 창문과 출입문을 열어 환기시키며, 바닥에 있는 가스를 방석이나, 빗자루, 부채 등으로 쓸어 밖으로 내보내도록 한다.

(5) 유류화재

유류는 인화성 물질로서 주로 석유류 등을 말하며 우리 생활에 많은 도움을 주지만 화재위험이 매우 높고 불이 붙으면 순식간에 확대되므로 그 취급에 세심한 주의를 기울여야 한다. 유류화재를 방지하기 위해 우리가 평상시생활에서 가정과 보육시설(아동)기관에서 지켜야 할 주원인과 예방방법을 보면 다음과 같다.

원인	화재예방법
• 석유난로에 불을 끄지 않고 기름을 넣을 때 • 석유난로에 주유 중 새어나온 유류의 유증기가 공기와 적당히 혼합된 상태에서 불씨가 닿을 경우 • 유류기구를 사용도중 움직일 때 • 불을 켜놓고 장시간 자리를 비우거나, 불에 타기 쉬운 물건을 난로 가까이에 보관했을 때 • 튀김요리 중 튀김 기름이 가열되어 넘치는 경우	• 유류는 이외의 다른 물질과 함께 보관하지 않으면, 유류 저장소는 환기가 잘 되어야 하며, 가솔린 등 인화물질은 용도에 맞게 사용되어야 한다. • 튀김기름은 가열을 시작하여 15분 정도 지나면 불이 붙게 되므로 튀김요리 도중 절대로 자리를 비워서는 안 된다. • 난방기구나 보일러에 이상이 있을 때에는 즉시 수리해야 한다. • 휘발유 또는 희석재(신나)는 휘발성이 극히 강해 낮은 온도(겨울철)에서도 조그마한 불씨와 접촉하게 되면 순식간에 불이 붙어 화재를 일으키기 때문에 절대로 담뱃불이나 불씨를 접촉시켜서는 안 된다. • 열기구 가까이에 가연성 물질을 보관해서는 안 되며, 한 방향으로 열기가 나도록 되어 있는 열기구의 경우에는 가연물이 그 방향으로부터 적어도 1m 이상은 떨어져 있어야 한다. • 석유난로를 사용할 때 주전자의 물이 끓어 넘쳐 불꽃이 튀기 때문에 불이 일어나지 않도록 주의해야 한다.

(6) 불티화재

다양한 작업을 할 때 수반되면 불티는 예기치 않은 화재발생의 원인이 되며 발생 원인에 있어서도 수위를 차지하고 있다. 따라서 작업시에는 주위의 가연성 물질을 제거하도록 하고 소화기나 소화수를 비치하여 안전에 항상 주의하여야 한다.

불티화재를 방지하기 위해 우리가 평상시의 생활에서 지켜야 할 주요원인과 예방요령을 살펴보면 다음과 같다.

원인	화재예방법
• 용접 부주의로 불티가 가연물에 떨어져 화재가 발생 • 용접물체가 가열되어 주위의 가연물에 불이 붙어 화재가 발생 • 모닥불, 소각장(쓰레기)과 농어촌에서 쥐불놀이와 논두렁 태우기 등의 불티가 바람에 날려 화재 발생 • 배관의 용접이나 절단 시 배관의 보온 재료에 불티가 옮겨 붙어 화재 발생 • 용접작업장 인근에 방치되어 있는 위험물이나 가연물 등에 불티가 튀어 화재 발생	• 용접작업이나 쓰레기를 소각할 때는 소화기나 소화수 등을 비치한 후 작업에 임해야 한다. • 용접작업장 부근의 연소 위험이 있는 위험이나 가연물을 없게 한 후 작업해야 한다. • 천정 부근에서 용접 작업 시 불티가 떨어져 화재위험이 없는지 확인해야 한다. • 쓰레기나 문서 등을 소각할 때는 감시인의 책임 하에 안전하게 해야 한다. • 모닥불 등의 처리는 충분히 소화하고 재연소의 발화 위험을 없애기 위해서 땅 속에 철저하게 묻어야 한다.

3. 화재 안전교육의 내용 및 방법

1) 화재 안전교육의 내용

안전교육은 영유아를 대상으로 한 화재의 원인과 예방법, 화재 시의 적절한 대처방법에 관한 지식, 태도, 기술을 익히는데 목표를 둔다. 따라서 교직원은 영유아기 화재 안전교육을 할 때 화재 안전교육에 필요한 지식뿐만 아니라 화재 발생의 위험한 상황을 예측하고 대비하는 데도 화재 발생 시 안전하게 행동하는 기술에 관한 교육 내용을 하나로 다루어야 한다.

보육시설(어린이집, 유치원)은 소방관계법령상 노유자(老幼者) 시설로서 특정소방대상물에 포함된다. 특정소방대상물은 소방시설을 설치해야 하는 소방대상물을 의미한다. 영유아교육기관은 화재가 발생하면 가장 취약한 화재 취약자들이 사용하는 시설이므로 화재와 관련된 시설·설비가 갖추어져야 하는 것이다(소방시설설치 및 안전관리에 관한 법률 제2조, 시행령 제5조 참조). 그러므로 교직원은 영유아들을 대상으로 한 화재 안전교육 뿐만 아니라 영유아교육기관의 화재 예방을 위해 시설을 안전하게 관리·점검하는 데 필요한 지식을 알고 있어야 한다(이윤경 외, 2013).

영유아교육기관의 화재 안전교육의 내용은 누리과정에 근거하여 살펴볼 수 있으며 그 내용은 다음과 같다.

표 6-7 3~5세 누리과정 화재 안전교육의 관련 내용

영역	목표	내용범주	내용
신체운동·건강영역	안전한 생활습관을 기른다.	안전하게 생활하기	• 안전하게 놀이하기 • 교통안전 규칙지키기 • 비상시 적절하게 대처하기

표 6-8 3~5세 누리과정 화재안전교육의 세부내용 및 연령별 활동 예시

<table>
<tr><th colspan="3">비상시 적절하게 대처하기</th></tr>
<tr><th>3세</th><th>4세</th><th>5세</th></tr>
<tr><td>학대, 성폭력, 실종, 유괴 상황을 알고 도움을 요청한다.</td><td colspan="2">학대, 성폭력, 실종, 유괴 상황시 도움을 요청하는 방법을 알고 행동한다.</td></tr>
</table>

재난 및 사고 등 비상시 적절하게 대처하는 방법을 안다.	재난 및 사고 등 비상시 적절하게 대처하는 방법을 알고 행동한다.

연령별 활동 예시(화재 대피훈련하기)		
3세	**4세**	**5세**
화재사고가 발생할 수 있는 위험한 상황을 알려주고 교직원의 안내에 따라 대피훈련을 연습해 본다.	화재 대피 사이렌 소리에 맞추어 유아 스스로 대피훈련에 참여해 본다.	유아들과 함께 화재발생의 원인 및 예방방법 그리고 상황에 따른 여러 가지 대피 경로를 알아보고 의논한 방법대로 대피해 본다.

출처: 교육과학기술부, 보건복지부(2013), 3~5세 연령별 누리과정 교사용 지침서.

2) 화재 안전교육의 방법

(1) 영유아 대상의 화재 안전교육

누리과정의 신체운동 · 건강영역은 안전하고 건강한 생활습관을 기른다는 목표에 따라 재난 및 사고 등 비상시에 적절하게 대처하는 능력, 기술, 방법을 알게 하는 내용을 다루어야 한다고 명시하고 있다(교육과학기술부, 2012a; 보건복지부, 2012). 또한 아동복지법은 화재를 포함한 재난에 대비한 교육을 6개월에 1회 이상(연 6시간 이상) 실시해야 한다는 안전교육 기준을 제시하고 있다. 따라서 영유아교육기관의 장은 매년 안전교육 계획을 수립하여 교육을 실시하고 계획 및 교육 실시 결과를 관할 교육감이나 시 · 군 · 구청장에게 매년 1회 보고해야 한다(보건복지부, 2013).

영유아교육기관에서의 화재 안전교육 추진 방침과 그에 따른 화재 안전교육의 방법은 다음과 같다(교육과학기술부, 2012a; 동일유치원, 2007; 오정옥, 2008).

• 연간 화재 안전교육 계획을 수립하여 실천하되 교육과정 운영과 연계하여 주제 선정에 따른 통합적 접근방법에 의한 교육을 실시한다.
  - 화재 안전교육에 관한 내용이 영유아교육기관에서 영유아들이 경험하게 되는 여러 가지의 상황이나 활동을 통하여 학습될 수 있도록 한다. 방학 전, 계절별 중점 계기교육으로 겨울에 화재 안전교육을 실시한다. 그리고 화재 안전교육의 사각지대에 있는 어린 영아들이나 장애유아들의 연령과 발달 특성을 고려하여 교육계획을 하도록 한다.
  - 영유아교육기관의 실정에 맞는 화재안전 관련 수칙을 지정하며, 안전행동 홍보 를 위한 환경물을 조성한다(예 : 안전스티커, 안전약속 퍼즐 등).
  - 매월 1회 화재 대피훈련을 실시하며, 영유아교육기관과 가정은 안전점검의 날을 운영하도록 한다.

• 매일의 일과운영 속에 지속적으로 실시하여 자연스럽게 화재안전에 익숙해지도록 한다.

• 지역사회 및 가정과의 연계교육을 통해 실생활에서 화재를 예방하고 대처할 수 있도록 한다. 화재안전 전문가 또는 관련기관에 소방안전교육을 요청한다. 소방서, 어린이안전재단 등을 방문하여 직접 가상의 상황에서 대피훈련을 하고 소화기 사용법을 익히는 등 체험교육을 한다. 가정통신문을 통해 연중 화재 안전교육을 실시하며, 가정의 화재안전점검표를 학부모와 함께 작성하여 제출하도록 한다. 안전 관련기관에서 일하는 부모가 있을 경우 이 부모들이 영유아들에게 직접 경험을 들려준다(이윤경 외, 2013).

화재 대피훈련의 계획과 대피훈련의 원칙을 구체적으로 살펴보면 다음과 같다(교육과학기술부, 2008, 2012a; 김계자, 2004; 이기숙 외, 2008).

① 화재 대피훈련의 계획

표 6-9 화재 대피훈련의 계획

화재대피의 기본 지침을 평소에 준비한다.
• 교실에서의 여러 가지 대피경로 화재시의 역할분담 등을 각 교실문에 붙여 둔다. • 모든 교사는 대피의 기본 지침이 항상 있어야 하며, 특히 신입교직원에게 반드시 주지시킨다. • 화재 발생 시의 교사의 역할을 미리 분담해 둔다. – 신고하는 역할 : 소방서에 신속하고 정확하게 이야기한다. – 방호 · 복구 역할 : 소화기를 이용하여 초기에 화재를 진압한다. – 대피 역할 : 화재의 발생 위치에 따른 다양한 대피경로를 알고 있어야 한다. 손전등과 각반 영유아의 명단을 지참하고 대피한 후 모든 영유아의 대피 여부를 확인한다. – 구급 역할 : 상비의 약품을 지참하고 대피하며, 필요한 응급처치를 한다. – 구조 역할 : 대피하는 영유아들의 마지막에 따라 나오면서 남아 있는 영유아가 없는지 확인한다. 실내에 숨어서 화재를 피하려는 영유아가 있기 때문이다.
건물 밖에서 만날 장소를 정해 둔다.
• 대피 후 만날 장소를 정해 두어야 모든 영유아가 대피했는지 확인할 수 있다. • 절대로 건물 안에 다시 들어가지 않는다. 영유아가 건물 안에 있다고 판단되면 소방대원에게 부탁한다. • 길을 잃었을 때를 대비하여 집과 가족 전화번호를 외운다.
화재 대피훈련을 정기적으로 실시한다.
• 교사회의를 통해 훈련의 일정을 논의하고, 가정통신문을 통해 영유아의 가정에 소방 대피훈련이 있음을 미리 알린다. • 비상구 표시, 비상대피로, 소방기구 등의 안전 여부를 확인하고, 관련 활동을 영유아들과 먼저 해 본다. • 사전활동을 통해 소화기가 있는 위치, 소화기 사용법, 119에 신고하는 방법 등 화재발생 시의 대피요령과 대피방법을 숙지하도록 한다. • 화재 대피훈련의 시나리오를 준비하고, 적어도 월 1회 이상 실시한다. • 여러 경로를 번갈아 가며 대피훈련을 실시한다. • 대피 시 필요한 여러 가지 대피방법을 실제로 해 본다. • 화재 대피훈련 후에는 반드시 대피훈련 일지를 기록하고 결과을 점검한다. • 대피에 소요되는 시간을 측정하여 가능한 한 신속하게 대피할 수 있도록 개선 방법을 찾는다.

출처: 이윤경 외(2013).

② 대피훈련의 원칙

대피훈련을 위해 영유아들에게 미리 알려주어야 하는 내용은 다음과 같다.

- 불이 나지 않은 상황에서 대피훈련을 하는 것은 실제로 불이 났을 때 신속하게 대피하도록 도와주기 때문에 중요하다.
- 화재경보기의 소리를 식별할 수 있어야 한다.
- 화재경보기가 울리면 놀라거나 당황하지 말고 하던 것을 멈추고, 교직원에게로 가서 지시하는 대로 신속하게 움직인다.
  - 자기 소지품이나 옷 등을 챙기려 해서는 안 된다.
  - 만약 건물 밖에 있다면 그대로 바깥에 있으면서 평소 모이기로 약속해 둔 장소로 간다.
- 대피훈련을 할 때는 장난을 치지 않으며, 가까운 친구들이 함께 훈련에 참여하는지 확인한다(이윤경 외, 2013).

표 6-10 어린이집의 화재 대피훈련 시나리오의 예시

시간	상황	내용
13:25	안내방송 및 훈련준비	• 안내방송 "사무실에서 알립니다. 오늘 우리 어린이집에서는 화재 대피훈련을 실시합니다. 이 상황은 훈련 상황입니다. 선생님과 어린이 여러분들께서는 착오 없으시기 바랍니다"(3회방송). • 자위 소방대 위치 알리기
13:30	화재 발생 통보 및 신고	• 화재 최초 발견자는 "불이야" 외친 후 동료에게 알리고 초기 진화를 실시한다. • 화재감지기의 작동으로 비상벨이 울린다. • 동료는 대장에게 알려 119에 신고한다. • 대장은 신속하게 모든 소화시설물을 작동시킨다.
13:32	자위 소방대 활동	• 안내방송 "현재 00반에서 화재가 발생하였습니다. 자위 소방대는 각자 맡은 바 임무에 임하시기 바랍니다"(3회 방송).

시간	상황	내용
		• 방호 · 복구반은 구내 소화기를 이용하여 초기에 화재를 진압한다. • 대피, 구조, 구급반은 건물 내 인원을 안전한 장소로 대피 유도시키고 중요 서류 및 귀중품을 대피 장소로 반출하며 환자를 응급조치 후 후송한다.
13;35	대피방송 및 대피	• 안내방송 "선생님들께서는 침착하고 신속하게 아이들을 대피시켜 주시기 바랍니다. 절대로 당황하지 말고 수건을 물에 적셔 코와 입을 막고 낮은 자세로 대피로의 벽을 따라 안전한 장소로 이동하시기 바랍니다." • 안전한 장소로 이동 후 인원을 확인한다. • 인명 구조반은 각 교실을 다시 한번 돌아보아 남은 인원이 없는지 확인하고 있으면 구조한다. • 방호, 복구반은 주요 서류 및 물건의 파손 및 도난방지를 위해 타인의 출입을 통제한다.
13:40	화재대피 훈련 해제	• 안내방송 "이상으로 00어린이집 화재 대피훈련을 마치겠습니다"(3회 방송). • 비상사태가 끝났음을 알리고 아이들이 교실로 들어가도록 한다.

출처: 김계자(2004).

(2) 교사 및 부모 대상의 화재 안전교육

영유아교육기관의 관리자는 영유아의 화재 안전사고 예방을 위해 성실하게 노력할 뿐만 아니라 인적 환경으로서의 교직원과 부모를 통한 안전의 확보에도 철저해야 한다. 교직원과 부모를 대상으로 한 화재 안전교육의 방향은 다음과 같다(교육부, 2006; 보건복지부, 2013; 오정옥, 2008).

① 교직원 대상의 화재 안전교육

• 어린이집은 모든 교직원을 대상으로 연간 자체 화재 안전교육 계획 을 수립하고 정기적으로 점검 및 훈련을 실시해야 한다. 신규 교직원, 자원봉사자는 오리엔테이션 때 안전교육을 한다.

- 어린이집과 유치원의 교직원은 화재 안전교육 지침을 숙지하여야 하며, 안전 관련기관에서 화재 안전교육이 시행될 때 적극 참여해야 한다.
- 영유아의 다양한 연령과 발달수준에 적합한 화재 안전교육을 위한 교사용 지도서를 개발하여 영유아 화재 안전교육이 효과적으로 실시되도록 한다.

② 부모 대상의 화재 안전교육

- 영유아 화재 안전교육은 가정과의 연계, 협조가 필요하다. 이를 위해 영유아교육기관은 부모 대상의 연간 화재 안전교육 계획을 수립하고 실시해야 한다.
- 부모들에게 영유아에게 실시된 화재 안전교육 내용이 가정통신문, 홈페이지 게시판, 부모교육 등을 통해 가정에 전달될 수 있도록 한다(이윤경 외, 2013).

4. 화재 대피훈련

불이나면 누구나 당황하고 공포감에 휩싸인다. 우왕좌왕하다 질식하거나 혼자 불을 끄려고 노력하다 불이 확대되어 미처 피난하지 못하는 경우도 있다. 화재에 대처하는 가장 좋은 방법은 무엇보다 평소에 교직원과 영유아가 화재 시에 신속하고 안전하게 대처할 수 있도록 화재 대피훈련을 하거나 화재 발생 시 대처하는 요령을 숙지하는 것이다. 유아교육기관에서 화재가 발생할 경우 무엇보다도 영유아의 행동이 민첩하지 못하여 많은 인명 피해, 재산 피해를 입을 수 있으므로 유사시 신속하고 안전하게 대피하는 데 익숙하도록 적어도 월 1회 이상 정기적인 화재 대피훈련을 실시하는 것이 바람직하다.

화재 대피훈련은 결국 화재가 일어났을 경우 안전하게 자신의 몸을 보호할 수 있는 대처방법을 알고, 스스로 대피할 수 있는 능력을 기르며 안전이 소중하다는 사실을 체험적으로 터득할 수 있도록 하기 위한 목적이 있다. 호기심은 많되 사고예방 및 대처능력은 한참 부족한 영유아들을 생각할 때, 가정과 유아교육기관에서의 화재안전 관리는 아무리 강조해도 지나침이 없다. 대부분의 화재는 인화성 물질의 올바른 사용 및 화재 예방에 대한 지식이 부족하기 때문에 발생한다. 따라서 사고대처 능력이 부족한 영유아들이 스스로 화재 안전지식과 대처능력을 형성하기 위해서는 보육교직원들이 환경을 안전하게 만들고 안전관리를 하는 노력이 무엇보다 선행되어야 하며, 유아교육기관과 가정에서도 체계적인 교육이 필요하다.

다음은 화재 대피훈련 시 영유아에게 알려주어야 할 내용과 대피훈련의 원칙에 대한 내용이다(이기숙 외, 2002; 최민수, 2001).

- 화재 대피훈련을 실시하기 전에 영유아들에게 대피훈련이 왜 필요한지에 대한 이유와 구체적인 방법에 대해 설명해 준다.
- 사이렌이나 경보를 울려 화재가 났음을 알리고, 화재 발생지점 및 대피경로를 알리는 안내방송을 하고, 영유아들은 대피신호에 따라 행동하도록 한다.
- 화재경보기 소리를 식별하도록 한다. 교사와 유아들이 '화재경보 신호'를 정확히 인지할 수 있도록 하는 교육과정을 화재 대피훈련에 포함시킨다. 화재경보기가 울리면 놀던 것을 멈추거나 화장실에서 나와 교직원에게로 간다. 만약 건물 밖에 있었다면 그대로 바깥에 있으면서 평소에 모이기로 약속해 둔 장소로 간다.
- 교직원의 지시대로 신속하게 움직인다. 자기 소지품이나 옷 등을 챙기려고 하지 않는다.
- 대피훈련을 할 때 장난을 치지 않도록 한다.
- 가까운 친구들이 함께 훈련에 참가하는지 확인할 수 있다.
- 화재 대피훈련에는 일부 교직원이 구석진 은폐 장소(화장실, 주방, 창고 등)에 영유

아들이 남아 있지 않은지 확인하는 과정이 포함된다.

- 가능하면 2분 이내에 모두 대피할 수 있도록 훈련한다.
- 화재 대피훈련은 가능한 한 월 1회 이상 실행한다.
- 영유아들이 공포를 느낄 수 있으므로 익숙해지기 전까지는 예고 하에 훈련을 실시하는 것이 바람직하다. 그리고 점차 정기적으로 예고 없이 실행하고, 영유아들에게도 예고 없이 훈련이 실행될 것임을 알린다. 이렇게 할 때 화재가 발생했을 때에도 교직원과 영유아들이 당황하지 않고 대피할 수 있다.
- 처음부터 전체 영유아를 대상으로 훈련하기보다는 학급별, 연령별로 실시한 뒤 단계적으로 전체 영유아를 포함시킬 수 있다(구경선 외, 2013).

생활 속의 화재 안전 실천 수칙

- 실내 화재에서 불꽃이 발생하고 5분 정도가 지나면 위험하므로 신속하게 대피한다.
- 화염과 연기는 위로 올라가므로 가능한 자세를 낮추고 호흡은 짧게 한다.
- 여러 사람이 모이는 장소에 가면 비상구의 위치를 확인하는 습관을 갖는다.
- 가정에 하나 이상의 소화기를 비치하고 소화기 사용방법을 알아 둔다.
- 가족과 함께 화재 안전점검 항목을 만들어 보고, 피난 계획을 세운다.

출처: 행정안전부(2011). 안전생활 길잡이 지도서

제 7 장

교통안전

1. 교통안전 교육의 개념 및 필요성
2. 교통안전 사고의 실태 및 유형
3. 교통안전 교육의 내용 및 방법
4. 영유아들의 승 · 하차 안전
5. 안전보행법 및 교통신호와 표지

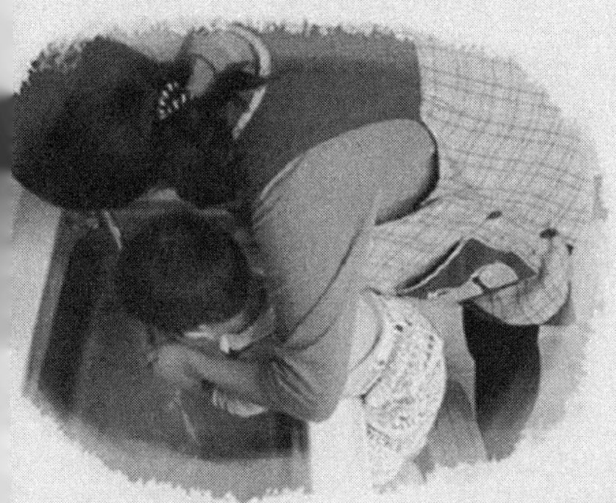

1. 교통안전 교육의 개념 및 필요성

1) 교통안전 교육의 개념

현대사회에서 교통안전에 대한 지식이나 기능, 태도의 습득은 필수적으로 요구되어지고 있다(김영실 외, 2010). 교통안전은 교통과 관련하여 일어날 수 있는 위험, 사고 및 환경오염 등과 같은 부정적인 피해를 막기 위한 예방적인 측면의 총체이다. 따라서 교통안전 교육이란 교통사고를 미연에 방지하고, 다양한 위험으로부터 자신을 보호할 뿐만 아니라 교통기관으로 인한 오염 등을 줄일 수 있는 지식, 기술, 태도 등을 익히도록 하는 의도적이고 체계적인 과정이다. 특히 영유아의 교통안전 교육은 영유아가 교통과 관련된 위험으로부터 스스로를 안전하게 지킬 수 있도록 습관화하는 것이 중요하다. 이는 장차 자신과 타인의 생명을 존중하고 사회적 질서를 준수하는 성숙하고 바람직한 시민으로 성장할 수 있는 기본적인 발판을 제공한다(권덕수 외, 2014).

2) 교통안전 교육의 필요성

우리나라의 교통사고 발생률은 OECD에 가입된 국가에 비하여 월등히 높은 편이다. 경찰청(2014)이 조사한 '교통사고통계'에 따르면, 2013년 한 해 동안 차량 10만 명당 사망자가 2.4명, 어린이 인구 10만 명당 교통사고 사망자 수는 2008년 1.9명에서 2013년 1.3명으로 감소되었으며, 또한 만 6세 이하의 영유아가 2013년 한 해에 교통사고로 사망하거나 다친 숫자가 6,000여 명이나 된다. 영유아의 경우, 가장 빈번한 교통사고 유형이 보행 중 차와 관련되어 일어나는 것은 영유아들의 활동반경이 주로 가정이나 영유아교육기관이므로 상대적으로 보행이 주된 교통수단이기 때문인 것으로 해석할 수 있다(도로교통공단, 2014; 권덕수 외, 2014).

우리나라의 경우 영유아의 교통안전 교육은 국가 수준의 교육과정과 시 · 도교육청이 제시하는 영유아교육기관 교육과정 편성 및 운영지침에 따라 제안되고 있지만, 현실적으로는 영유아교육기관에서 자체 프로그램을 활용하는 경우가 많다. 따라서 영유아교육기관의 교직원들이 영유아의 교통안전 교육에 대한 확실한 이해를 바탕으로 교통안전 교육의 필수내용을, 바람직한 교수방법으로 지도할 수 있도록 역량을 키우는 것이 무엇보다 중요하다. 영유아교육기관이 중심이 되어서 영유아들을 대상으로 적절한 안전교육을 체계적으로 실시하고 부모교육 및 지역사회와의 연계로 확장한다면, 영유아들이 교통안전에 대한 올바른 지식과 태도를 습득할 수 있는 사회 분위기를 형성해 갈 수 있다(권덕수, 2014).

2. 교통안전 사고의 실태 및 유형

1) 교통안전 사고의 실태

교통사고 발생의 요인으로는 인적요인, 차량요인, 도로요인, 기타 환경요인 등으로 구분할 수 있으며, 교통사고는 이러한 요인들이 복합적으로 작용하여 발생한다.

영유아들은 발달 특성상 순간적이고 위험한 교통상황에 순발력 있게 대처하기 어렵기 때문에 여러 가지 교통안전 사고의 대상이 되는 경우가 많다. 영유아의 교통안전 사고를 방지하기 위해서는 성인의 계속적으로 보호된 영유아들이 주의해야 할 교통규칙을 지속적으로 숙지시키고, 습관화되도록 교육을 해야 한다.

표 7-1 2013년 12세 이하 영유아 교통사고

구분	사고건수 / 점유율	사망자 수 / 점유율	부상자 수 / 점유율
전 체	215,354	5,092	328,711
어린이	11,728 5.4%	82 1.6%	14,437 4.4%

출처: 경찰청, 도로교통공단 교통사고 통계(2014).

2014년 도로교통공단에서 발간한 '2013 교통사고통계'를 살펴보면, 2013년 한 해 동안 교통사고로 사망한 어린이(만 13세 미만)는 82명, 부상한 어린이는 14,437명이다. 이는 전년도(2012년) 어린이 사망자(83명)에 비하여 -1.2 감소되었다.

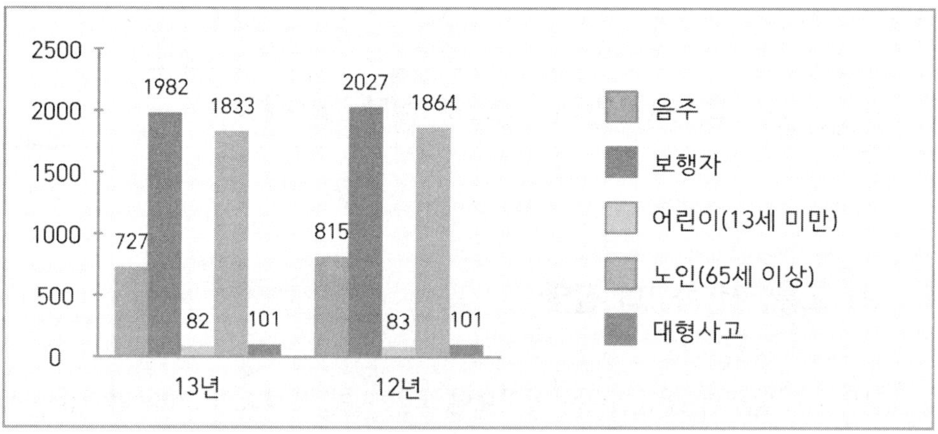

[그림 7-1] 음주, 보행자, 어린이, 노인 대형 교통사고
출처: 경찰청, 도로교통공단 교통사고 통계(2014)

2012년도에 일어난 영유아 교통사고를 연령별, 월별, 요일별, 시간대별, 사고유형별로 구분하여 살펴보면 다음과 같다. 다음의 통계조사는 경찰이 조사 처리한 만 12세 이하 영유아 교통사고 현황이다.

(1) 연령별 12세 이하 영유아 교통사고

연령별 영유아 사상자 현황을 보면, 2012년 교통사고로 목숨을 잃은 어린이 중 1세, 2세 7세 순으로 사망률이 높은 것으로 나타났다.

표 7-2 연령별 12세 이하 영유아 교통사고

구분	계	1세	2세	3세	4세	5세	6세	7세	8세	9세	10세	11세	12세
사망자	82	11	10	6	4	7	6	13	8	6	3	2	6
부상자	14,437	1,130	811	836	915	1,097	1,238	1,465	1,367	1,439	1,313	1,293	1,533
사망률	0.6	1.0	1.2	0.7	0.4	0.6	0.5	0.9	0.6	00.4	0.2	0.2	0.4

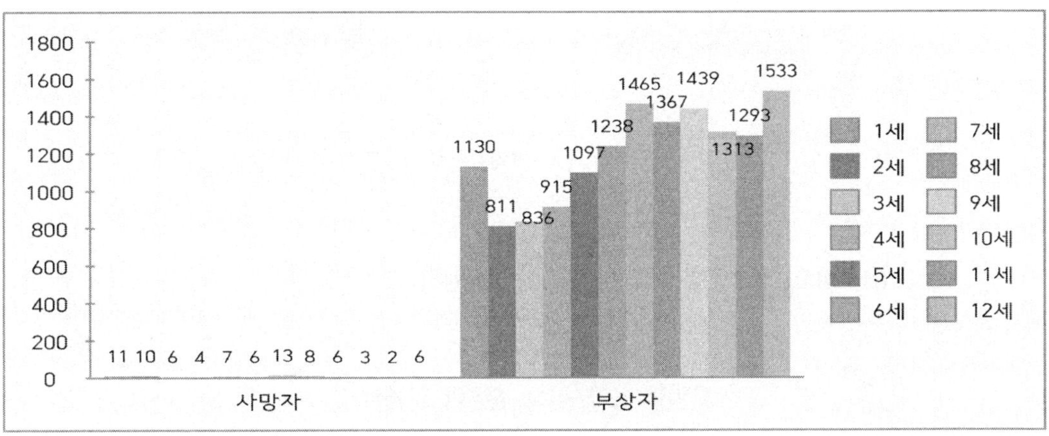

[그림 7-2] 연령별 영유아 교통사고
출처: 경찰청, 도로교통공단 교통사고 통계(2014)

(2) 월별 12세 이하 영유아 교통사고

영유아 교통사고는 교통노출도와 비례한다. 교통노출도란 영유아가 밖에 나와 있는 정도를 의미하는데 영유아 활동량이 가장 많은 봄이 높고, 겨울은 낮은 편이다.

표 7-3 월별 12세 이하 영유아 교통사고

구분	계	1월	2월	3월	4월	5월	6월	7월	8월	9월	10월	11월	12월
발생건수	11,728	672	725	921	1,001	1,289	1,159	1,106	1,148	989	1,059	896	763
사망자 수	82	5	4	8	4	5	8	10	6	7	10	6	9
부상자 수	14,437	851	922	1,092	1,198	1,563	1,387	1,330	1,450	1,210	1,359	1,098	977

출처: 경찰청, 도로교통공단 교통사고 통계(2014).

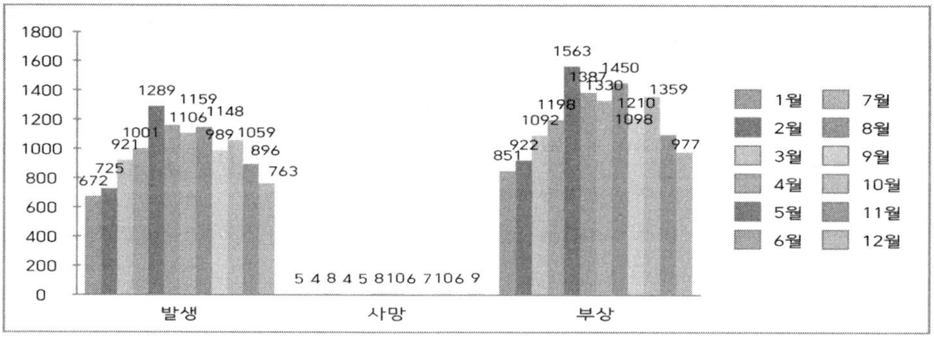

[그림 7-3] 월별 12세 이하 영유아 교통사고
출처: 경찰청, 도로교통공단 교통사고 통계(2014)

(3) 요일별 12세 이하 영유아 교통사고

표 7-4 요일별 12세 이하 영유아 교통사고

구분	계	일	월	화	수	목	금	토
발생건수	11,728	1,869	1,444	1,445	1,529	1,584	1,684	2,173
사망자 수	82	9	9	13	8	13	11	19
부상자 수	14,437	2,480	1,660	1,743	1,792	1,900	2,015	2,847

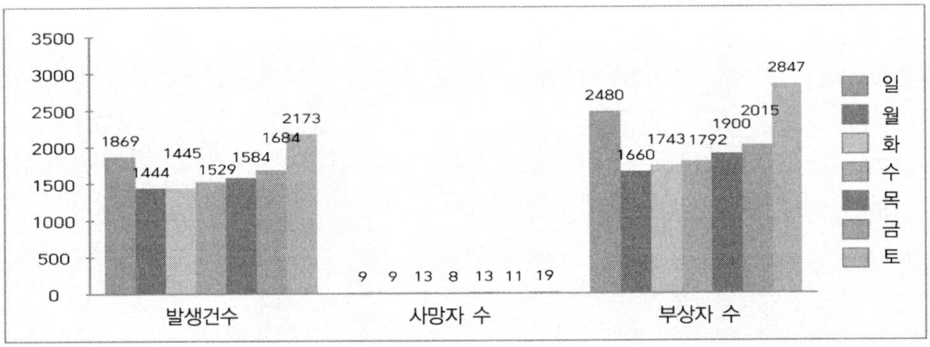

[그림 7-4] 요일별 12 이하 영유아 교통사고
출처: 경찰청, 도로교통공단 교통사고 통계(2014)

(4) 시간대별 12세 이하 영유아 교통사고

시간대별로는 귀가시간대인 16:00~18:00시에 최다 발생하고 12:00~20:00시에 집중적으로 교통사고가 많이 발생했다. 따라서 영유아가 어린이집(유치원)에 오고갈 때, 오후 활동시간대에 교직원과 보호자(부 · 모)의 관심과 지도가 요구된다.(손진희, 2006).

표 7-5 시간대별 12세 이하 영유아 교통사고

구분	계	00~02	02~04	04~06	06~08	08~10	10~12	12~14	14~16	16~18	18~20	20~22	22~24
발생건수	11,728	135	29	34	211	1,094	831	1,241	2,056	2,594	2,015	1,056	432
사망자 수	82	0	0	1	5	5	6	10	16	26	9	2	2
부상자 수	14,437	178	39	46	232	1,346	1,074	1,578	2,478	3,067	2,442	1,385	572

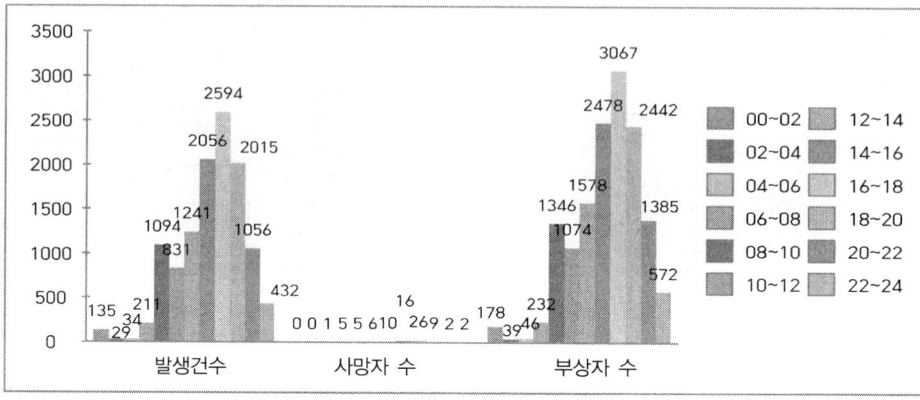

[그림 7-5] 시간대별 12세 이하 영유아 교통사고
출처: 경찰청, 도로교통공단 교통사고 통계(2014)

(5) 스쿨존 내 12세 이하 영유아 교통사고

영유아 보호구역으로 제한되는 스쿨존 내 영유아 교통사고 발생건수는 2012년 511건, 2013년 427건으로 계속 감소하는 추세이다(이윤경 외, 2013).

표 7-6 스쿨존 내 12세 이하 영유아 교통사고

구분	어린이 보호구역 내 12세 이하 어린이 교통사고			어린이 보호구역 지정현황		
	발생건수	사망자 수	부상자 수	보호구역 지정개소	100개소당 발생건수	100개소당 사망자 수
2011년	751	1	783	14,921	5.0	0.07
2012년	511	6	528	15,136	3.4	0.04
2013년	427	6	438	15,444	2.8	0.04
연평균 증감률	−3.8%	3.7%	−4.8%	11.4%	−	−

출처: 경찰청, 도로교통공단.(2014). 교통사고 통계.

표 7-7 법규위반별 12세 이하 영유아 교통사고

구분	발생건수	사망자 수	부상자 수
계	11,728	82	14,437
과속	20	0	26
중앙선 침범	527	6	728
신호위반	1,346	6	1,678
안전거리 미확보	795	0	1,170
안전운전 의무 불이행	6,652	58	7,971
교차로 통행방법 위반	616	0	833
보행자 보호의무 위반	988	7	1,020
기타	784	5	1,011

출처: 경찰청, 도로교통공단,(2014) 교통사고 통계분석.

표 7-8 보행자 12세 이하 영유아 교통사고

연도	발생건수	사망자 수	부상자 수
2011년	6,100	49	6,242
2012년	5,247	54	5,347
2013년	4,897	57	4,966

출처: 경찰청, 도로교통공단(2014).

표 7-9 영유아 통학버스로 인한 영유아 교통사고

연도	발생건수	사망자 수	부상자 수
2011년	54	2	109
2012년	42	2	69
2013년	32	4	64

출처: 경찰청, 도로교통공단(2014).

표 7-10 인구 10만 명당 교통사고 사망자

구분	2010년	2011년	2012년	2013년
OECD 평균	7.0	6.8	6.9	
한 국	11.3	10.7	10.8	10.1

출처: 경찰청, 도로교통공단(2014).

2) 교통안전 상황에서 영유아들의 행동특성

영유아들의 입장에서는 사물을 보고 다른 사람이나 운전자가 어떻게 생각할 것인가를 상상하기 어렵다. 즉 자신의 관점과 다른 사람의 관점을 구분하지 못한다. 또한 이 시기에는 듣는 것으로만 상황을 판단하기 어려워 눈에 보이지 않는 것은 없다고 생각한다. 특히 영유아는 다른 사람을 모방하여 그처럼 되고자 하는 충동이 매우 강하여 흔히 어른이 하는 말이나 동작을 그대로 모방한다. 그 행동이 위험한지 아닌지도 모르면서 성인들의 행동을 곧잘 따라 모방하여 어른들이 횡단보도가 아닌 곳으로 무단횡단하면 이를 그대로 본받아 행동하기도 하며, 옆에 성인이 있으면 성인들의 물결에 휩싸여 신호도 보지 않고 횡단보도를 건너가기도 한다.

주변 상황을 눈으로 살필 때 일정한 원리에 주위를 살피기보다는 상황의 우연적 측면에 더 크게 좌우되어 어떤 부분에만 편중되어 살피며, 여러 사물에 적절히 주의를 배분하지 못하고 한 가지 사물에만 집중하는 등 주의 및 지각 능력이 제한적이다. 한 가지 일에 열중하면 주변의 일이 눈에나 귀에 들어오지 않는 등의 특성을 지니고 있다(안전생활실천시민연합).

3) 영유아들의 사고유형

2012년도에 영유아 교통사고 사망자의 경우 보행 중 사망한 영유아는 54명으로 전체로 가장 많았으며, 그 중 6세 이하 영유아는 44명을 차지하였다(도로교통공단, 2013).

영유아의 경우 놀이 공간이나 활동반경이 주로 집과 교육기관 부근에 한정되기 때문에 차량의 이용보다 보행이 주된 교통수단이 되므로 유아의 보행 중 사고가 빈번하다 하겠다(경찰청, 2003; 이윤경, 외 2013).

교통사고 예방 안전수칙은 보행과 자동차 탑승 모두 해당되며, 교직원의 숙지가 필수적이고 영유아에게 반복적이고 실질적인 교육이 요구된다. 행정안전부(2008)의 어린이 안전사고 예방을 위한 내용을 중심으로 교통사고의 유형과 대처방법을 소개하면 다음과 같다(최혜순 외, 2013).

(1) 무단횡단 사고

횡단보도나 육교, 지하도로 건너지 않고 무단으로 횡단하다 생기는 사고이다. 차도를 건널 때는 반드시 횡단보도나 육교, 지하도로 건너도록 한다.

무단횡단 사고

[그림 7-6] 무단횡단사고
출처: 부산경찰청 홍보실

(2) 신호등, 육교, 지하도가 없는 횡단보도에서 발생하는 사고

'내가 먼저 갈까?, 저 차를 먼저 보낼까? 생각하다가 서로 양보해 주겠지 하며 먼저 가려다 사고가 나므로 반드시 손을 들어 멈춤을 확인한 후 건너도록 한다.

(3) 신호등이 있는 횡단보도에서 발생하는 사고

신호등이 빨간색인데 길을 건너거나, 녹색불로 바뀌자마자 뛰는 경우 사고가 일어나기 쉽다. 항상 횡단보도의 오른쪽에 서서 손을 들고 차량 멈춤을 확인한 후 운전자와 눈을 마주치면서 천천히 건너가도록 지도한다.

[그림 7-7] 신호등이 있는 무단횡단

(4) 주차, 정차된 차량 사이에서 발생하는 사고

영유아는 몸이 작기 때문에 운전자에게도 영유아에게도 서로가 다른 차에 가려져 보이지 않는 경우가 있다. 길가에 세워 둔 자동차 사이에서 찻길을 건너려고 갑자기 뛰어나오면 달려오는 차의 운전자는 차에 가려 영유아가 보이지 않아 사고 위험이 18배나 높다. 차 사이에서는 걷거나 뛰어나오지 않도록 한다.

[그림 7-8] 주 · 정차된 자동차 사이 횡단

[그림 7-9] 주 · 정차된 차량 사고

(5) 차량 바로 앞이나 뒤에서의 횡단 사고

버스나 승합차의 바로 앞뒤로 횡단 시 차량에 가려 영유아가 보이지 않아 나는 사고이다. 부모와 함께 차를 타고 온 영유아가 부모보다 차에서 먼저 내려 차 앞으로 횡단하다 같은 방향에서 달려오는 차에 사고를 당하기도 한다. 반드시 차량이 지나간 다음에 손을 들고 차량 멈춤을 확인한 후에 건너가게 해야 하며, 부모가 차에서 내려서 영유아를 안전하게 건널 수 있게 지도하도록 한다.

(6) 갑자기 뛰어나오다 발생하는 사고

길 건너편에 친구나 아는 사람이 있다고 좌우를 살피지 않고 무작정 길을 건너면 위험하다. 길을 건널 때나 찻길로 나갈 때는 우선 걸음을 멈추고 차가 오는지 좌우를 살핀 후에 건넌다.

[그림 7-10] 갑자기 뛰어나오다 사고

(7) 도로상에서의 위험한 놀이

이면도로나 주차한 차량 가까이에서 놀다가 당하는 사고도 영유아의 사고의 10% 이상을 차지한다. 영유아는 자기 통제력이 약하고, 주의를 적절히 배분하는 능력이 부족하기 때문에 놀이에 열중해 있을 때에는 불안전한 행동을 하기 쉽다. 우리나라의 경우 영유아들이 마음 놓고 뛰어놀 수 있는 놀이 공간이 부족하기 때문에 자동차가 다니는 길에서 뛰어다니거나 공놀이하다가 교통사고를 많이 당하므로 찻길에서의 안전한 놀이방법을 지도한다.

(8) 승 · 하차 시 사고

승 · 하차 시 사고는 영유아의 조급한 행동 경향, 부주의, 신체적 미성숙 및 운전자의 부주의에서 비롯된다. 버스나 승합차에서 내릴 때는 버스가 완전히 정차한 후에 내려야 한다.

(9) 차내 안전사고

자동차가 빠른 속도로 달리다 급정지할 경우에는 관성의 법칙에 의해 몸이 앞으로 쏠리면서 차 내부의 돌출물에 부딪혀 다칠 수 있으므로 반드시 안전벨트를 착용하도록 해야 하고, 차 내에서 장난하거나 머리나 손을 창밖으로 내미는 행동을 하지 않도록 해야 한다. 또한 버스나 자동차의 앞좌석에 앉지 않도록 하고, 뒷좌석에서도 반드시 안전벨트를 매도록 지도한다.

[그림 7-11] 안전벨트 매기

(10) 차 뒤, 밑에서 놀다 발생하는 사고

운전자가 운전석에 앉아 있으면 차 뒤, 밑에 있는 영유아들이 보이지 않으며, 멈춰 있는 차는 항상 뒤로 움직이므로 차 뒤나 밑에서 놀지 않도록 지도한다.

[그림 7-12] 차 앞뒤 밑에서 놀다 발생하는 사고

출처: 폴인러브(경기지방경찰청)

(11) 자전거, 킥보드 사고

영유아의 자전거 사고는 초등학생에 비해 상대적으로 많지는 않다. 영유아의 자전거나 킥보드 사고는 보호자 없이 차도에서 타고 놀거나 내리막길, 골목길에서 멈추지 않고 넓은 길로 달려 나오다가 자동차와 부딪쳐 사고가 발생한다. 영유아들이 타고 놀이하는 기구를 안전하게 타는 요령과 방법은 물론, 안전하게 탈 수 있는 장소와 타서는 안 되는 장소에 대한 교육을 한다. 또한 반드시 헬멧과 무릎보호대를 착용하고 차가 다니지 않는 안전한 장소에서 타도록 한다.

4) 사고 대처방법

영유아가 교통사고로 다쳤을 때는 놀라지 않고 침착하고 냉정하게 대처해야 한다. 먼저 다친 정도를 확인하여 생명에 지장이 있는가를 판단할 필요가 있다. 그 다음 상황에 따라 유아에게 필요한 응급조치를 하면서 구급차를 불러 가까운 병원으로 옮겨야 한다(한국산업안전공단, 2000).

(1) 부상자를 옮길 때에는 가능한 팔, 다리, 목이 움직이지 않도록 옮긴다.

교통사고가 발생했을 경우 머리, 척추나 팔, 다리 등을 다치는 일이 많기 때문에,

부상자를 함부로 옮기에 되면 더욱 충격이 커질 수 있다. 따라서 부상자를 옮겨야 할 경우에는 유아의 몸을 수평으로 유지하고 될 수 있는 대로 몸이 움직이지 않도록 고정해서 안전한 장소로 옮기도록 한다.

(2) 구급차는 119번을 통해서 부른다.

119번은 화재신고 뿐만 아니라 구급차를 부르는 데에도 이용되고 있다. 사고 현장 근처의 전화로 119번에 사고 난 장소를 알리면 즉시 구급차가 오게 되며, 공중전화의 경우에는 긴급 전화버튼을 누르고 전화를 걸면 된다. 만약 부근에 전화가 없으면 지나가는 자동차나 사람에게 구호나 연락을 부탁해 재빨리 가까운 병원으로 옮겨야 한다.

(3) 유아의 상태를 안전하게 유지시킨다.

영유아의 의식이 뚜렷이 있으면 영유아를 안심시킬 필요가 있다. 의식이 없을 때에는 흔들어 움직이거나 일으키려고 해서는 안 된다. 불러도 반응이 없을 때는 기도를 열어 주고 호흡이나 맥박 상태를 살펴보아야 한다. 호흡이 멈추었을 때에는 인공호흡을 실시하고, 맥박이 멈추었으면 인공호흡과 심장마사지를 하고, 출혈이 심할 때에는 지혈조치를 해야 한다.

(4) 가벼운 부상이라도 의사의 진단을 받는다.

영유아는 다친 부분이나 정도를 정확히 호소할 수가 없기 때문에 겉으로 봐서는 다친 정도를 정확히 알 수 없다. 따라서 사고가 발생한 순간에는 경미하다고 생각되어도 후유증이 생기는 것을 방지하기 위해서는 일단 의사의 진단을 받을 필요가 있다.

(5) 사고를 일으킨 운전자의 주소나 성명을 확인한다.

영유아의 상태를 안전하게 유지하며 구급차를 기다리는 한편 교통사고를 일으킨 차의 번호, 차종, 색, 회사명을 확인하거나 운전자의 주소, 성명, 면허증번호 등을 메모해 둘 필요가 있다. 특히 사람의 왕래가 적은 곳에서는 목격자가 있으면 그 사람의 주소, 성명, 전화번호 등을 기록하고 나중에 증인이 되어 줄 것을 부탁해 두는 것도 중요하다.

(6) 교통사고를 경찰관에게 신고한다.

운전자는 교통사고를 일으킬 경우 즉시 경찰관에게 신고할 의무가 있다. 운전자들은 유아들이 길가에서 놀다가 교통사고를 당하였을 경우에 보호자도 법적 책임이 있으니 경찰에 신고하지 말고 당사자끼리 합의하자고 하여 신고를 회피하는 경우가 있다. 그러나 이런 경우에도 운전자의 책임이 없어지는 것은 아니므로 경찰관에게 반드시 신고하여야 피해를 줄일 수 있다.

5) 사고 예방법

(1) 신호등 있는 횡단보도 사고 예방법

• 횡단보도를 건널 때 횡단보도의 오른쪽 부분에서 왼쪽으로 대각선으로 건너는게 안전하다.
• 녹색불이 들어와도 꼭 차량 멈춤을 확인하고 건넌다.
• 횡단보도를 건널 때 손을 들고 운전자와 눈을 맞춘 후 주위를 살피면서 천천히 걷는다.

(2) 신호등 없는 횡단보도 사고 예방법

- 횡단보도는 오른쪽에서 왼쪽으로 대각선으로 건넌다.
- 길을 건널 때 손을 들고 차량이 멈춘 것을 확인하고 건넌다.

(3) 무단횡단 사고 예방법

- 절대로 무단횡단을 하지 않으며 항상 횡단보도로 건너게 한다.
- 길을 건널 때 차량이 멈추었는지 확인하고 손을 들고 운전자와 눈을 맞춘 후 건넌다.
- 항상 주위를 살피며 천천히 건넌다.
- 자녀에게 무단횡단의 위험성을 알려주고 손가락을 걸고 무단횡단을 하지 않을 것을 약속한다.

(4) 멈추어 있는 차량들 사이 횡단사고 예방법

- 멈추어 있는 차량 사이에서 뛰어나올 경우 어린이가 보이지 않아 사고 위험이 천천히 걷는 경우보다 18배나 높다.
- 반드시 운전자에게 손을 들어 차량 멈춤을 확인하고 건넌다.
- 건널 때는 운전자와 눈맞추기를 확인한 후 주위를 살피며 건넌다.

(5) 갑자기 뛰어나오다 발생한 사고의 예방법

- 길 또는 골목길을 지나갈 때는 항상 우선 멈춘 다음 차가 오는지 꼭 살피고 건넌다.
- 손을 들어도 그냥 지나가는 차가 있으므로 꼭 차량 멈춤을 확인하고 운전자와 눈을 맞추며 건넌다.

(6) 버스의 앞 · 뒤의 횡단사고 예방법

- 버스 앞 · 뒤를 뛰어갈 경우 버스에 가려 어린이가 보이지 않기 때문에 매우 위험하다.
- 길을 건널 때 손을 들어서 "제가 먼저 갈테니 멈추어 주세요." 한 후 차량이 멈춘 것을 확인하고 건넌다.
- 건널 때는 운전자와 눈맞추기를 한 후 주위를 살피며 천천히 걷는다.

(7) 큰 차가 회전하다가 나는 사고 예방법

- 자동차가 급하게 회전할 때는 차의 앞바퀴보다 뒷바퀴가 안쪽으로 통과하기 때문에 차도에 내려가 있지 않도록 하고 인도에서 기다린다.
- 영유아들에게 큰 차의 위험성을 알려주고 실제 도로에서 교육시킨다.

(8) 차 뒤에서 놀다가 나는 사고의 예방법

- 멈추어 있는 자동차는 항상 뒤로 움직이므로 결코 차 뒤나 밑에서 놀지 않도록 한다.
- 운전자가 운전석에 앉으면 뒤에서 노는 영유아가 보이지 않으므로(사각지대) 차 뒤에서 활동하는 영유아를 발견시 놀지 않도록 알려 준다.
- 차 밑에 물건이 들어가면 반드시 운전자에게 또는 지나가는 어른에게 꺼내 달라고 도움을 요청하고 영유아가 직접 꺼내지 않도록 교육시킨다.

(9) 안전벨트를 하지 않아 발생하는 사고의 예방법

- 차량 사고 시 가장 위험한 자리는 운전수 옆 조수석이므로 가능한 앞자리에 앉지 않게 한다.

- 만 6세 미만 영유아는 반드시 어린이 보호장구(안전벨트)를 착용하게 한다(어른은 안전벨트 착용시 60%, 어린이는 90% 이상의 사망사고 감소 효과가 있음).
- 영유아들에게 안전벨트의 중요성을 알려주어 차량 탑승시 꼭 메도록 한다.

(10) 자전거, 인라인스케이트 사고 예방법

- 어른들은 영유아가 자전거를 타려 할 때 핸들, 브레이크, 타이어, 페달, 체인 상태 등을 꼭 확인하게 한 후 타게 한다.
- 자전거는 반드시 체격에 맞는 자전거를 타게 한다(안장에 앉아 발끝이 땅에 닿을 수 있는 크기의 자전거를 탄다).
- 자전거를 탈 경우 보호대와 헬멧을 착용한 후 충분한 연습 후 타게 한다.
- 골목길에서 찻길로 나갈 때 길 모퉁이를 돌 때는 우선 멈춘 후 차와 사람이 오는지 확인해야 한다.
- 교차로에서는 반드시 내려서 보행자 횡단보도를 이용하게 하고 결코 버스, 자동차와 경주를 해서는 안 된다.
- 비탈길, 횡단보도 등 위험한 곳에서는 반드시 내려서 끌고 가게 한다.

출처: 경기지방경찰청 (가평경찰청), 폴인러브

3. 교통안전 교육의 내용 및 방법

1) 교통안전 교육의 내용

교통안전 사고를 미연에 방지하기 위해서는 영유아의 발달특성에 들어맞는 방법으로 거듭해서 되풀이하고, 유지되도록 안전교육을 실행할 필요가 있다. 위험한 상황의 원인에 대해 구체적으로 알려주고 그에 대한 대처방법을 익혀 실생활에서 영유아가 직접 실시할 수 있는 교통안전 교육을 실행하는 것이 매우 소중하다.

교통안전 교육에 따른 영유아들의 교육내용은 〈표 7-11〉과 같다.

표 7-11 한국산업안전관리공단에서 제시한 교통안전 지도 내용

주제	영역	지도내용
교통안전	보행안전	• 어린이집(유치원)에서 안전한 통학로 익히기 • 비 오고 눈 오는 날의 안전한 보행방법 • 횡단보도, 육교, 지하도 안전하게 건너는 방법 • 보행 시 위험 상황 예측하기 • 야간 보행 시 안전한 행동 • 신호등이 없는 횡단보도의 안전한 횡단방법 • 안전한 도로횡단 수칙 • 보호자와 함께 보행하는 것의 중요성 인식
	교통기관 이용안전	• 통학버스를 안전하게 이용하는 방법 • 지하철에서의 안전한 이용방법 • 승용차 안에서의 안전한 행동
	바퀴 달린 것의 안전	• 겨울철 놀이에 따른 안전 장비와 복장 • 자전거, 롤러블레이드, 인라인스케이트, 킥보드의 안전한 이용방법 • 안전한 놀이 장소 • 자전거의 생김새 • 내 몸에 맞는 자전거와 장비 구분하기
	교통일반	• 교통안전을 위해 수고하시는 분들의 고마움 • 교통신호와 교통안전 표지판의 의미와 중요성 인식 • 교통사고의 위험성 인식과 대처방법

(1) 영유아 교통안전 지식

교통안전 지식이란 교통안전과 관련된 상황, 사물, 사건에 대한 정보를 획득하는

것을 뜻하며 문제를 안전하게 해결하는 기본 자료이다. 즉, 교통상황에 대한 기본적인 교통규칙과 교통상황의 특징 및 잠재적 위험성에 대해 아는 것이다. 이는 보행자 안전, 자동차, 신호등, 교통안전표지에 관한 지식을 말한다(강민재, 2007).

또한 도로교통공단(2008)에서 제시한 교통안전 교육 내용은 크게 보행, 도로횡단, 교통수단의 이용, 교통상황과 안전, 교통질서와 안전의 5가지이며, 그 목표와 내용은 〈표 7-12〉와 같다.

표 7-12 **도로교통공단에서 제시한 교통안전 교육 내용**

영역	목표	내용
보행	안전한 등 · 하교	• 보도와 차도의 구분 • 등 · 하교 버스 타기
	안전하게 걷기	• 길을 걸을 때의 바른 자세 • 여럿이 걸을 때의 바른 태도
도로횡단	도로 횡단과 신호	• 안전한 횡단 장소 선정 • 신호에 따라 횡단하기 • 안전한 횡단 방법
	위험한 장소에서의 횡단	• 신호등 없는 도로 횡단 • 철길 건널목 횡단
교통수단의 이용	교통수단의 이해	• 탈것의 종류, 모양, 특성
	올바른 이용방법	• 안전하게 기다리기 • 내리고 탈 때의 주의점
교통상황과 안전	비 오는 날의 안전	• 비 오는 날의 위험 • 비 오는 날의 안전한 통행
	안전한 놀이	• 위험한 놀이 장소 • 자전거 타기
	겨울철의 안전	• 겨울철의 위험성 • 안전하게 걷기
교통질서와 안전	교통규칙의 이해	• 교통표지판의 이해 • 교통규칙지키기
	교통안전의 이해	• 교통사고와 안전 • 교통안전을 위해 수고하시는 분들

(2) 영유아 교통안전 태도

영유아 교통안전 태도란 교통기관의 이용과 특정 교통상황에서 어떻게 행동해야 하는지를 판단하는 것으로 실생활이나 위험의 상황에서 영유아들의 행위 선택에 영향을 주게 된다. 특정한 외부의 자극에 일관성 있는 안전 반응을 이끌어 내려는 의도 또는 성향을 뜻한다. 안전태도는 상황이 변화됨에 따라 쉽게 따라서 변화되어서는 안 된다. 여러 가지로 일정한 상황 속에서 처음부터 끝까지 있는 대처 행위가 나타날 때 영유아들의 교통안전 태도가 형성되었다고 볼 수 있다. 따라서 교통안전과 관련된 내용의 지식을 쌓은 이후 다양하고 구체적인 교통상황 속에서 영유아의 안전 욕구에 따라 바른 안전태도를 자신의 힘으로 취할 수 있어야 한다(이윤경 외, 2013).

Pickle(1989)은 한번 형성된 습성은 지속되기 때문에 자동차와 관련하여 형성되어야 할 태도로 안전벨트 매기를 습성화하여야 하며, 길을 건널 때 서두르지 않으며 침착한 태도를 지니는 것을 강조하였는데 이를 위해서는 부모들의 올바른 모델링이 선행되어야 한다고 보았다. 영유아 스스로 자신을 가치 있는 인간으로 생각하고, 긍정적 자아상을 토대로 안전욕구가 있다는 것에 대한 부모의 이해를 도와야 하며, 영유아교육기관과 부모와의 긴밀한 협력과 연계를 통해 영유아로 하여금 안전행동을 올바르게 할 수 있는 습성을 증진시키고 평상시의 생활에서 안전태도를 몸에 익히도록 부모의 바른 모델링도 튼튼하고 강하게 하여야 한다(이윤경 외, 2013).

(3) 영유아 교통안전 기술

영유아 교통안전 기술이란 교통안전 문제에 직면했을 때 안전에 근거하여 그 문제를 해결할 적합한 방법을 선택하고 필요한 정보를 사용하는 것이며 반복적이고 지속적인 연습을 통하여 습득한 기술로 실제 문제를 해결하고 응용하는 것이다.

영유아가 선택하게 되는 행동은 지식과 태도에 의해 크게 영향을 받는다. 영유아기에 올바른 교통안전 지식을 습성하고, 여러 가지 역동적인 문제 상황을 효과적으로 대응하기 위한 빠른 속도와 확실한 기술이 요구된다. 이를 위해 영유아들에게 적극적인 역할을 부여할 수 있는 현장학습, 모의학습, 반복학습, 놀이학습, 토의 등의 방법이 함유되어야 하겠다(이윤경 외, 2013).

2) 교통안전 교육의 방법

교육방법에 있어 안전에 대한 지식, 가치관, 태도, 기술, 참여 등이 균형 있게 다루어져야 하고, 총체적이고 통합적으로 접근되어야 하며 평생교육 차원에서 반복적이고 지속적으로 다루어져야 한다(박명숙, 1995; 이윤경 외, 2013). 바람직한 교통안전 교육의 방법을 위해 교사는 우선 영유아들의 경험과 발달 특징에 맞게 영유아가 실천할 수 있는 실제적인 행동을 육성할 수 있도록 교육내용의 범위와 깊이를 결정하고 각각의 내용을 가장 효과적으로 전달할 수 있는 교육활동을 선택하여야 한다.

교통안전 교육방법을 곽은복(2001) · 박성익(1997) · 유광찬(1997) · 이성호(1999) 등의 분류에 근거하여 설명 및 시연, 토의, 문제해결, 역할놀이, 시뮬레이션의 방법으로 제시하고자 한다.

첫째, 교사가 영유아에게 직접 설명하거나 시범 보이기, 현장견학, 예행연습, 실행연습, 반복학습과 같은 형태로 이루어지는 교수의 형태를 의미한다.

둘째, 교통안전 관련 특정에 주제에 대한 토의 방법은 언어적 및 비언어적 표현방법을 상용하여 서로의 의견을 교환함으로 정보 습득 및 문제를 해결해 가는 것이다.

셋째, 안전하게 해결해야 할 문제 상황을 파악해 보고 해석하며 일반화하는 문제해결과정은 영유아의 인지 및 사고과정을 발달시킨다(방인옥 외, 2012). 안전을 요구하는 여러 가지 문제 상황을 제시하여 이를 해결할 수 있는 안전대응 방법을 추론해 보고 다양한 대안들 중 가장 안전한 방법을 선택하는 과정을 통해 여러 가지 해결방법을 모색하는 태도와 문제해결력을 길러 주게 된다.

넷째, 역할극에서는 참여자와 관찰자 모두가 서로의 느낌을 탐색하고 태도, 가치를 통찰하며 문제해결의 기능과 태도를 습득하게 된다(이성호, 1999). 생활 주변에서 일어날 수 있는 여러 가지 위험상황에 대해 자발적으로 문제를 해결할 수 있고 새로운 안전 행동이나 기술을 배울 수 있게 된다.

다섯째, 교통공원에서는 교통표지판, 신호등, 육교, 터널, 차도 등을 실제와 유사한 형태로 소형화하여 영유아들이 신호등의 지시에 따라 직접 횡단보도를 건너며, 육교를 건너며 터널을 통과해 봄으로써 교통과 관련된 지식을 익히고 교통안전 태도와 기술을 기르게 된다.

이와 같은 다양한 방법들이 영유아들에게 안전지식, 태도 및 기술에 있어 유익한 경험으로 되기 위해서는 어느 한 가지의 교수방법만을 선정하여 제시할 수 없으며 다양한 방법들을 통합한 여러 가지 교수 접근이 필요할 것이다(이윤경 외, 2013).

4. 영유아들의 승·하차 안전

영유아들이 자동차 이용이 보편화되어 편리함을 가져다 주었지만 이로 인한 사고 위험에서의 노출과 부작용이 발생하고 있다. 과거에 비해 일찍 교통수단을 이용하는 영유아들에게 안전한 승차 안전교육은 교통사고를 줄이기 위해 매우 중요하다.

승차 시, 승차 도중, 하차 시, 지켜야 할 안전규칙은 다음과 같다.

- 정해진 곳에 안전하게 서서 차를 기다리고 용변은 미리 보도록 한다.
- 차량이 완전히 멈춘 후 앞사람을 밀거나 당기지 말고 천천히 승차하도록 한다.

- 차량 안에서는 자리에 앉아 좌석안전띠를 매고, 성인의 도움이 필요할 경우 도움을 제공해 준다.
- 차창 밖으로 절대 머리나 손을 내밀지 않도록 한다.
- 차량 안에서는 운전자의 주의집중을 방해할 수 있는 소음이나 장난은 철저하게 규제하도록 한다.
- 목적지에 도착하면 차량이 완전히 멈춘 후에 좌석안전띠를 풀고 차례대로 내리도록 한다.
- 긴 치마나 코트가 차 문이나 계단에 걸리거나 계단에서 넘어지지 않도록 조심한다.
- 차량에서 내린 다음 주차나 회차를 하기 위해 움직일 수 있으므로 주의한다.
- 차량에서 내려 길을 건널 때는 차가 떠난 후, 좌우를 살피고 길을 건넌다.
- 교직원이 승 · 하차 지도를 할 때에는 반드시 아동의 두 손을 잡아 균형을 잃고 넘어지는 일이 없도록 한다.

차량을 위험하게 이용하는 모습 | 차량을 안전하게 이용하는 모습

[그림 7-13] 차량 이용하는 모습
출처: 꼬망세

☆ 어린이 통학용 자동차 ☆

어린이를 교육 대상으로 하는 시설에서 어린이 통학 등에 이용되는 자동차

☞ 어린이를 대상으로 한 교육시설 학교, 유치원, 어린이집 체육관

▶ 유아교육법에 의한 유치원, 초·중등교육법에 의한 초등학교 및 특수학교

▶ 영유아보육법에 의한 어린이집

▶ 학원의 설립·운영 및 과외교습에 관한 법률에 의하여 설립된 학원

▶ 체육시설의 설치·이용에 관한 법률에 의하여 설립된 체육시설

제51조 (어린이 통학버스의 특별보호)

① 어린이 통학버스가 도로에 정차하여 어린이나 유아가 타고 내리는 중임을 표시하는 점멸등 등의 장치를 작동 중일 때에는 어린이통학버스가 정차한 차로와 그 차로의 바로 옆차로로 통행하는 차의 운전자는 어린이통학버스에 이르기 전에 일시 정지하여 안전을 확인한 후 서행하여야 한다.

② 제1항의 경우 중앙선이 설치되지 아니한 도로와 편도 1차로인 도로에서는 반대방향에서 진행하는 차의 운전자도 어린이통학버스에 이르기 전에 일시 정지하여 안전을 확인한 후 서행하여야 한다.

③ 모든 차의 운전자는 어린이나 유아를 태우고 있다는 표시를 한 상태로 도로를 통행하는 어린이통학버스를 앞지르지 못한다.

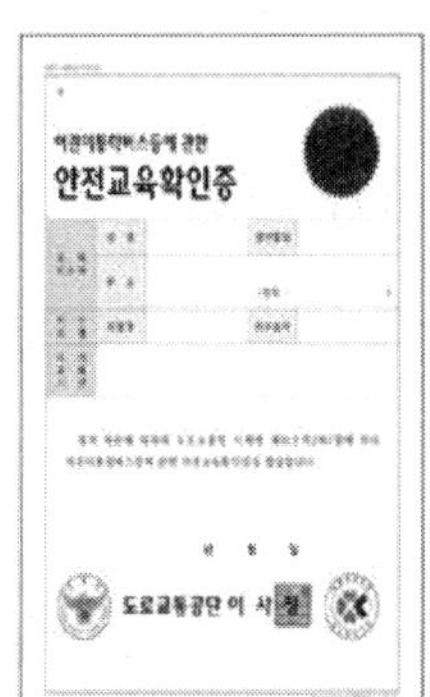
어린이통학버스등에 관한
안전교육확인증
도로교통공단 이사장

〈운영자용〉

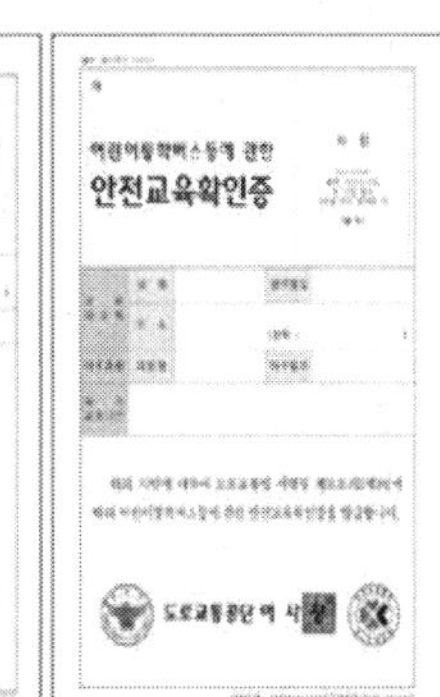
어린이통학버스등에 관한
안전교육확인증
도로교통공단 이사장

〈운전자용〉

5. 안전보행법 및 교통신호와 표지

1) 안전보행법

(1) 비바람이 불 때의 안전 보행법

비나 눈이 내리는 날에는 보행자들이 몸을 움츠리거나 빨리 걷게 되어 사고의 위험이 매우 높을 뿐 아니라 운전자는 시야가 흐려 보행자를 발견할 수 없거나 자동차 특성상 잘 미끄러지는 현상이 일어나 다양한 면에서 사고의 위험이 매우 높을 수 있다.

그러므로 비나 눈이 오거나 바람이 심하게 부는 날에는 교통안전에 매우 신경을 써야 한다.

- 비가 올 때는 날씨가 어두워지므로 노란색과 같은 밝은 옷을 입는다.
- 한 손에는 우산, 한 손에는 가방을 들 경우 위험한 상황에 대처하는 능력이 떨어지므로 반드시 가방은 어깨에 메도록 한다.
- 비가 와서 날씨가 어두울 때에는 야광가방을 메는 것이 좋다.
- 우산은 눈높이보다 높이 들어 전방을 모두 볼 수 있어야 하며, 우산을 밑으로 숙이고 땅을 보면서 걷는 것은 매우 위험하다.
- 횡단보도에서 초록 신호를 기다릴 때도 평상시보다 연석선에서 2보 더 뒤로 물러나 있어야 한다. 이는 자칫 달리는 차가 우산을 치면서 갈 수도 있기 때문이다.
- 비가 그친 후 우산은 밑을 향하게 하며, 우산을 가지고 친구와 장난치지 않는다.
- 알림장이나 상장 등은 반드시 손에 들지 않고 가방에 넣어야 한다. 이는 자칫

바람에 알림장이나 상장 등이 차도로 날아가면 영유아가 순간적으로 차도록 뛰어들 위험이 매우 높기 때문이다.

- 어깨를 곧게 펴고 고개를 들어 앞을 보면서 걷는다.

(2) 야간 안전보행법

야간은 주간보다 운전자나 영유아가 사물을 발견할 수 있는 인지력이 현저히 떨어지므로 보다 더 세심한 주의를 해야 한다. 도로를 건널 때나 이면 도로에서 뛰지 말고 자동차 멈춤을 반드시 확인하는 등 주간보다 세심한 주의를 필요로 한다.

특히 야간에는 운전자의 시야가 크게 떨어지므로 보다 밝은 색 또는 반사재가 있는 옷을 입어 운전자에게 잘 보이도록 해야 한다.

(3) 눈 내리고 날씨가 추울 때 안전한 보행법

- 눈이 내릴 때는 길이 미끄러워 넘어질 수 있으므로 항상 차와 멀리 떨어져 걷는다.
- 눈이 내리는 날은 어두워지므로 노란색과 같은 밝은 색 옷을 입으며 하얀색 옷은 입지 않는 것이 좋다.
- 털모자, 털목도리를 하는 것은 몸을 따뜻하게 해 줄 뿐만 아니라 혹시 미끄러워서 넘어질 경우 완충 역할을 할 수 있으므로 더 안전하다.
- 신발은 미끄러운 구두보다는 홈이 파여 있는 운동화가 더 안전하며, 뛰지 말고 차를 보면서 천천히 걸어가야 한다.
- 안개가 낄 때 역시 날이 어두우므로 밝은 옷을 입고 주위를 살피며 걸어가야 한다.
- 양손을 주머니에 넣으면 위험한 상황에 대처할 수 있는 능력이 떨어지므로

반드시 장갑을 끼고 손을 빼고 걸어가야 한다.

- 계단을 오르내릴 때에도 절대 주머니에 손을 넣으면 안 된다. 자칫 넘어질 경우 손으로 짚지 못해 머리가 크게 다칠 수 있다.
- 날이 추우면 몸이 움츠러들고 고개를 숙여 땅을 보면서 걷게 되므로 어깨를 펴고 전방을 보면서 걸어간다.

2) 교통신호와 표지

(1) 교통신호

신호기가 표시하는 신호는 자동차 신호와 보행자 신호로 분류된다. 교통안전 교육에 필요한 횡단보도의 보행자 신호는 〈표 7-13〉과 같다.

교통표지판은 그림이나 글, 색깔과 모양으로 운전자와 보행자에게 위험이나 지시사항을 알리는 사회적인 의사소통의 도구이다. 글을 모르는 사람들도 식별할 수 있도록 고안되었으나 영유아들에게는 표지판의 의미와 준수 사항에 대한 교육이 반드시 필요하다. 교통표지판을 제시하고 영유아들이 해야 할 행동이 습득될 수 있도록 실습과 견학을 통한 교육이 병행되어야 한다.

표 7-13 교통신호의 종류와 의미

신호의 종류	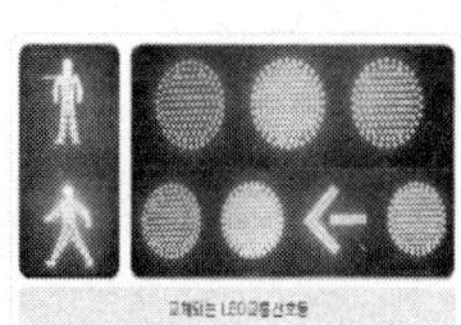		

신호의 의미	보행자는 횡단을 해서는 안 된다.	보행자는 횡단보도를 횡단할 수 있다.	보행자는 횡단을 시작하여서는 안 되고 횡단하고 있는 보행자는 신속하게 횡단을 완료하거나 그 횡단을 중지하고 보도로 되돌아와야 한다.

(2) 교통안전 표지

규제표지	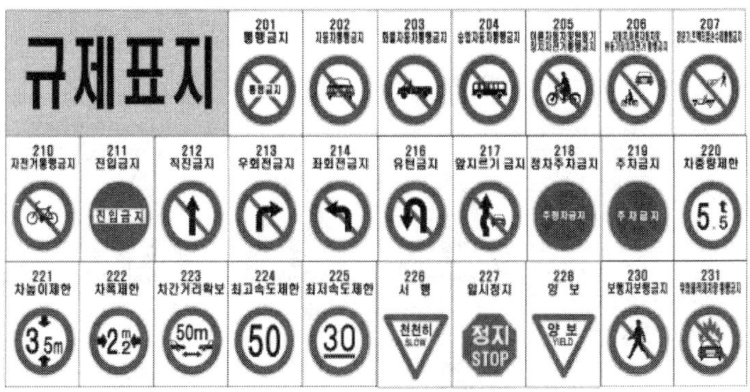
지시표지	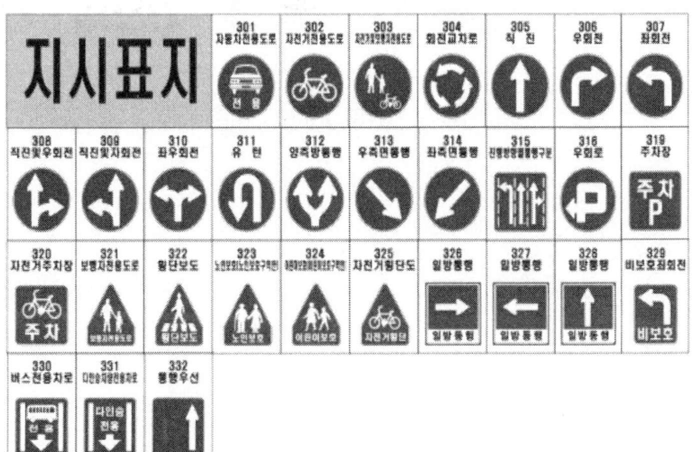

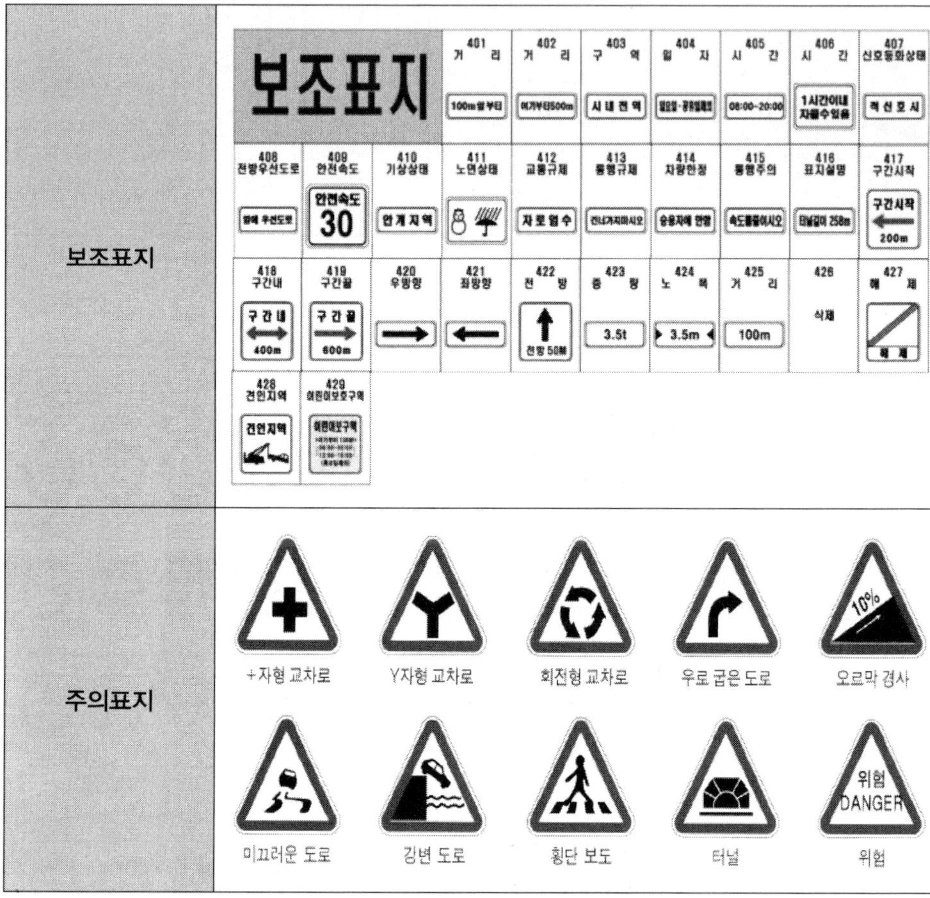

[그림 7-14] 영유아와 성인이 알아야 할 교통표지판

제8장

재난 및 환경오염

1. 자연재난 교육의 개념 및 유형
2. 사회재난 교육의 개념 및 유형
3. 대기오염 교육의 개념 및 유형
4. 물과 토양오염 교육의 개념 및 유형

1. 자연재난 교육의 개념 및 유형

1) 개념

현대는 도시의 급격한 인구의 팽창으로 구조물의 대형화 및 주요 기간 시설들이 증가함에 따라 지진뿐만 아니라 기타 자연재난에 대한 위험이 기하급수적으로 증가하고 있다. 우리나라에서 재난이라 함은 '사회적 기본조직 및 정상 기능을 와해시키는 갑작스런 사건이나 큰 재해로서 재해의 영향을 받은 사회가 외부의 도움이 없이는 극복할 수 없고, 정상적인 능력으로 처리할 수 없는 재산, 사회간접 시설, 생활수단의 피해를 일으키는 단일 또는 일련의 사건'을 말하며(한국산업안전공단, 2003), 재난관리라 함은 이러한 재난을 예방하고, 재난 발생 시 피해의 수습과 복구를 위하여 행하는 모든 활동을 뜻한다.

자연재해 또는 천재지변은 자연현상으로 인해 사람의 활동이 영향을 받는 것을 의미하며 대표적인 자연재해로는 홍수, 지진, 지진해일(쓰나미), 태풍, 눈사태, 산사태, 산불, 폭염 등이 있다. 이와 같은 자연재해는 우리가 예측할 수 있는 것도 있지만 예기치 못하게 겪게 되는 경우도 있다. 따라서 최대한 피해를 줄이기 위해 철저하게 대비하는 것이 필요하다.

2) 재난교육의 유형 및 내용

(1) 지진

지진이란 지구적인 힘에 의하여 땅 속의 거대한 암반이 갑자기 갈아지면서 그 충격으로 땅이 흔들리는 현상을 말한다. 즉, 지진은 지구 내부 어딘가에서 급격한 지각변동이 생겨 그 충격으로 생긴 파동, 즉 지진파가 지표면까지 전해져 지반을 진동시키는 것이다. 일반적으로 지진은 넓은 지역에서 거의 동시에 느껴지는 것을 말하는데 우리나라는 상대적으로 지진 발생 안전지역으로 알려졌으나 최근 2009년 인도네시아의 쓰나미와 2011년 일본의 쓰나미와 해일로 인한 원전유출 사고와 2015년도 네팔의 지진과 같이 대형지진 발생 건수가 증가하고 있으므로 지진을 대비한 안전교육이 요구되고 있다(이순자 외, 2014).

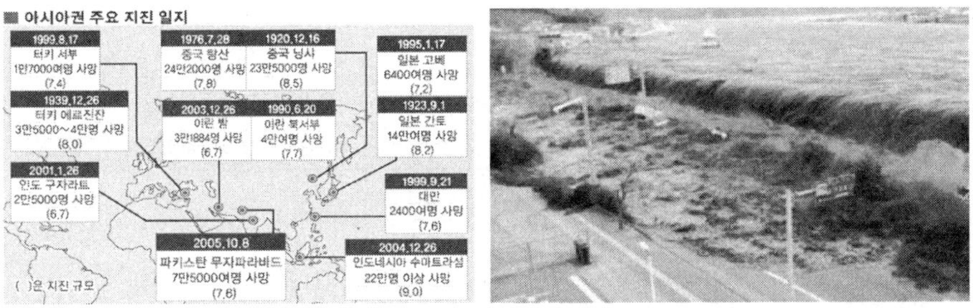

[그림 8-1] 지진으로 인한 해일

(2) 지진 평상시의 대비한 준비

- 라디오, 손전등, 비상구급함을 준비하고 가족 모두가 준비물이 어디에 있는지 숙지하며 배터리는 손이 닿는 곳에 둔다.
- 응급처치방법, 비상시 행동요령을 숙지한다.
- 가스, 전기퓨즈 상자, 수도의 밸브 위치를 알아두고 가족 모두가 잠그는 방법을 알도록 한다.
- 소방기구(소화기)를 비치해 보관한다.
- 위험물의 보관 상태를 점검한다.
- 평상시 크고 무겁고 깨지기 쉬운 물건(장식품, 화분, 창문 등)은 낮은 곳에 비치하도록 한다.

• 그 외에 가구나 그릇장 등을 벽에 고정시키거나 지진 발생 후 가족이 헤어졌을 때 만나는 방법을 계획해 두도록 한다.

표 8-1 지진의 규모 및 자연, 사람에 대한 영향

규모	구조물, 자연계 등에 대한 영향	인체영향
1.0~2.9	특별히 좋은 상태에서 극소수의 사람만이 느낌	극소수의 민감한 사람만이 느낌
3.0~3.9	건물 위에 있는 소수의 사람만이 느낌	민감한 사람만이 느낌
	정지하고 있는 차가 약간 흔들리며 트럭이 지나가는 듯한 진동	실내에서 특히 건물 위에 있는 사람들이 뚜렷하게 느낌
4.0~4.9	그릇, 창문 등이 흔들리며 벽이 갈라지는 듯한 소리를 냄	여러 사람이 느낌
	그릇과 창문이 깨지기도 하며, 고정 안 된 물체는 넘어지기도 함	거의 모든 사람이 느낌
5.0~5.9	무거운 가구가 움직이기도 하며, 건물 벽에 균열이 생기기도 함	모든 사람이 느낌
	설계와 건축이 덜 된 건축물에서는 피해를 무시할 수 있으나 보통 건축물은 약간의 피해가 발생함	모든 사람이 놀라 뛰쳐나옴
6.0~6.9	특수 설계된 건축물에 약간의 피해 발생, 상품, 굴뚝, 기둥, 기념비, 벽돌이 무너짐	서 있기 곤란하고 심한 공포를 느낌
	특수 설계된 건축물에도 상당한 피해 발생, 지하 송수관 파손	도움 없이는 걸을 수 없음
7.0 이상	대부분의 건축물이 기초와 함께 부서짐	거의 모든 사람이 이성 상실
	남아 있는 건축물이 거의 없으며 지표면에 광범위한 균열 생김	모든 사람이 이성 상실
	전면적인 파괴상황, 지표면에 파동이 보임	대공항

출처: 국민안전처(2014).

소방방재청에서는 지진 오기 전, 지진 발생 시, 지진이 멈춘 직후로 나누어 행동

요령에 대해 구체적으로 설명하고 있다. 지진 시 간단한 행동지침에 대해 알아보면 다음과 같다.

(3) 지진 발생 시 행동요령

- 지진 발생 시 크게 흔들리는 시간은 길어야 1~2분이므로 이 시간 동안 테이블 등의 밑으로 들어가 몸을 피하고 테이블 등이 없을 때는 방석 등으로 머리를 보호한다.
- 문을 열어서 출구를 확보하고 가스. 전기 등을 차단시킨다.
- 화재가 났을 때 침착하고 빠르게 불을 꺼야 하고 불을 조기에 진화할 수 있는 기회는 3번으로 크게 흔들리기 전, 큰 흔들림이 멈춘 직후, 발화된 직후 화재의 규모가 작다.
- 지진 발생 때는 유리창이나 간판 등이 떨어져 대단히 위험하므로 서둘러서 밖으로 뛰어나가야 된다.
- 지진이나 화재가 발생할 때는 엘리베이터를 사용하지 말아야 하고 타고 있을 때는 모든 버튼을 눌러 신속하게 내린 후 대피하고, 만일 갇혔을 때는 인터폰으로 구조를 요청한다.
- 큰 진동이 멈춘 후 공터나 공원 등 넓은 공간으로 대피하고. 블록담, 자동판매기 등 고정되지 않은 물건 등은 넘어질 우려가 있으므로 가까이 가서는 안 된다.

(4) 유아교육기관에서 행동지침

① 지진에 대비한 준비요령

지진은 언제, 어떻게 발생할지 모르기 때문에 사전에 대비하는 것이 최선의 방법이다.

표 8-2 지진에 대한 준비요령

구분	내용
가정에서	• 평상시 옷장, 싱크대, 냉장고, TV 등을 안정감 있게 배치하고, 속의 내용을 잘 정돈해 보관한다. • 크고 무겁고 깨지기 쉬운 물건(꽃병, 화분, 장식품 등)을 높은 곳에 보관하지 않는다. • 열기구나 위험물(가스레인지, 난로, LPG 가스통 등) 보관 및 관리에 주의한다. • 주방 가까이에 소방 기구를 비치해 둔다. • 두꺼비집, 가스 및 수도의 차단장치 위치와 조작방법을 숙지하도록 한다. • 가족과 함께 미리 지진에 대비한 훈련을 한다. • 집안의 견고한 탁자 밑 등 대피할 안전한 장소를 정해 두고, 위험한 장소(유리창 주변, 책장이나 넘어지기 쉬운 가구 주변 등)를 확인하도록 한다. • 지진 시 가족이 흩어지게 된 경우를 대비하여 만날 장소를 정해 두고, 시외로 연락할 곳도 정해 둔다.
어린이집에서	• 평상시 크고 무겁고 깨지기 쉬운 물건(카세트플레이어, 화분, 장식품 등)은 낮은 곳에 비치한다. • 주방, 보육실 등에 소방기구를 비치해 두어야 한다. • 위험물(가스레인지, 난로, LPG 가스통 등) 보관 및 관리에 주의한다. • 두꺼비집, 가스 및 수도의 차단장치 위치와 조작방법을 숙지해야 한다. • 어린이집 실내의 대피장소(견고한 책상 밑 등)와 위험 장소(유리창 주변, 책장이나 넘어지기 쉬운 가구 주변 등)를 확인해 두어야 한다. • 원아 및 부모, 교직원 대상의 지진대비 행동요령 홍보를 숙지한다.

출처: 보건복지가족부(2014). 보육시설 안전관리 매뉴얼.

② 지진발생 시 어린이집에서의 행동요령

- 보육실 책상 밑에 들어가 다리를 붙들고 몸을 숙이도록 한다.
- 창문이나 출입문, 전등 등 떨어지기 쉬운 물건이 있는 주위는 피하도록 한다.
- 크게 흔들리는 시간은 1~2분 정도이므로 중심이 낮고 튼튼한 책상 밑에 들어가 다리를 붙들고 대피하도록 한다.
- 피할 곳이 없을 때는 방석 등으로 머리를 보호하도록 한다.

(5) 영유아를 위한 교육지침

- 지진이 자주 나타나지 않는 재난의 유형이기는 하나, 혹시 모르는 지진 발생에 대해 경각심을 키워 주는 것이 중요하다.
- 영유아 수준에 맞게 다양한 매체를 활용하여 이해를 돕는다.
- 가정과의 연계가 될 수 있도록 지진 대피요령 등을 가정통신문으로 전달하고, 가족 모두가 가정에서 실제로 지진 대피훈련을 할 수 있도록 한다.

(6) 홍수 및 태풍

지구온난화의 영향으로 태풍, 국지성 집중호우, 홍수, 낙뢰, 천둥 등이 잦아지고 있으므로 사전에 기상변화에 의해 전 세계적으로 홍수 및 태풍은 발생 빈도가 매우 높은 자연재해이다. 홍수는 별안간 또는 점차적으로 위험한 수준까지 물이 차오를 때 발생하고 하수구나 흙이 많은 양의 물을 흡수하거나 처리하지 못하게 되는 경우다. 특히 집중호우에 의한 홍수는 많은 인명과 재산을 한번에 잃게 하는 매우 무서운 재해이다. 우리나라에서는 집중호우는 매년 7~9월쯤에 발생하고 있다. 연 강수량의 1/3~1/4 정도가 장마철과 장마 후에 몰아치는 태풍 때 집중적으로 내리고 있다. 그러므로 매년 집중호우에 따른 사상자가 많이 발생하고 있으며, 건물붕괴, 도로유실, 농토 및 농산물 피해 등 재산상의 손실이 매우 크다.

비가 많이 내리면 지반이 약해져 산사태가 발생하거나 건물이 무너지고 싱크홀이 생기는 경우도 있어 더욱이 건물이 침수되면 목조건물인 경우 바람과 유속에 따라 떠내려 가는 경우도 발생될 수 있다. 또한 하천이 범람하고, 주택가의 맨홀이나 하수도 등에서 역류 현상이 일어나기도 하므로 이에 대한 주의가 필요하다.

[그림 8-2] 태풍의 모습

[그림 8-3] 홍수의 모습

우리나라의 태풍은 북태평양 남서해상에서 발생하는 열대성 저기압 중에서 중심 최대풍속이 1초당 17m 이상의 폭우를 동반하고 있다.

태풍은 시간당 120km 이상의 강풍과 집중호우를 동반하기 때문에 짧은 시간에 매우 큰 피해를 주는 재해이다. 특히 태풍의 눈에 해당하는 중심부분은 320km 이상의 바람이 분다.

인공위성을 통해 일기예보가 기상변화 상태의 예측이 보다 더 확실해져 태풍의 진행 방향을 예측하여 사전에 여러 가지 대책을 준비하여 피해를 최대한으로 줄일 수 있도록 한다. 즉, 라디오나 텔레비전을 통하여 태풍의 진행 방향에 대하여 지속적으로 방송정보를 경청하고, 바람에 의해 떨어지거나 파손될 물건들을 사전에 안전한 곳으로 치우고, 깨지기 쉬운 물건이나 유리창도 바람막이를 이용해 보호되어지면서 빈틈없이 대비하며 주변을 정리정돈해야 한다. 또한 정전이나 낙뢰를 대비하여 손전등, 응급약품, 물, 건전지, 비상식량, 음료 등을 구비해 두어야 한다(구경선 외, 2013; 이순자 외, 2014).

태풍특보

• 태풍주의보 : 태풍으로 인하여 강풍, 풍량, 호우 또는 해일 현상 등이 주의보 기준에 도달할 것으로 예상될 때
– 강풍주의보 : 육상에서 풍송 14m/s 이상 또는 순간풍속 20m/s 이상이 예상될 때
– 호우주의보 : 12시간 강수량이 80m/s 이상 예상될 때
• 태풍경보 : 태풍으로 인하여 풍속이 17m/s 이상 또는 강우량이 100mm 이상 예상될 때

(7) 태풍 발생 시 유아교육기관에서의 행동지침

① 태풍예보 시 가정에서

• 인터넷, 라디오, TV, 스마트폰 등으로 태풍의 진로와 도달시간을 확인한다.
• 가정의 하수구나 집주변의 배수구를 점검하고 막힌 곳을 뚫어야 한다.
• 침수나 산사태가 일어날 위험이 있는 지역에 사는 주민은 대피장소와 비상연락 방법을 미리 알아두도록 한다.
• 하천 근처에 주차된 자동차는 안전한 곳으로 옮기도록 한다.
• 응급 약품, 손전등, 식수, 비상식량 등의 생필품을 미리 준비한다.
• 바람에 날아갈 위험이 있는 지붕, 간판, 창문, 출입문, 또는 마당이나 외부에 있는 헌 가구, 놀이기구, 자전거 등은 단단히 고정시킨다.
• 공사장 근처는 위험하니 가까이 가지 않도록 한다.
• 전신주, 가로등, 신호등을 손으로 만지거나 가까이 가지 않도록 한다.
• 감전의 위험이 있으니 집 안팎의 전기 수리는 하지 않도록 한다.
• 운전 중일 때에는 감속운행을 해야 한다.
• 위험한 물건이 집 주변에 있을 경우 미리 점검하여 치우도록 한다.

② 태풍예보 시 유아교육기관에서

• 유아교육기관 주변의 위험지역. 시설 등을 사전에 알아두도록 한다.

※ 하천 변 상습 범람 및 침수지역, 산사태 위험지구, 감전사고 위험지역, 공사장 등 외의 날아갈 위험이 있는 시설물을 점검, 조치해야 한다.

- 원아 비상연락망을 점검하고 연락체계를 유지하도록 한다.
- TV나 인터넷, 라디오, 스마트폰 등을 통하여 지역의 태풍의 진로를 수시로 확인하도록 한다.
- 실외활동이나 야외활동 계획을 연기하도록 한다.
- 영유아 및 부모를 대상으로 태풍대비 행동 요령을 지도하거나 홍보를 한다.

③ 태풍의 영향권에 있을 경우(태풍주의보, 태풍경보 발령 시)

구분	대처방법
가정에서	• TV나 인터넷, 라디오, 스마트폰 등을 통하여 기상예보를 수시로 확인하도록 한다. • 집안의 창문이나 출입문을 잠그도록 한다. • 노약자나 어린이는 집 밖으로 나가지 않도록 한다. • 가족과 떨어져 있는 경우 만나는 방법과 연락할 곳을 확인하도록 한다. • 날아갈 위험이 있는 지붕, 간판 등을 단단하게 고정시켜야 한다. • 집안의 가스 밸브는 잠그도록 한다. • 저지대 상습침수 지역에 거주할 경우에는 비상식량과 식수를 준비하도록 한다.
유아교육기관에서	• TV이나 인터넷, 라디오, 스마트폰 등을 통하여 기상예보를 수시로 확인 • 지역 실정에 맞게 휴원 또는 단축보육을 검토하도록 한다. • 원아 비상연락망을 점검하고 연락체계를 유지하도록 한다. • 천둥, 번개가 칠 경우에는 낮은 곳으로 대피해야 한다.

(8) 영유아를 위한 교육지침

- 태풍뿐만 아니라 호우, 홍수, 낙뢰, 천둥 등 관련 기상 변화에 대해 영유아들을 교육시키는 시간을 마련한다.

- 영유아 수준에 맞게 다양한 매체를 이용하여 이해를 도와 준다.
- 가정과의 연계가 될 수 있도록 태풍 등 기상 변화에 대비한 대피요령 등을 가정 통신문으로 전달하고, 가족 모두가 가정에서 실제로 대피훈련을 실시하도록 한다.

※ 국민안전처(http//www.safekorea.kr); 재난교육(태풍, 호우 등 유형별) 애니메이션 활용

표 8-3 강풍 주의보, 경보 발령기준

구분	육상		산간	
	보통(풍속)	순간풍속	보통(풍속)	순간풍속
주의보	14m/s 이상	20m/s 이상	17m/s 이상	25m/s 이상
경 보	21m/s 이상	26m/s 이상	24m/s 이상	30m/s 이상

태풍시 피해 예방을 위한 행동지침

- 어린이는 태풍 발생 시 외출을 자세한다.
- 대증매체를 통해 기상 속보를 수시로 확인한다.
- 유리창에 젖은 신문지. 테이프 등을 붙이고 창문에 가까이 접근하지 않도록 한다.
- 건물 간판, 대형 공사장 및 위험 축대 주변을 걸어다니거나 접근하지 않도록 한다.
- 물에 잠긴 도로나 교량을 걸어다니지 않도록 한다.
- 생활 주변의 위험지역, 시설 등을 사전에 알아두도록 한다.

※ 하천변 상습 범람 및 침수지역, 산사태 위험지구, 감전사고 위험지역, 공사장 등

(9) 황사

황사는 주로 중국에 있는 몽골의 사막화 지역 건조 · 황토지대에서 고원일대, 내몽고 고원에서 만들어진 기상 조건으로 인해 작은 모래나 흙먼지가 대기 중에 퍼져서 하늘을 덮었다가 서서히 떨어지는 현상 또는 모래흙을 말한다(박찬원, 2008).

최근 들어 황사 현상이 빈번해지면서 황사가 많이 발생하는 봄철에는 감기 · 기관지염 같은 호흡기 질환, 눈병, 비염 등에 걸리는 영우아가 많아지고 있다. 황사가 발생하는 날에는 어린이집(유치원)에서도 실외활동을 실내활동으로 대체하고, 등 · 하원시 황사 발생 시에는 야외활동과 외출을 자제하고 귀가 후 손씻기 등을 교육시켜야 한다.

[그림 8-4] 황사의 모습

황사가 지나간 후 어린이집(유치원)에서는 실내 · 외를 청소하여 먼지를 제거해야 하며, 영유아들의 건강을 살펴 감기, 안질환자, 가려움증 등의 증상이 있을시 쉬게 하거나 일찍 귀가시키고 전문의와 상의하게 한다. 또한 황사 후 발생할 수 있는 전염병에 대한 예방접종을 하거나 식당 등에 대한 소독을 하여야 한다(소방방재청, 2011).

① 황사로 인해 발생 가능한 질환 및 대처법

표 8-4 황사로 인해 발생 가능한 질환 및 대처법

질환병	주 증상	대처방법
호흡기 질환 (기관지염, 천식 등)	• 호흡곤란 • 목의 통증 • 기관지, 기도점막의 염증 • 기침 등	• 천식환자는 황사가 심할 때는 가급적 외출을 삼간다. • 창문 등을 닫아 외부공기의 유입을 차단하도록 한다. • 물을 많이 마신다.

안질환 (알레르기성 결막염)	• 눈의 가려움증 • 눈물이 남 • 눈이 빨갛게 충혈됨 • 눈에 뭔가 들어간 것 같은 이물감과 통증 • 눈을 비비면 끈끈한 분비물이 나옴	• 부득이 외출을 해야 할 경우 보호안경을 끼고 콘택트렌즈의 착용은 하지 않는 것이 좋다. • 귀가 후에는 미지근한 물로 눈을 깨끗이 닦도록 한다.
이비인후과 질환 (알레르기 비염)	• 재채기가 계속됨 • 맑은 콧물이 흐름 • 코막힘 등	• 외출 시 마스크를 착용하도록 한다. • 귀가 후에는 미지근한 물로 콧물을 씻어내야 한다.
피부질환	• 피부의 가려움증	• 외출 시에는 황사에 노출되지 않도록 긴 소매 옷을 입는다. • 귀가 후에는 반드시 손과 발 등을 깨끗이 씻어야 한다.

출처: 구경선 외(2013).

② 황사 발생에 따른 유아교육기관에서의 행동요령

황사 발생 전 (황사예보 시)	• 기상예보 청취, 지역 실정에 맞게 휴원 또는 단축보육을 검토해 본다. • 원아 비상연락망을 점검하고 연락체계를 유지하도록 한다. • 휴원 또는 단축보육 시 맞벌이 부부 자녀에 대한 보육대책 수립을 하도록 한다. • 원아 및 부모의 황사대비 행동요령 지도 및 홍보를 한다.
황사 발생 중 (황사특보 발령 시)	• 유아교육기관의 실외활동을 금지하고, 보육 단축 또는 휴원을 한다. • 대기 중 실시간 미세먼지 농도를 확인하여 현재 상황을 파악한다(AIRKOREA, 대기오염도 실시간 공개http://www.airkorea.cr.kr). • 황사가 들어오지 않도록 창문을 닫고 공기정화기와 가습기를 사용해 실내공기를 쾌적하게 유지하도록 한다. • 불가피한 경우 황사 마스크 등을 착용하도록 한다.

황사 종료 후 (황사특보 해제 후)	• 어린이집 실내 · 외를 청소하고 먼지를 제거하고 방역을 실시하도록 한다. • 감기, 안질 등에 걸린 원아는 쉬게 하거나 일찍 귀가하도록 한다. • 2차 오염을 방지하기 위하여 손을 깨끗이 닦기 또는 샤워해야 한다.

출처: 보육시설 안전관리매뉴얼(2014).

③ 영유아를 위한 교육지침

- 황사의 개념, 원인, 문제점, 대피요령 등에 대해 영유아들을 이해시키는 시간을 마련하도록 한다.
- 영유아 수준에 맞게 여러 가지 매체를 활용하여 이해를 돕도록 한다.
- 가정과의 연계가 될 수 있도록 황사 발생 시의 대비요령 등에 관한 가정통신문들을 전달하여 숙지할 수 있어야 한다.

표 8-5 **황사 특보 발령 단계별 행동요령**

구분	발령기준치	행동요령
주의보	황사로 인해 1시간 평균 미세먼지 농도 400mg/㎥ 이상, 2시간 이상 지속	• 노약자, 어린이, 호흡기 질환자의 실외활동을 금지하도록 권고한다. • 어린이집과 유치원, 초등학교의 실외활동(운동, 실외학습 등) 금지 권고 • 일반인(중고생 포함)의 과격한 실외운동 금지 및 실외활동 자제 권고
경보	황사로 인해 1시간 평균 미세먼지 농도 800mg/㎥ 이상, 2시간 이상 지속	• 노약자, 어린이, 호흡기 질환자의 외출금지 권고 • 유치원과 어린이집, 초등학교의 실외활동(운동, 실외학습 등) 금지 및 수업 단축, 휴원 등의 학생 보호조치 강구를 권고한다. • 일반인(중 · 고생 포함)의 실외활동 금지 및 외출 자제를 권고한다. • 실외운동경기 중지 및 연기하도록 권고한다.

출처: 한국환경공단.

(10) 폭염

폭염이란 햇빛이 매우 심한 더위를 말하는데 최근 지구온난화로 인하여 여름철의 폭염 · 홍수 · 가뭄과 같은 기상재해가 증가하고 있다. 이러한 기상재해 중 건강에 가장 직접적인 피해를 주는 것은 여름철 폭염이다(최혜선 외, 2014). 특히 4세 이하의 영유아는 무더위나 폭염에 취약하므로 폭염에 대비해야 한다. 매년 6~9월경에 내려지는 폭염 특보 기간에는 12시~오후 4시 사이의 실외활동을 자제하고, 실내에서 활동하는 등의 대책이 필요하다. 폭염 특보 시의 대비요령 등에 관한 가정통신문 등을 가정에 전달하여 숙지할 수 있도록 하는 것이 중요하다.

우리나라 기상청은 낮 최고 기온이 32~33℃ 이상인 경우가 2일 이상 지속될 경우 폭염주의보를, 낮 최고 기온이 35℃ 이상인 경우가 2일 이상 지속될 때 폭염 발령을 미리 알려주도록 한다(구경선 외, 2013).

[그림 8-5] 폭염

〈폭염발생 시 대비한 교육〉

- 폭염의 원인, 문제점, 대비요령 등에 대해 영유아들이 교육하는 시간을 준비하여야 한다.
- 영유아 수준에 맞게 여러 가지 매체를 이용하여 이해를 도와야 한다.
- 가정과 연계가 될 수 있도록 폭염특보 시의 대비요령 등에 관한 가정통신문 등을 전달하여 충분히 할 수 있어야 한다.

표 8-6 **폭염 발생 시 교육지침**

구분	내용
폭염주의보 발생 시	• 실외활동의 자제 및 실내 활동으로 대체해야 한다. • 교실을 시원하게 유지, 편한 복장으로 활동한다. • 활동 중간에 휴식시간을 갖거나 피곤해하는 영유아는 쉴 수 있도록 배려해 준다. • 낮잠시간을 충분히 갖되, 교사들도 잠깐 쉴 수 있도록 배려해 준다.
폭염경보 발생 시	• 실외활동의 중단 및 실내 활동으로 대체한다. • 창문 등에 커튼 치기를 한다. • 교실을 시원하게 유지, 편한 복장으로 활동을 무리하게 계획하지 않는다. • 활동 중간에 휴식시간을 갖거나 피곤해하는 영유아는 쉴 수 있도록 배려해 준다. • 영유아의 건강상태를 수시로 확인하여 적절히 조치하여야 한다. • 낮잠시간을 충분히 갖고, 교직원들도 잠깐 쉴 수 있도록 배려해야 한다.

출처: 구경선 외(2013).

(11) 한파

주로 겨울철에 우세한 시베리아의 한랭한 대륙성 고기압이 바이칼호 부근에 중심을 두고 남동쪽으로 그 세력을 강하게 확장하고 있고, 동해 해상에는 발달한 저기압이 있는 경우, 즉 서고동저(西高東低)의 전형적인 겨울형 기압배치 하에 있을 때 한반도는 북서계절풍이 강하게 불고 한파가 몰아닥쳐 전국이 영하의 추운 날씨가 되는 경우가 많다. 이런 현상이 뚜렷한 경우에는 한파주의보를 발표하는데, 그 기준은 최저기온이 전일보다 10℃가 낮거나 낮을 것이 예상될 때이다.

[그림 8-6] 한파의 모습

한파 주의보, 경보 발령기준

• **한파 주의보** : 10~4월 사이의 기간에 다음 중 어느 하나에 해당하는 경우
– 아침 최저기온이 전날보다 10℃ 이상 하강하여 평년값보다 3℃가 낮을 것으로 예상될 때
– 아침 최저기온이 –12℃ 이하가 2일 이상 지속될 것이 예상될 때
– 급격한 저온현상으로 중대한 피해가 예상될 때
• **한파 경보** : 10~4월 사이의 기간에 다음 중 어느 하나에 해당하는 경우
– 아침 최저기온이 전날보다 15℃ 이상 하강하여 평년값보다 3℃가 낮을 것으로 예상될 때
– 아침 최저기온이 –15℃ 이하가 2일 이상 지속될 것이 예상될 때
– 급격한 저온현상으로 광범위한 지역에서 중대한 피해가 예상될 때

① 건강관리

• 손가락, 발가락, 귓바퀴, 코끝 등 신체 말단부위의 감각이 없거나 창백해지는 경우에는 동상을 조심해야 한다.
• 심한 한기, 기억상실, 방향감각 상실, 불분명한 발음, 심한 피로 등을 느낄 때는 저체온 증세를 의심하고 바로 병원으로 이송하여야 한다.
• 갑자기 기온이 떨어지면 심장과 혈관계통, 호흡기 계통, 신경계통, 피부병 등은 급격히 악화될 우려가 있으므로, 유아, 노인 또는 환자가 있는 가정에서는 난방에 신경을 써야 한다.
• 외출 후 손발을 씻고, 당뇨환자, 만성폐질환자 등은 반드시 독감 예방접종을 하여야 한다.
• 동상에 걸렸을 때는 작은 신발이나 옷을 벗고 따뜻한 물로 씻은 후 따뜻하게 보온을 유지하고 즉시 병원으로 가야 한다.
• 동상부위를 비비거나 갑자기 불에 쬐어서는 안 된다.

② 운동할 때

• 준비운동 강도는 몸에서 약간 땀이 날 정도가 적당하며, 실내에서 해야 한다.
• 운동은 가능한 실내에서 하는게 부상위험을 줄일 수 있다.

- 옷을 겹쳐 입되 많이 입지 말아야 한다.
- 고혈압 등 만성병 환자는 실내에서 운동하는 것이 좋다
- 겨울엔 체온 유지를 위해 10~15%의 에너지가 더 소비되므로 운동 강도를 평소의 70~80% 수준으로 낮추는 것이 좋다.

(12) 해빙기 재난예방

- 주변의 대형빌딩, 노후건축물 등이 균열이나 지반침하로 기울어져 있는지 살펴본다.
- 축대나 옹벽은 안전한지 살펴본다.
- 집 주위 배수로는 토사 · 퇴적 등으로 막혀 있는 곳이 없는지 살펴본다.
- 절개지나 언덕 위에서 바위나 토사가 흘러내릴 위험은 없는지 확인해 본다.
- 주변의 지하굴착 공사장에 추락방지 및 접근금지 등을 위한 표지판이나 안전펜스가 설치되어 있는지 확인하고, 위험지역에는 들어가지 않도록 한다.
- 공사장 주변의 도로나 건축물 등에 지반침하로 인한 균열이나 이상 징후가 있는지 확인해 본다.
- 위험요인 발견 시에는 가까운 읍 · 면 · 주민센터나 시 · 군 · 구 재난관리부서 등 행 정기관에 신속하게 신고하도록 한다.
- 생활주변에서 해빙기에 붕괴 등 위험시설이 있는지 살펴보고, 안전대책을 강구해야 한다(국민안전처, 2014).

[그림 8-7] 해빙기의 모습

2. 사회재난 교육의 개념 및 유형

1) 개념

이변이라고도 한다. 불안전상태에 있는 원자핵 또는 소입자가 자발적으로 다른 원자핵 또는 소입자(素)로 변화하는 현상을 말한다. 또 원자핵은 방사선을 방출하여 붕괴하나 이러한 원자핵은 방사선 핵종으로 불리운다. 붕괴형식은 자발핵 불열(spontaneousfission) 등이 있다. 산비탈이 산사태, 슬럼프(slump)와 같이 중력에 의한 무너짐, 절개단면이 노출되고 다량의 토사가 하부에 퇴적된다.

2) 사회재난 교육의 유형 및 내용

(1) 건물 붕괴, 매몰되었을 경우

① 가정에서

- 불필요한 활동이나 체력을 소모하지 않도록 한다.
- 입과 코를 옷이나 천으로 가려서 먼지 흡입을 최소화하도록 한다.

- 규칙적으로 벽, 파이프 등을 두드린다.
- 휴대전화의 전파는 매몰자 탐색에 도움이 될 수 있기 때문에 전원은 규칙적으로 일정한 시간만 키고 배터리를 절약해야 한다.
- 구조될 수 있다는 희망을 가지고 물과 음식을 찾아 먹으면서 체온 유지에 힘써야 한다.

• 2차 붕괴나 낙하물에 대비하여 단단한 테이블 밑이나 창문이 없는 단단한 벽체 옆에서 기다려야 한다.

② 어린이집에서

• 불필요한 활동이나 체력을 소모하지 않도록 한다.
• 입과 코를 옷이나 천으로 가려서 먼지 흡입을 최소화하도록 한다.
• 규칙적으로 벽, 파이프 등을 두드려 확인하도록 한다.
• 원아 및 부모를 대상으로 붕괴 대비 행동요령을 지도하거나 홍보를 한다.

3. 대기오염 교육의 개념 및 유형

1) 개념

대기오염의 원인은 자동차의 매연, 제조 공장의 연기, 석유, 석탄의 가스, 비닐이나 스티로폼을 태울 때 나는 유독 가스, 냉장고나 스프레이의 프레온 가스 등 사람들의 생활이나 활동에 따라 생기는 인위적인 것과 화산에 따른 자연적인 것이 있다.

또 이런 대기오염은 대기만 오염시키는 것이 아닌 대기오염 물질이 물이나 토양에 스며들어 2차적인 요염까지 유발할 수 있는 요인이 되기도 한다.

대기오염의 원인 중 가장 큰 비율을 차지하는 것은 교통수단에 의한 공해다. 선박, 비행기, 오토바이 등 많은 교통수단이 있지만 그 중에서 가장 많은 부분을 차지하는 것은 자동차 배기가스에 의한 오염이다. 자동차 배기가스에 포함된 대기오염물질은 일산화탄소 · 탄화수소 · 질소산화물 · 납 등이 있으며, 일산화탄소에

의한 대기오염의 99%는 자동차의 배기가스가 원인이다. 광화학 스모그의 주요 원인이 되는 질소산화물 · 탄화수소 · 납 등에 의한 대기오염도 대부분이 자동차의 배기가스에서 기인한다.

탄화수소는 휘발유 및 디젤 차량의 감속 운행 시에 가장 많이 배출되며, 질소산화물은 휘발유 · 디젤 · LPG 등 모든 차량의 가속 운행 시, 등속 운행 시 가장 많이 배출된다. 아황산가스는 디젤유에서 가장 많이 배출된다. 교통공해 방지대책은 다른 공해방지와 함께 국가적으로 시급히 확립되어야 할 과제이다.

2) 대기오염 교육의 유형 및 내용

(1) 산성비

산성비는 공기 중에 있는 화학 물질이 비와 만나면서 결합하여 산성화된 비를 말한다. 산성비는 식물, 물 속 생물, 그리고 건물들에 매우 해로운 효과를 지녔다. 산성비는 주로 대기 내에서 반응하는 산성을 생성하는 황과 질소 혼합물이 인간에 의한 방출로 유발된다. 근년의 많은 정부들이 이들 방출을 감축하는 법을 도입하고 있다. 일반적으로, 비의 pH는 5.6 정도로 약산성이다. 화학 물질과 결합한 비는 비의 산성도를 강화시키고, 이런 산성비가 지면에 떨어질 경우에 건축물들을 녹이거나 강과 호수의 동물들을 죽일 수 있다.

빗물을 산성하는 주된 원인은 주로 공장이나 발전소, 자동차 등의 오염원으로부터 대기 중에 방출되는 아황산가스와 질소산화물이다. 이것들이 대기 중에서 여러 물질과 반응하여 황산이나 질산을 형성하고 빗물과 함께 이러한 성분이 내려오는 것을 산성비라고 한다.

연료의 연소과정, 자동차의 질산을 형성하고 빗물과 함께 이러한 성분이 내려오는 것을 산성비라고 한다. 연료의 연소과정, 자동차의 배기가스가 아황산가스와 질소산화물의 주요인이라고 할 수 있으며, 이에 따라 크게는 에너지 효율 기준을 높이는 연구와 정책 등으로 오염원을 줄이고 작게는 각 가정에서의 에너지 절약이 함께 뜻한 대로 한다(이순자 외, 2014).

[그림 8-8] 산성비 피해의 모습

(2) 지구 온실화

탄산가스 등 온실효과 가스에 의해 지구의 평균기온이 올라가는 현상이다. 프레온에 의한 오존층 파괴와 더불어 지구환경 문제의 주요 테마로 되어 있다. 관측 데이터로부터 이미 연간 섭씨 0.1도 정도의 온실화가 진행되고 있다는 지적도 있다. 온실효과 가스가 산업혁명 이전의 2배의 농도에 달했을 경우에는 섭씨 1.5도에서 4.5도의 기온상승이 있다는 계산이 나오고 있다. 여기에 따르면 기온상승은 중 · 고위도 지역에서 심하며, 기후의 변화 때문에 농작물에 피해가 나올 우려가 있다고 한다. 또한 해수가 따뜻해져 팽창하거나 남극이나 북극권의 얼음이 녹아 해수면이 상승할 가능성도 있다.

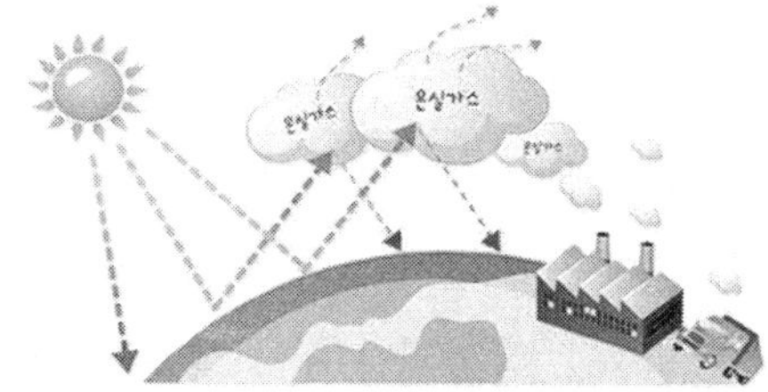

기온이 1도 상승하면 해수면이 20~60cm나 올라간다고 예상하고 있다. 온실화 방지의 세계적인 움직임은 오존층의 보호에 비해 늦은 감이 없지 않지만 유엔환경계획(UNEP)과 세계기상기구(WMO)의 주도로 1992년 6월 기후변화방지조약이 체결됐다(매일경제).

지구의 기온이 상승하면 열대 지방에서는 가뭄이 증가하여 토양 중의 수분이 소실됨으로써 사막화 과정이 가속화된다. 현재 아프리카의 여러 나라에서 극심한 식량 난으로 인한 기아 상태가 심각한 지경에 이른 것은 이러한 지구 온실화에 따른 사막화의 결과이다. 또한 지구 온실화로 빙하가 녹게 되며, 해수면이 상승하여 육지의 침수가 예상되며, 열대성 저기압의 세력이 더욱 강해져 폭풍이나 홍수에 의한 피해가 한 단계 더 많아지게 된다(이순자 외, 2014).

(3) 오존층 파괴

오존층은 태양으로부터 오는 자외선을 흡수하여 산소로 변화시켜 자외선이 지구로 그대로 들어오는 것을 막아 준다. 만약 오존층이 없다면 지구의 생물체들이 자외선을 과도하게 쬐게 됨으로써 심각한 부작용이 나타나게 된다. 사람은 피부가 검게 그을리고 심하면 피부암이 생기게 되며, 면역 체계에 영향을 주어 생각하지도 못했던 질병이 생길 수도 있다. 식물은 엽록소가 파괴되어 광합성을 하지 못하게 되며, 특히 먹이사슬의 가장 하부에 있는 플랑크톤에 영향을 주어 결과적으로 먹이사슬이 파괴되고 생태계에 악영향을 끼치게 된다.

[그림 8-9] 오존층 피해

자외선 중 단파장 자외선은 생물에 매우 유해한 작용을 하는데 우리 피부에 닿음으로써 피부암을 일으키고 자연 생태계에 중대한 영향을 미친다. 오존 1%가

감소되면 지구로 쏟아지는 유해 자외선의 양은 2%나 증가하게 되어 사람들의 피부암 발생률이 4~6% 가량 높아질 것으로 보고 있으며, 분자를 분리하기 때문에 피부암과 백내장, 피부노화를 유발한다고 한다(미래환경연구소, 1994).

(4) 오존경보제

오존경보제는 대기 중 오존농도가 시간 평균 0.12ppm(ppm : 100만분의 1) 이상일 때 주의보, 0.3ppm 이상일 때 경보, 0.5ppm 이상일 때 중대경보를 발령하여 주민의 건강을 보호하는 제도다. 오존경보제는 오염도에 따라 주의보, 경보, 중대경보 3단계로 구분하여 발령한다. 이러한 오존경보제가 내려지면 이에 따라 적절한 행동 요령을 취해야 한다. 주의보가 내려지면 실외 운동경기를 삼가고 노약자나 영유아는 실외활동을 자제하여야 하며, 경보가 내려지면 발령 지역 유아교육기관이나 학교는 실외학습을 제한하여야 한다. 또한 중대경보 시에는 발령 지역 유아교육기관, 학교의 휴원(교)을 권고하고 발령 지역 내에 차량 진입이 억제된다. 오존은 햇볕이 뜨겁고 공기의 이동이 적을 때 많이 발생하기 때문에 일사량이 많고 기온이 높은 여름철에 특히 오존 오염도가 높게 나타난다. 또한 하루 중에는 오후 2~4시 사이에 일사량이 많은 시간 내에 높게 나타나기 때문에 이 시간대에는 가능한 실외 활동을 자제하는 것이 좋다(이순자 외, 2014).

대기 중 오존농도는 보건환경연구원 홈페이지(http://here.cb21.net)에 실시간으로 제공되고 있다.

[그림 8-10] 오존경보제

> **대기오염에 대한 영유아의 안전교육**
>
> • 직사광선을 오랜 시간 쬐지 않으며, 특히 여름철 오후 2~4시 사이에는 가능한 실외활동을 하지 않는다.
> • 실외놀이를 오래할 경우에는 모자를 쓰도록 한다.
> • 오존경보제가 내리면 실외로 나가지 않도록 한다.
> • 무스나 헤어스프레이를 사용하지 않도록 한다.
> • 모든 물건을 아껴 쓰고 절약하도록 한다.

4. 물과 토양오염 교육의 개념 및 유형

1) 물오염

(1) 개념

지구상의 물은 해양, 하천, 호수를 이루면서 토양, 대기, 생물체 등에 다양하게 분포되어 있으며, 자연계에 고체, 액체, 기체 상태로 존재하며, 생태계에서 중요한 역할을 담당하고 있다. 물은 생명체의 조직에 있어서 아주 중요한 역할을 담당하고 있고, 지구상에서도 아주 중요한 역할을 차지하고 있다.

70%가 물로 이루어져 있는 우리 몸은 생명을 유지하기 위해 자연환경 중의 물과 에너지를 섭취하고 배설하는 신진대사를 계속해야 한다. 매일 2리터 가량의 물을 섭취해야 살며 체내의 물을 20%만 상실해도 죽음에 이른다. 물은 곧 생명의 원천이다. 지구의 물은 97%가 바닷물이고, 2%는 얼음으로 되어 있어, 우리들이 실제로 쓸 수 있는 물은 1%도 채 안 된다. 그 물은 강과 호수, 시냇물, 지하수에서

공급된다.

인구가 많아지고, 산업이 발달하지 않았던 시대에는 인간이 이용하는 물의 양이 그리 많지 않았기 때문에 깨끗한 물을 풍부하게 쓸 수 있었다. 그러나 인구가 기하급수적으로 증가하고 산업이 공업 위주로 발달하면서 물의 이용량이 급격히 늘어나게 되었고, 물의 자정 능력이 한계에 이르러 물의 오염이 큰 문제로 드러나게 되었다. 이렇게 물을 오염시킨 원인은 무엇인지 다음과 같이 알아본다(환경보전협회).

(2) 물오염 교육의 유형 및 내용

표 8-7 물오염의 유형 및 원인

구분	내용
생활하수	우리가 일상생활에서 사용한 물이며, 주로 수세식 화장실, 주방, 목욕방 등에서 발생한다. 특히 최근에는 합성세제를 많이 사용하여 생활하수는 더욱 심하게 오염되고 있다. 물오염 원인의 42%가 생활하수이다.
축산폐수	대규모 축산 시설이나 각종 가축 사육 시설에서 나오는 하수이다. 생활하수에 비하여 오염 정도가 심하여 물오염 원인의 8% 정도를 차지하고 있다.
산업폐수	• 특정한 물품을 생산하는 공장이나 사업장으로부터 나오는 폐수를 모두 산업폐수라고 한다. • 우리나라의 하수 발생량 중 산업폐수가 차지하는 비율은 37%로 생활하수에 비하여 적은 편이나 물오염 원인의 50% 정도를 차지하고 있다. • 최근 세계 각국은 인구 증가와 더불어 1인당 물 사용량이 증가함에 따라 수자원의 수용량이 급격하게 증가하고 있다. • 이용 가능한 수자원의 양은 제한되어 있어 많은 나라가 물 부족에 시달리고 있으며 앞으로도 이러한 물 부족국가는 더욱 늘어날 전망이다.

[그림 8-11] 물오염의 심각성

2) 토양(땅)오염

(1) 개념

토양(땅)이 오염되는 경로는 여러 가지이다. 대기와 수질에 포함된 유해한 중금속이나 화학 물질이 토양(땅)에 축적된 결과 발생하거나 오염물질이 섞인 폐수나 하수, 폐기물이 땅에 버려지거나 혹은 농약이나 비료가 땅에 스며들면서 발생한다. 특히 광공업 폐기물인 카드뮴 · 수은 등의 중금속은 인체에 미치는 영향이 크며, 기타 중금속들은 주로 농작물의 성장을 저해한다. 토양(땅)은 오염물질들이 정화되지 않고 오랜 시간 머물러 있기 때문에 한번 오염되면 다시 원상태로 회복되는데 상당한 오랜 시간이 필요하다. 또한 토양(땅)의 오염 물질은 땅에서 농작물로, 또는 가축이나 인간에게로 축적되는 특징이 있으므로 심각한 문제가 되고 있다.

광산이나 공장 등에서 배출되는 폐기물이나 농약살포 등으로 땅 속에 중금속 등 사람 · 가축 · 농작물에 유해한 특정 물질이 높은 농도로 집적 · 축적되는 것이다. 땅오염은 대체로 지하자원의 이용으로 암석 중의 무기성분이 지표에 쌓이게 되거나, 농약에 의해 합성 유기 염소계 화합물이나 알킬수은화합물 등 천연계에 거의 존재하지 않는 유기물질이 축적되어 유발되며, 공업단지와 도시 매연가스에 의한 산성비, 식품 포장 폐기물, 시설축산의 폐기물 등에 의해서도 발생한다. 더욱이 공업화에 따라 방출되는 중금속 등의 무기성분은 농경지를 오염시킬 뿐만 아니라 농작물의 생육장애를 일으키며, 먹이 연쇄계를 거치는 동안 사람과 가축에까지 해를 끼치고 있다.

중금속 자체는 분해되지 않고 어떠한 변화에도 그 본래의 성질이나 피해 작용이 없어지지 않으므로 일단 오염된 중금속을 완전히 제거하여 원래의 오염되지 않은 땅으로 되돌리기란 매우 어렵다. 땅을 오염시키는 물질로서 구리 · 망간 · 비소와 같은 원소들은 식물의 생육에서 다른 영양소의 결핍을 유발하는 작용을 하며, 크롬 · 니켈 · 아연 · 몰리브덴 · 납 · 셀렌 · 바나듐 · 비소 · 스트론튬 등은 식물의 세포에 직접 해를 끼친다. 식품이나 사료를 유해하게 하는 것은 카드뮴 · 몰리브덴 · 바나듐 · 비소 · 수은 등이다. 농약 살포로 인한 땅 오염은 점점 심각해지고 있다.

[그림 8-12] 토양오염

살포한 농약은 휘산(揮散)에 의하여 기권(氣圈)으로 옮겨지고, 용탈에 의하여 수권으로 이동되며, 땅 속에는 살포한 상태 그대로 또는 미생물에 의한 분해와 화학적인 분해로 새로운 물질이 생성되어 남게 된다. 특히 PCB · 유기염소계 농약 · ABS 등과 같은 분해되지 않는 유해물질과 합성수지류에 오염되면 회복되기 어려울 뿐 아니라 회복에 오랜 세월이 걸린다.

종래 카드뮴 등 오염물질의 배출원은 광산이나 제련소에 거의 한정되어 있었으나, 카드뮴 등의 사용량과 그 범위의 확대로 최근 공장이나 청소공장 등이 배출원이 되는 사례가 늘고 있다. 또한 비농경지에서의 땅의 오염이 문제화되고 있다. 토양(땅) 오염방지법은 농경지의 토양(땅) 오염만을 규제 대상으로 하고 있지만, 앞으로 비경용지의 토양(땅)오염에 대해서도 법적으로 규제하고 대책을 강구해야 한다.

토양(땅)이 오염되지 않도록 하기 위해서는 농약 처리 방법을 개선하거나 미생물에 의해서나 화학적으로나 잘 분해되고 2차 생성물이 유해작용을 하지 않는 농약을 서둘러 개발해야 한다(한국환경산업기술원, 국가환경정보센터).

따라서 토양(땅)오염은 공기와 물오염을 함께 예방해야만 막을 수 있다.

토양(땅)오염에 대한 영유아의 안전교육

- 들판이나 잔디밭 등에서 맨발로 다니지 않도록 한다. 농약이나 쓰레기 등으로 오염된 땅을 통하여 다치거나 피해를 당할 수 있기 때문이다.
- 일회용 상품을 사용하지 않도록 한다.
- 농약이나 살균제 등은 매우 위험한 것이므로 함부로 만지지 않도록 한다.
- 물건을 아껴 쓰고 쓰레기를 줄이는 방법을 실천하도록 한다.

제 9 장

안전과 가정연계

1. 식품안전 교육의 개념 및 유형
2. 가정안전 교육의 개념 및 유형
3. 약물오남용 교육의 개념 및 유형
4. 동 · 식물 안전교육의 개념 및 유형
5. 감염병 안전교육의 개념 및 유형

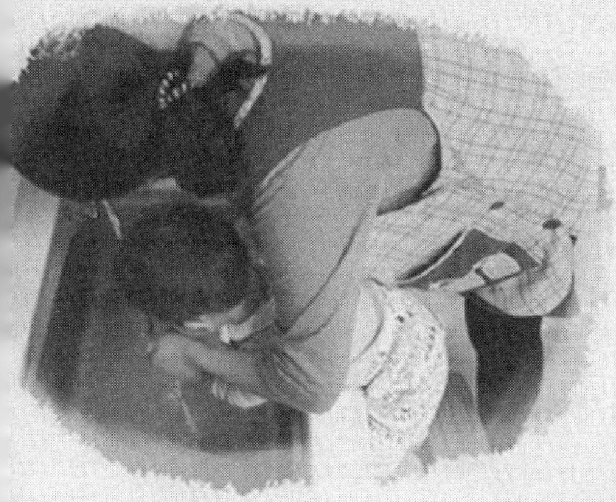

1. 식품안전 교육의 개념 및 유형

1) 개념

식품안전이란 건강상의 위해와 관계하여 식품의 품질에 광범위하게 적용되는 용어로서, 전염병(사람, 동물)이나 천연적 · 인위적 독성의 물질에 의한 급성 또는 만성 중독과 같은 식품에 의해 발생되는 병해의 위험으로부터 소비자들을 보호하는 것으로 정의될 수 있다(식품의약품안전처, 2013).

WHO(세계보건기구)의 환경위생전문위원회의 식품위생에 대한 보고서에서 “식품위생이란 식품의 생육, 생산, 제조에서 최종적으로 사람에게 섭취될 때까지의 모든 단계에서 식품의 안전성, 건전성 및 완전 결점이나 결함이 없음을 확실하게 마련하거나 갖춤 위한 모든 수단”으로 정의하였다.

우리나라의 식품위생법에는 “식품위생이라 함은 식품, 식품첨가물, 기구 및 용기 포장을 대상으로 하는 음식에 관한 위생”으로 규제되어 있다. 식품을 통하여 식중독은 감염병, 기생충 감염, 유해물질 중독 등 건강에 막대한 영향을 미치기 때문에 단체급식에서 식품안전은 매우 중요한 위치를 차지하며, 안전하고 건전한 식품은 영양 생리성, 안전성, 기호성, 저장성, 편리성, 경제성이 조건을 갖추어야 한다. 이 중에서도 안전성은 가장 중요한 조건이라 할 수 있으며, 안전한 식품은 확실하게 단체급식에서 가장 중요한 일이다(이순자 외, 2014).

2) 식품안전 교육의 유형 및 내용

(1) 식품의 보존과 저장

보존이란 식품 자원을 가장 큰 한도로 이용하는 것으로 식품의 위식 부분의 낭비를 없애거나 최소한으로 하는 것을 의미하며, 우리나라에서 음식물 쓰레기의 양이 해마다 감소하고 있으나 아직 20%를 넘어 미국의 10%의 2배에 달하고 있다.

식품 구매자는 식품의 낭비를 줄이고 돈도 절약하기 위하여 현명한 판단을 내려야 한다. 여기에서 현명한 판단이란, 어떠한 일이 있더라도 필요 이상으로 사지 말아야 한다는 의미이다. 즉, 상해서 버려야 하는 것을 피하기 위하여 필요한 양만큼 구입해야 하고, 위생적인 조건을 일정하게 하고, 식품이 싱싱하고 깨끗하며, 저장 상태가 매우 좋아야 한다. 또한 찢어진 포장이나 잘라진 상품 또는 튀어나오고, 찌그러지고, 새거나 녹슨 통조림은 구입하지 말아야 한다.

그리고 목표에 어긋나지 않는 식품들을 조심스럽게 골라 구입해야 한다.

음식물 쓰레기를 줄이려면 합리적이고 계획적인 구매, 적절한 보관 및 저장, 먹을 만큼 상차리기가 이루어져야 한다. 음식물 쓰레기란 농·축·수산물 유통과정 중에서 버려지는 쓰레기, 가정과 음식점에서 조리 과정 중 식품을 다듬고 버리는 식품 쓰레기(42.9%), 먹고 남긴 음식물 찌꺼기, 보관했다가 그냥 버려지는 식품 폐기물(28.2%) 등이다. 또, 필요 이상으로 너무 많이 차린 식단으로 인해 먹고 남은 음식, 너무 많은 식품을 구매해서 유통기간이 초과된 식품(28.2%), 부주의로 변질된 식품 등이 폐기된다. 결국 부주의한 구매와 보관으로 소중한 식자원이 낭비되고 있는 것이다.

(2) 식품의 안전한 보관 방법

식품 낭비의 조절은 조리를 위해 준비하는 동안, 조리하는 동안, 식사를 제공하는 동안, 조리와 제공 후 남은 음식을 저장하는 동안에도 지속적으로 된다. 가장 부드러운 부분만 쓰려고 하고, 또 색이 좋은 부분만 사용하려 하기 때문에 채소의 먹을 수 있는 잎 부분이나 줄기 부분을 버리고, 육류나 가금류의 끝부분도 잘라 버리는 일이 많다. 그러므로 가식 부분을 사용할 수 있는 방법을 연구해야 하면 식품을 최대한 사용하기 위해 적절한 방법이 필요하다. 너무 조리되거나 덜 조리된 것을 먹을 수가 없어 낭비되기 때문이다. 남는 음식의 낭비는 흔히 있다. 그러나 먹을 수 있는 데도 남은 음식을 사용하지 않거나 저장을 잘못하면 낭비를 가져온다.

남은 음식은 항상 식사 후 적합한 용기에 넣어 즉시 냉장보관하도록 한다(이순자 외, 2014).

표 9-1 식품의 안전한 보관 방법

전통적 방법	식품건조	식품에서 수분을 제거하여 미생물 번식 억제
	절임	식품을 소금이나 설탕에 넣어 높은 삼투압을 유지한 미생물의 번식 억제
	발효	미생물을 이용하고 식품을 이용하여 식품을 유용한 물질로 변화시키는 것으로 식품을 더 오래 보관
현대적 방법	냉장보관	냉장고에서 식품의 온도를 낮추어 미생물의 물질대사와 번식 억제
	통조림	식품을 멸균 상태로 만들어 밀폐 용기에 보관
	보존료	방부제 등 합성 보존료를 첨가하거나 산화방지제 동봉

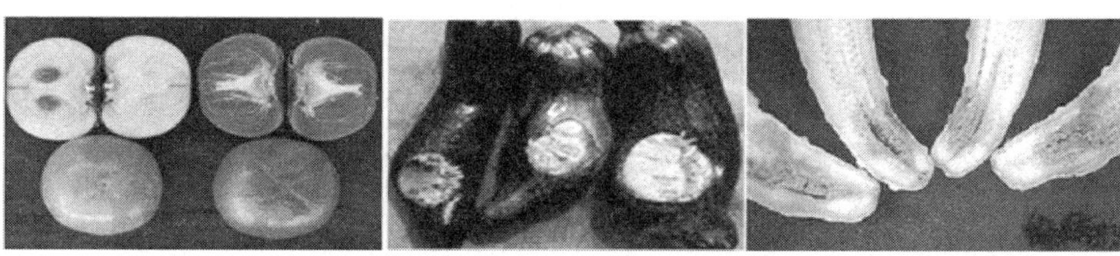

[그림 9-1] 오이, 가지와 같은 야채도 냉장고 보관 시일이 길어지면 색이 변하고 무른 모습

(3) 식품의 변질

식품의 변질(spoilage)이란 식품이 미생물의 작용에 의하여 관능적으로 인정할 수 있는 변화를 익혀 먹을 수 없는 상태가 되는 현상으로 아무런 보호 · 보전책을

마련하지 않고 식품을 그대로 버려두면 시간이 경과함에 따라 외관적으로나 내용적으로 차차 변화하여 식품으로서 섭취할 수 없는 상태에 이르는 것을 의미한다.

변질은 생물학적 요인, 화학적 요인, 물리학적 요인이 복합적으로 일으킨다. 부패(putrefaction)는 식품이 주로 혐기성 상태에서 미생물에 가치를 잃는 현상으로 주로 단백성 식품성분이 미생물의 작용으로 분해하여 악취와 유해물질을 생성하는 현상이다. 넓은 의미로는 식품 중의 단백질, 탄수화물, 지방 등이 미생물의 증식으로 분해 또는 파괴되어 식품가치를 잃어버리는 현상을 의미한다.

[그림 9-2] 부패된 식품

발효식품이란 젖산균이나 효모 등 미생물의 발효 작용을 이용하여 만든 식품을 말하고 미생물의 종류, 식품의 재료에 따라 발효식품의 종류는 다양하다. 농산물 · 수산물 · 축산물 · 임산물 식품들이 재료로 쓰이는데 그 특유의 성분들이 미생물의 작용으로 분해되고 새로운 성분이 합성되어 영양가가 향상되고 기호성 · 저장성이 우수해진다. 주류, 빵류, 식초, 콩발효식품(간장 · 된장 · 고추장 등), 발효유제품(치즈 · 버터 · 요구르트 등), 소금절임류(김치 · 젓갈)가 모두 발효식품으로 오래 전부터 애용되고 있다.

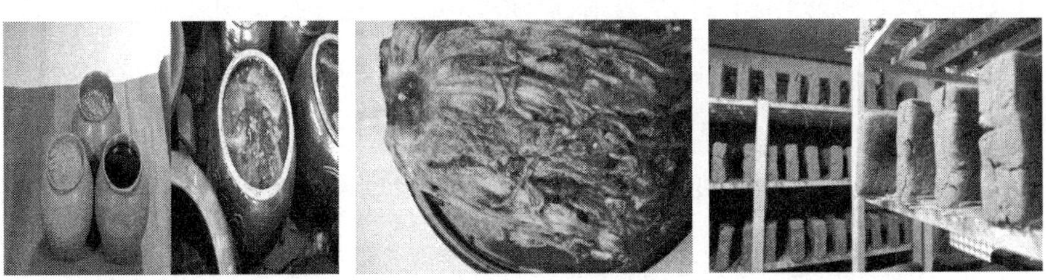

[그림 9-3] 발효식품

(4) 식품 부패의 원인

식품 부패는 자체 또는 식품의 외부 환경에 기인하며 여러 가지 현상을 나타난다. 식품 부패의 주된 원인은 미생물의 성장, 생화학적 변질, 물리적 손상 등이다. 일반적으로 식품의 부패는 한 종류의 원인에 의해 발생하기도 하나 대부분 다양한 원인의 복합 현상으로 발생하며 일반적인 식품 부패의 원인은 다음과 같다.

- 곤충에 의한 상해
- 압력, 냉동, 건조, 조사에 의한 식품의 물리적 변화
- 식물, 동물에 의해 자연적으로 존재하는 효소의 작용으로 만일 이들 효소를 불활성화시키지 않으면 가공공정과 저장 중 작용하여 식품이 부패를 촉진시킬 수 있다.
- 천연적인 효소의 작용이나 미생물의 작용에 기인하지 않는 화학적 변화, 즉 산소에 의한 다양한 변화
- 미생물의 성장과 작용, 미생물의 작용에 의한 식품의 부패는 식품위생학상 가장 중요하며 공중보건학적인 관점에서 식품의 변질을 방지하고 각종 식품 관련 질병을 예방하기 위하여 각별한 관심을 가지도록 한다.

(5) 각종 식품의 변질 부패

식품의 변질, 부패, 산패 등의 용어와 관련된 보도를 살펴보면 “포장이나 유통기한 표시 등에 문제가 있어 변질, 부패 우려가 있다.”, “부패 · 산패를 방지, 지연시키기 위해 충전한 질소가 빠져나가 변질 우려가 있다.” 등 전문가가 봐도 헷갈리는데, 당연히 일반 소비자들은 “부패, 산패, 변패”의 개념이 혼동스러울 것이다. 게다가 식품의 변질을 항상 나쁜 것으로만 생각하는 반면 발효는 무조건 좋은 것으로만 맹종하고 있는 것 같다. 식품의 부패에 관여하는 미생물은 세균, 효모, 곰팡이 등이 있으며 식품에 존재하는 모든 미생물이 식품의 부패에 관여하는 것은 아니다.

미생물에 의한 식품의 부패는 다음과 같은 요인이 충족될 때 부패 현상이 나타나고 있다.

- 부패 미생물의 오염
- 오연된 부패 미생물의 성장에 영향을 미치는 식품의 조성
- 식품의 보관 또는 저장 환경
- 오염 미생물에 의한 식품을 부패시키는 대사산물의 생성
- 오염 미생물이 성장할 수 있는 시간

① 과일 및 채소류

과일 및 채소류는 수분 함량이 많아서 미생물에 의한 부패가 일어나기 쉬우므로, 이 두 종류의 식품은 물리·화학적 특성이 대단히 다르다. 과일은 일반적으로 산성을 띠며 흔히 비교적 높은 농도의 당을 함유하고 있는 반면 채소류는 대부분 중성을 띠며 당의 함량이 적다.

따라서 과일과 채소의 부패는 관여하는 미생물은 서로 다르다. 산성 조건인 과일의 경우 박테리아의 성장은 억제되고 산성 조건에 비교적 내성이 강한 곰팡이가 부패를 일으킨다. 곰팡이에 의한 과일의 부패는 과일 표면에 곰팡이의 균사체가 발생하며, 검은색을 띠거나, 과일의 조직이 물러지는 연부 현상이 일어난다. 연부 현상은 곰팡이가 생성하는 펙티나아제(petuvase)와 같은 효소에 의한 펙틴(pectin)의 분해로 조직이 부드러워지는 현상이다. 효모는 주로 2차적 부패에 참여하고 있다.

채소류는 수송 도중 받을 수 있는 물리적 충격으로 인한 조직의 손상으로 쉽게 미생물의 침입을 받을 수 있다. 곰팡이와 박테리아는 모두 채소류의 부패에 중요한 역할을 한다. 박테리아는 곰팡이에 비해 성장이 빠르므로 채소류의 부패의 원인이 된다. 채소류의 곰팡이에 의한 부패 현상은 과일에서 일어나는 현상과 유사하며, 박테리아에 의한 채소류의 부패는 채소 전체가 물러지는 본질을 보인다.

② 곡류 및 견과류

곡류나 견과류는 저장 전에 건조과정을 거치므로 미생물에 의한 부패 현상은 일어나지 않는다. 그러나 건조가 불충분하거나 저장 조건이 좋지 않을 때는 미생물에 의한 부패 현상이 발생하므로, 곡류나 견과류는 건조가 부족하게 이루어졌다고 하더라도 박테리아의 성장은 이루어지지 않으므로 이들 식품의 부패는 주로 곰팡이에 의해서 일어난다. 그러나 곡류의 저장 중 약간의 습기를 흡수되는 현상이 발생할 경우 곰팡이의 성장이 발생하여 습기 흡수에 의한 수분 함량이 증다함에 따라 효모, 박테리아가 성장하여 부패를 일으킨다.

③ 육류제품의 부패

단백질의 함량이 많은 축육, 어육 가공품의 부패 양상은 서로 비슷하며 주로 단백질 부패취, 변색, 점질물의 형성 등의 현상이 나타난다.

미생물에 의한 물리적 변화(physical change)로는 고기 표면의 점액질(slime)의 형성, 변색, 풍미와 냄새, 연도의 변화 등을 들 수 있다. 점액질의 형성은 고기 표면에 호기성 박테리아와 효모가 많이 번식하여 쌓이기 때문이며, 이들 미생물은 냉장 온도에서도 잘 자란다. 점액층이 형성되기까지의 시간은 최초 오염도, 본존온도, 습도 등에 따라 좌우된다. 식중독 관련 미생물은 식품의 맛, 냄새, 색깔의 변화에 영향을 미치지 않고 식중독을 일으킬 수 있는 수준까지 성장할 수 있으므로 식중독균의 오염을 방지하기 위한 세심한 주의가 필요하다. 일반적으로 식품의 관능적 품질 변화는 주로 비병원성 미생물에 의해 일어난다(이순자 외, 2014).

④ 우유 및 유제품의 부패

우유 및 유제품 등은 매우 상하기 쉬운 식품이다. 이들 식품은 영양분의 충분하고 미생물의 성장에 적당한 수분을 함유하고 있다. 이들 식품은 대부분 단백질과 지방을 분해할 수 있는 효소를 생성하는 녹농균 등에 의해 부패된다. 이들 미생물이 생성하는 효소의 작용으로 지방과 단백질은 각각 분해되어 특유의 부패 양상을 띠게 된다. 그러나 일부 발효 또는 건조 육제품이나 발효 유제품은 곰팡이에 의해서 부패가 일어나기도 한다. 유제품의 부패는 맛의 변화를 일으켜 특히 액상 살균유의 부패 시 쓴맛, 신맛을 띠거나 지방 산패취를 수반하기도 한다. 단백 분해에 의해 다양한 아미노산과 펩타이드가 생성되어 우유의 유당을 이용하여 생산한 젖산에 의해 나타난다. 또한 점진물을 형성하는 미생물에 의해 끈끈이젖 현상이 나타날 수 있다. 치즈와 같은 발효 유제품은 박테리아와 곰팡이에 의해 부패된다. 곰팡이에 의한 부패는 카티지 치즈(cottage cheese)와 요구르트에 발생하여 식품의 가치를 상실시킨다. 곰팡이의 일부는 단백분해력과 지방분해력이 매우 강해서 풍미와 구성에 문제점을 발생시켜야 한다(이순자 외, 2014).

(5) 식품 부패에 영향을 미치는 인자

① 온도

미생물에서는 발육적온, 발육가능온도에 한계가 있다. 5℃ 이하에서는 발육 속도가 저하되기 때문에 0℃ 전후로 식품을 보존해야 한다. 고온세균(thermophiles)은 발육적정온도가 50~60℃이며 70℃에서 증식되는 것도 있으므로 열장고에서 가열 보존 시 주의해야 하며, 중온세균(mesophile)은 30~40℃에서 번식이 쉽다.

효모는 발육적정온도가 25~30℃이고, 곰팡이는 발육적정온도가 20~30℃이다.

표 9-3 세균의 종류에 따른 발육온도 범위와 발육적정온도

미생물	발육범위(℃)	발육적정온도(℃)
저온세균	0~10	20~30
중온세균	10~50	30~40
고온세균	25~70	50~60

효모	5~40	25~32
곰팡이	0~40	20~35

② 수분

수분활성도란 식품 중 미생물이 이용할 수 있는 수분을 나타내는 척도이다. 수분활성도 1.00~0.98에서 거의 모든 미생물질이 발육하며 세균 0.94, 효모0.88, 곰팡이 0.80의 순으로 세균 증식이 활발히 일어난다.

0.95 이하에선 G-간균의 발육 정지가 일어나고 구균이나 유산 간균 등의 세균이 우세하며 0.88 이하에서는 세균과 효모의 발육이 정지되고 곰팡이만 증식한다. 0.80 이하에서는 곰팡이도 증식이 억제된다. 수육, 어육, 과일, 채소의 수분활성도는 0.99이고 햄, 베이컨, 소시지는 0.89~0.935이므로 부패가 수월하게 발생한다.

③ pH 및 염류농도

식품은 대부분 6.0~7.0에서 세균의 발육과 증식에 적합하다. 부패세균은 최적 pH가 5.6~9.0까지 증식이 가능하며, 초산균, 유산균 pH가 4.0~6.1로 산성이나 당 함유식품, 과일에서 잘 증식한다. 산도가 높은 통조림은 100℃ 이상 가열살균을 하지 않아도 된다.

④ 산소와 산화환원 전위

산소분압이나 산화환원 전위가 높으면 호기성 미생물이, 낮으면 혐기성 미생물 증식이 쉽다. 식품의 표면부에는 곰팡이와 효모(호기성 또는 통서 혐기성균)가 주로 발육하기 손쉽게 내부나 통조림 식품, 플라스틱 필름 포장에는 혐기성균 발육이 쉬우며 식품의 중앙에 아스코르빈산, 환원당 SH기가 많으면 환원전위가 낮아져 혐기성균이 활발하게 발육한다. 세균은 대부분 가열로 살균되지만 포자는 남는다.

식품은 Coating, 진공포장을 한 것은 내부의 산화환원 전위가 낮아져 혐기성이 되기 때문에 편성 혐기성균에 의한 내부의 부패를 주의해야 한다.

⑤ 식품 중의 영양 성분

미생물은 고분자인 식품성분을 저급화합물(포도당, 당류, 아미노산, 펩톤)로 분해하여 이용하기 때문에 물의 침투가 용이해진다. 특히 어패류나 냉동식품 해동 시에는 세균요염과 자가소화로 엑기스가 유출한다.

(6) 식품으로 인한 질병

식품을 위생적으로 취급하지 않아 세균, 바이러스로 인한 질병이 전파된 것이며 식품을 매개로 하여 일어난 전염병은 그 원인에 따라 경구 감염병(peroral mfectious disease)과 인수공통 전염병(zoonoses)으로 분류할 수 있다.

경구 감염병이란 병원체가 음식물, 손, 기구, 위생동물 등을 거쳐 경구적(입)으로 체내에 침입하여 일으키는 질병을 경구 감염병이라고 한다.

① 경구 감염병의 분류

- 세균-장티푸스, 파라티푸스, 콜레라, 세균성이질, 파상열 등
- 바이러스-폴리오, A형간염 등
- 리케치아-Q열등
- 원충류-아메바성이질 등

표 9-4 경구 감염병

구분	병원소	잠복기	증상	전파방식
장티푸스 (Typhoid fever)	사람(환자, 보균자)	1~3주	불쾌감, 발열, 두통, 식욕상실 등	환자나 보균자의 분변을 직접 또는 간접으로 접촉할 때 감염

구분	병원소	잠복기	증상	전파방식
파라티푸스 (Paratyhphoid fever)	사람(환자, 보균자)	1~3주	장티푸스와 비슷하나 장티푸스에 비해 대체로 경미한 편임	환자나 보균자의 분변을 직접 또는 간접으로 접촉할 때 감염
콜레라 (Cholera)	사람, 해수	수시간 ~5	쌀뜨물 같은 수양변을 배설, 청백증 유발, 심한 구토증, 탈수증, 맥박이 약하고 체온의 하강 등	오염된 어패류에 의한 감염, 병원체에 의하여 오염된 식품이나 음료수를 섭취할 때 감염되기도 하며 집파리가 병원체를 전파하는 경우도 있음.
세균성이질 (Bacillary dysentery)	사람	보통 4일	발열, 오심, 구토, 위경련, 설사 등이며 혈변을 배설하기도 함	병원체에서 오염된 식품과 음료수를 섭취할 때 감염됨 집파리가 전파할 수 있음
아메바성이질 (Amebiasis)	환자 또는 무증상 보균자	5~수 개월	복통 및 설사, 피와 점액이 섞인 심한 설사 등	환자의 분변에 오염된 식수나 음식물, 채소, 파리 등에 의하여 전파됨
폴리오 (Poliomyelitis, 소아마비, 급성 회백수염)	사람	7~12일	발열, 두통, 구토, 설사, 소화불량, 불쾌감, 목과 등의 경직 또는 마비 등	주로 인두분비액과 직접 접촉하였을 때 감염되며, 파리, 음료수, 식품에 의한 전파는 가능성이 있지만 확인된 바 없음
유행성간염 (Infectipns helatitis, A형간염)	사람, 침팬지	30~50일	돌발성 발열, 불쾌감, 식욕감퇴, 오심, 복통, 황달, 간부전 등	사람과 사람의 직접접촉, 오염된 식품, 혈액 인두분비물 등을 통하여 전파됨

② 인수공통 전염병의 분류

인수공통 감염병은 척추동물과 사람 사이에 자연적으로 전파하는 질병으로, 질병에 걸린 동물의 고기나 젖을 섭취하거나, 이러한 동물을 처리, 가공 및 조리할 때 비위생적으로 처리하여 옮게 된다.

표 9-5 인수공통 감염병

구분		매개체	특징
세균성	결핵 (Tuverulosis)	우형결핵균에 감염된 소	우유에 의해 감염된다.
	탄저(Bacilhus anthracis)	소, 말, 돼지, 양주로, 초식동물	호흡기로 전염되면 패탄저를 일으킨다.
	브로셀라	염소, 양, 소, 돼지, 말, 개, 닭 등	파상열이라고 하며 고열, 오한, 관절 및 근육통이 주증상이다. 소의 우유와 요에 의해 감염된다.
	야토병	토끼, 설치류, 사슴, 파리, 이, 벼룩, 진드기	인체감염은 직접 접촉에 의하여 경구, 경피 감염된다.
	돈단독	돼지	돼지의 피부염과 패혈증을 일으키는 질병이다.
바이러스성	일본뇌염, 광견병	모기, 개	
완충성	톡소플라즈마	개, 고양이 등 애완동물	
진균성	피부진균증	애완동물	
기생충성	디스토마	민물고기, 갑각류	

③ 기생충 감염증

식품을 위생적으로 취급하지 않아 기생충병이 전염되는 것을 의미한다. 원인 매개 식품에 따른 기생충은 다음과 같다.

- 야채 : 아메바성 이질, 회충, 촌충, 구충, 요충 등
- 수육 : 톡소플라즈마, 조충, 선모충 등
- 담수어 : 디스토마, 요코가와흡충, 광절열두조충, 유극악구충 등
- 해산어 : 아니사키스 등

④ 식중독

식품위생법(제2조, 제10조)에서 식중독의 정의는 '식품의 섭취로 인하여 인체에 유해한 미생물 또는 유독물질에 의하여 발생하였거나 발생한 것으로 판단되는 감염성 또는 독소형 질환'을 말하며, 세계보건기구에서는(WHO)에서는 '식품 또는 물의 섭취에 의하여 발생된 것으로 판단되는 감염성 또는 독소형 질환'이라고 정의하고 있다(송태희 외, 2008; 이윤경 외 2013).

표 9-6 원인 시설별 식중독 발생현황

원인시설	발생건수(건)	환자수(명)
가정집	5	22
기업체	14	608
기타	24	502
불명	12	189
음식점	134	1,297
학교(위탁)	2	86
학교(직영)	44	2,254
합계	**235**	**4,958**

⑤ 세균성 식중독

▶ **감염형 식중독**

– 살모넬라 식중독

• 원인균 : Senteritdis, Gartmer균, S. choleraesuis, 돈콜레라균, S. typhimurium, 쥐 살모넬라균

• 원인식품 : 어패류 가공품, 우유 및 유제품, 샐러드, 두부류에서 많다.

[그림 9-4] 살모넬라 식중독 원인 식품들

- 감염경로 : 주로 여름과 가을에 빈발, 살모넬라균에 감염된 조류나 육류를 먹다. 환자, 가축, 쥐 등의 대·소변에 오염된 음식물을 섭취했을 때 전염된다.
- 증상 : 복통, 설사, 구토, 메스꺼움 등 급성 위장증세와 급격한 발열(38~40℃) 증상이 2~5일 지속되고 7~10일 후엔 완치된다.
- 예방 : 식품의 가열처리 및 저온에 저장, 환자의 식품취급 금지 보균자 색출, 부엌, 식품저장고, 도축장의 위생관리, 위생해충 및 서족류의 구제

– 장염비브리오 식중독

- 원인균 : Vibrio Parahaemolyticus(장염비브리오균), 병원성호염균으로 해수세균의 일종
- 원인식품 : 연안 근해의 조개, 굴, 생선 등의 어패류 및 그 가공품이 문제가 됨
- 감염경로 : 발생 5~11월(7~8월)에 빈번, 오염된 해수에 의해 어패류의 1차 감염, 어패류를 취급한 조리기구 등에 의해 식품에 2차적으로 오염
- 증상 : 급성위장염 증세(복통, 설사, 구토) 단, 고열은 없음
- 예방 : 여름철에 어패류의 생식을 금함. 10℃ 이하의 저온저장, 조리기구나 용기 등의 청결함 관리가 필요하다.

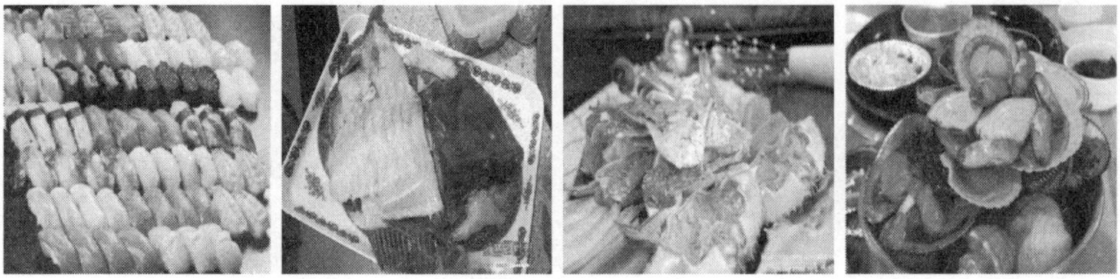

[그림 9-5] 장염비브리오 식중독의 원인 식품들

– 병원성 대장균 식중독

- 원인균 : Bacterium coli, neapolitanum 및 유사 대장균 장내 기생하는 화농성 원균으로 영유아에 대한 병원성이 강함, 사람에서 사람으로 직접 옮김
- 원인식품 : 대장균에 감염된 모든 식품
- 감염경로 : 환자 및 보균자의 대변이 오염원으로 보균자의 손으로 조리한 식품에 의해 감염됨. 평균 1, 000만 마리 이상의 균을 일시에 섭취하면 발생한다.
- 증상 : 설사(혈변, 고름이 섞일 수 있음), 발열, 복통, 두통, 40℃ 이상의 고열
- 예방 : 청결한 환경위생과 청결한 식생활이 중요

[그림 9-6] 병원성 대장균 식중독의 원인 식품들

– 노로바이러스 식중독

- 원인균 : 노로바이러스

• 원인식품 : 어패류, 특히 굴에 의한 감염 사례가 많음. 오염된 물, 특히 지하수

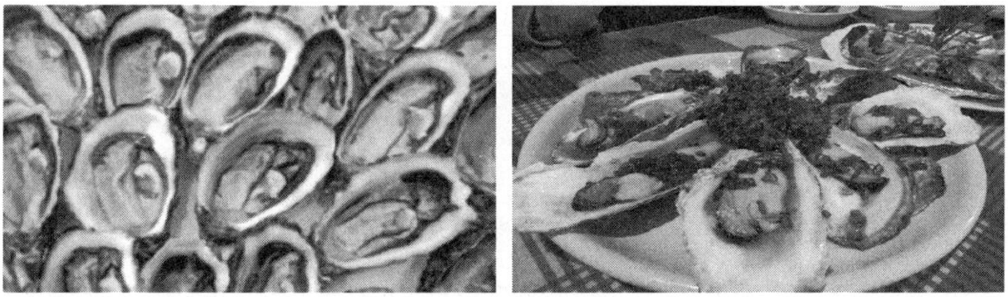

[그림 9-7] 노로바이러스 식중독의 원인 식품들

▸ **독소형 식중독**

– 포도상구균 식중독

균은 열에 약하지만 균이 생산한 독소는 열에 강하다. 화농된 조리사의 손을 통해 유제품 우유, 크림, 과자, 버터, 치즈, 전분을 포함한 밥, 떡, 빵, 도시락, 두부 등에 독소가 침입한다.

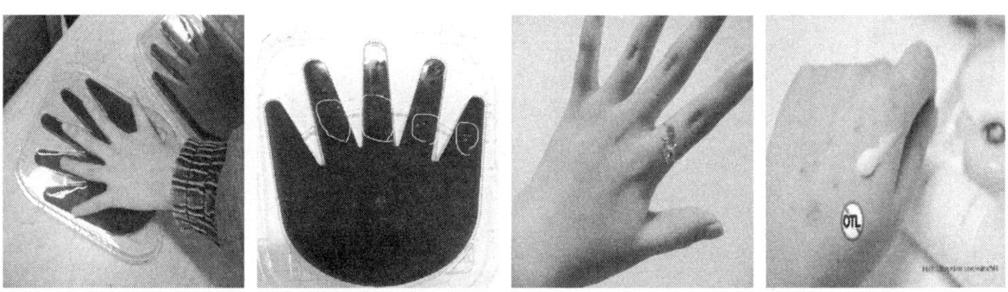

[그림 9-8] 조리가 금지되는 조리사의 손상태, 세균이 많은 손

– 보툴리누스 식중독

혐기성균으로 밀봉 식품에 의해 주로 발생 소시지, 햄, 채소, 과일 등의 통조림 부패 가스가 형성된 통조림이나 병 제품을 피해야 한다.

– 알레르기성 식중독

히스딘량이 많은 붉은 살 어류에 proteus moranil가 단백질을 분해시켜서 생성되는 히스타민을 부패 세균이 다른 물질로 변화시킨다. 축적된 히스타민과 부패 아민류와 합동작용으로 알레르기 같은 식중독이 발생한다.

표 9-7 세균성 식중독과 소화기계 감염병의 차이

구분	소화기계 감염병	세균성 식중독
섭취균량	다량(대부분 음식물 중에서 증식)	극소량(주로 체내에서 증식)
잠복기	일반적으로 길다.	아주 짧다.
경과	대체로 길다.	대체로 짧다.
전염성	심하다.	거의 없다.
면역성	어느 정도 성립 된다.	성립되지 않는다.
감염경로	2차 감염	음식물 섭취

출처: 이순자 외(2014).

– 기타

치즈, 소시지, 분유 햄, 커틀릿을 매개식품으로 하는 장구균식중독과 야채 수프, 바닐라소스, 돼지고기를 주된 매개 식품으로 하는 바실루스, 세리우스 식중독 등이 있다.

⑥ 화학성 식중독

▸ **유해첨가물 혼입**

유해 감미료, 인공착색료, 합성보존료, 표백제 및 살균제

▸ **유기물질**

P-Nitoanillne, 잔류농약(유기인계, 유기수은계, 유기염소계 농약) 등

사용 가능한 첨가물
식품의 산패 방지에 사용되는 산화방지제 : BHA, dl-@-tocopherol 식육 제품에 많이 사용되는 보존료 : Sorbic acid 청량음료, 간장에 많이 사용되는 보존료: Bednzoic acid 주류, 액체식품에 많이 사용되는 보존료 : Salicylic acid 방부 효과 있는 항생물질 CTC(어류에 사용 인정), CM, OTC

▸ **유해금속 물질**

비소, 납, 카드뮴, 수은 등

표 9-8 세균주요 유해 중금속에 의한 식중독

금속명	주된 중독경로	중독증상
구리	첨가물, 식기, 용기	구토, 위통
납	가가, 오용	구토, 설사, 만성중독
바륨	식기의 오용	구토, 구내염, 장염, 복통, 설사
비소	농약, 첨가물	위통, 설사, 복통, 출혈
수은	수은의 오염	구토, 복통, 설사
아연	식기, 용기의 오용	구역질, 설사, 구토, 복통
안티몬	식기 오용	구토, 설사, 출혈
카드뮴	식기, 기구 오용	구역질, 구토, 경련, 설사

출처: 이순자 외(2014).

⑦ 자연독 식중독

구분	증상
복어	복어의 유해성분은 나소, 간, 고환, 위장, 피부에 있는 독소인 Tetrodotoxin으로 5~6개월에 가장 증가하며 열과 햇빛에 강하여 100℃에서 4시간 가열

구분	증상
	해도 파괴되지 않는다. 독을 섭취한지 빠르면 30분~2시간 사이에 촉각, 통각, 온각마비가 일어나고 창백, 혈압하강, 호흡마비로 사망할 수 있음. 경증 시 두통, 구토, 사지마비, 지각마비가 있고 연하곤란이 나타남. 필히 전문조리사만 요리해야 한다.
조개류	유해성분은 모시조개, 바지락 및 굴의 독성분인 venerupin으로 100℃에서 1시간 가열하여도 파괴되지 않음. 치사량은 0.2mg이며, 1~4월에 많이 발생한다. 독이 있는 조개를 섭취한지 12~48시간 후에 전신권태, 구역, 구토, 변비, 두통이 있으며 배, 목, 다리의 피하에 출혈반점이 생기며 중증에서는 피하출혈, 토혈, 혈변, 혼수, 말초신경의 마비 증상이 나타난다.
독버섯	유해성분은 muscarin, muscaridine, chohin, neurin, phaline 등이며 주로 muscarin에 의한다. 중독되면 부교감신경의 말초흥분으로 각종 분비액의 증진, 호흡곤란, 위장의 경련성 수축, 설사의 증상이 나타난다. 외형이 지나치게 선명하거나 악취, 쓴맛이 있는 경우, 유즙이 나오는 것, 점액이 나오거나 공기 중 쉽게 변색하는 것, 버섯 조리 시 은수저를 넣어 흑색으로 변하는 것, 방향이 일정하지 않게 찢어지는 것들은 독버섯인 경우가 많다.
감자싹	감자의 새싹이나 녹색 부위에 함유된 solanine 때문이며 먹으면 복통, 설사, 구토가 나고 심하면 사망할 수 있으며 독소는 아린 맛이 나며 가열하여도 잘 파괴되지 않으므로 파란 부분은 벗겨내어 조리해야 한다. 썩은 감자에는 셉신(sepsine)이란 독소가 중독의 원인이 된다.
맥각균	우기에 맥류에 기생하는 맥각균(Claviceps purpurea)에 의해 생성되는 Ergrtoxin의 작용에 의해 중독이 일어나며 보통 교감신경에 작용하여 위장계 증상과 신경계 증상을 일으킨다. 임산부에게는 자궁수축작용으로 유산 또는 조산을 일으킨다.

출처: 김일옥 외(2013).

▶ 기타 자연독

표 9-9 자연 식중독을 일으키는 식품

식품명	유독성분	증상
고사리	brechen ferd toxin	고사리가 가축에게 장관의 출현 발생
독미나리	ptaquiloside	발암물질(삶아서 먹으면 무해)
목화씨	cicutoxine	심한 위통, 구토, 현기증, 경련 등
오두	gossypol	위장장애, 식욕감, 정력감퇴 등
오색두	phaselunatin	입 및 안면마비, 창백, 언어장애 등
은행종자	청산	청산을 생성하여 중추신경마비
아주까리	ricin	소화기계증상, 호흡곤란, 호흡중추마비
매실	amygdaline의 분해산물인	알레르기성 증세
	시안산	어지러움증, 사망

출처: 이순옥 외(2014).

⑧ 아플라톡신 중독

곰팡이독에 의한 식중독으로 Aspergillus flavus는 aflatoxin 독성을 생산하며 쌀, 보리, 옥수수에서 잘 발생하고 수분 16% 이상, 상대습도 80~85% 이상, 온도 25~30℃가 최적조건이다. 강한 간장독으로 간출혈, 담관증식, 신장출혈증상을 나타내며, 강한 발암물질이다.

수분함량이 14~15% 이상의 저장미에 발생하는 곰팡이 때문에 황변미가 되어 식중독을 일으킨다. 간경변을 일으키는 islandia 황변미, 신경독을 일으키는 toxicariun 황변미, 신장장애를 일으키는 태국 황변미가 있다.

(7) 식중독 예방

▶ 어린이집 식중독 예방요령

– 식품구입 및 보관 단계

• 냉장은 5℃, 냉동은 -18℃ 이하, 냉장 및 냉동식품은 제일 나중에 구입하여야

한다.

- 식품표시 사항이 분명한 식품 구입 및 유통기한 확인, 제조회사, 원산지, 원재료명 등이 명확히 표기되어 출처가 명확한 제품을 구입하여야 한다.

2. 가정안전 교육의 개념 및 유형

1) 개념

가장 안전하다고 여겨지는 가정에서 발생하는 영유아 안전사고는 한순간의 방심이나 부모가 주의하지 않으므로 인해 일어나는 경우가 많다. 가정 내 안전사고는 경미한 사고부터 영유아의 신체적 · 정신적 건강에 큰 해를 미치는 것까지 영역이 여러 가지이며, 손상 정도가 심할 경우 본인과 가족의 괴로움이 크고 후유장애로 인해 장기간의 치료가 매우 절실하다. 특히 가정 내 안전사고가 영유아에게 집중되고 있으므로, 영유아를 대상으로 한 안전교육과 더불어 부모에 대한 안전교육이 연계되어야 할 것이다.

2) 가정안전 교육의 유형 및 내용

(1) 현황

영유아는 많은 시간을 가정에서 보내는 장소이며 성인 보호자가 있기 때문에 안전한 장소라고 생각할 수 있으나 결코 안전한 장소가 아니다. 2011년 1월 ~ 2013년 12월까지 3년간 한국소비자원의 소비자위해감시시스템 CISS (Consumer injury Surveillance Sysem) 에 수집된 만 14세 이하의 영유아 안전사고를 분석해 보면 가정에서 영유아 안전사고가 가장 빈발하게 일어나는 장소임을 알 수 있다.

표 9-10 영유아 장소별 안전사고 발생 현황

구분	2011년	2012년	2013년
가정	12,926	15,055	16,564
교육시설	1,662	1,800	1,801
여가 및 문화놀이시설	1,457	1,610	2,022
사업시설	921	1,147	1,409
교통시설(골목길 등)	559	676	663
스프츠/레져시설	261	472	565
의료서비스시설	225	227	120
기타	2,621	1,920	1,168

출처: 한국소비자원(2014).
교통시설: 도로/시설 모두 포함.
기타: 자연, 주거시설, 공공시설, 농수축산업시역, 산업 및 건설지역 발생장소가 명확하게 명시되지 않은 경우를 포함.

표 9-11 영유아 안전사고 접수 현황(2011년~2013년)

구분	2011년	2012년	2013년
건수	20,732	22,907	24,312
전체건수	54,724	61,498	65,405
비율(%)	37.9	37.2	37.2

출처: 한국소비자원(2014).

• 가정에서 블라인드 사용이 일반화되면서 이로 인한 영유아의 질식 사고는 최근 3년간 15건이 발생한 것으로 나타났으며, 2011년에는 사망사고도 있었다. 영유아들이 뛰어놀거나 기어오르면서 끈이나 줄을 목에 걸고 놀려는 습성이 있어 위험에 노출되어 있을 뿐 아니라 줄에 목이 걸려 위험에 처해도 신속하게 대처할 수 있는 능력이 부족하여 부모들의 주의가 필요하다.

표 9-12 블라인드로 인한 연령별 안전사고 현황

구분	1세 미만	1~3세	4~6세	7~14세
건수	0	5	6	4

출처: 한국소비자원(2014).

표 9-13 영유아들이 완구 삼킴 안전사고 현황

사고관련 주요품목	2011년	2012년	2013년
기타 완구, 인형	215	237	750
구슬	157	187	540
동전	80	114	328
건전지	23	67	146
자석	39	48	127
기타	1,255	1,741	5,030

출처: 한국소비자원(2014).

• 전열제품으로 인한 안전사고 가정에 정수기, 전기밥솥, 다리미 등 주방에서 주로 사용하는 제품으로 인한 사고 외에 드라이기, 고데기와 같이 안방과 거실에서 사용하는 제품으로 인한 사고가 지속적으로 증가하고 있다(표 9-14).

표 9-14 전열제품으로 인한 영유아 안전사고 현황

사고관련 주요품목	2011년	2012년	2013년
정수기	91	99	83
전기밥솥	82	63	92
가정용다리미	39	34	42
가정용티포트 또는 커피포트	24	44	30
전기압력밥솥	16	29	47
전기고데기	23	29	36
기타	418	451	402

출처: 한국소비자원(2014).

- 세제, 살충제 등으로 인한 중독사고가 최근 3년간 의약품으로 삼키거나 오용/남용함으로써 발생한 중독사고가 총 817건으로 나타났다. 특히 1~2세 영아의 경우, 중독으로 인한 사고발생이 521건으로 전체의 63% 이상을 차지하고 있다(표 9-15).

표 9-15 연령별 중독안전사고 현황

구분	1세 미만	1~3세	4~6세	7~14세
건수	100	521	92	104
비율	12.2	63.8	11.3	12.7

출처: 한국소비자원(2014).

표 9-16 중독사고를 일으키는 주요제품 현황

발생품목	건수	비율	발생품목	건수	비율
기타 약품	170	(20.8)	체온계	14	(1.7)
살충제	65	(8.0)	담배	14	(1.7)
표백제	56	(6.9)	해열제	13	(1.6)
감기약	37	(4.5)	식기세척용품	13	(1.6)
비누 & 세탁소용제	34	(4.2)	애완동물 기타	12	(1.5)
기타 어패류 & 어패류가공식품	26	(3.2)	방습제	11	(1.3)
매니큐어용품	26	(3.2)	손세정제	11	(1.3)
소독살균제	18	(2.2)	기타 완구, 인형	9	(1.1)
탈취제	15	(1.8)	기타	273	(33.4)

출처: 한국소비자원(2014).

※ 중독사고 주의품목

화장품, 방향제, 매니큐어액, 샴푸, 샤워젤, 모기향, 다용도접착제, 세정제, 건조살균제, 비타민제, 등유, 페인트, 가정용주방온도계, 모발염색제, 소독제, 피임약, 피부병약, 진통제, 렌즈세척제, 잡초약, 위장약, 자동차세척제, 식초, 건전지, 안약 등

(2) 위치별 가정에서 안전

① 방과 거실에서의 안전

영유아들이 방이나 거실에서 흔히 일어나는 사고는 바닥이 미끄러워 미끄러지거나 넘어지는 사고이다. 우리 주변에는 영유아들이 넘어지기 쉬운 환경이 굉장히 많다. 잘 닦아 놓은 방이나 마룻바닥 목욕탕의 타일 바닥, 물이 묻으면 미끄러운

비닐 바닥 등은 모두 영유아에게 위험한 장소이다. 방과 거실에서 일어날 수 있는 영유아의 사고를 예방하기 위한 구체적인 방법은 다음과 같다.

- 쉽게 움직일 수 있는 물건은 테이블 위에 두지 않는다. 높은 곳에 있는 물건이 영유아의 머리 위에 떨어질 우려가 있기 때문이다.
- 실내에서는 반드시 실내화를 신도록 하여 미끄럼 방지 처리가 되는 양말을 신게 함으로써 일어나는 사고를 방지한다.
- 테이블의 날카로운 모서리는 플라스틱이나 천으로 씌워서 영유아가 다치지 않도록 한다.

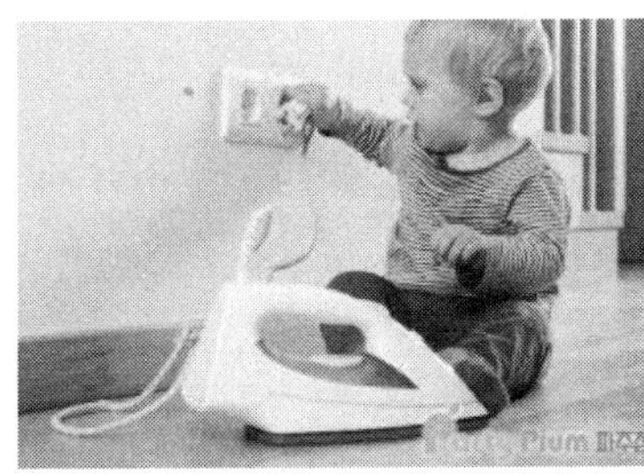

- TV에는 강한 전류가 흐르므로 잘못 만지면 전기 충격을 받는다. 영유아가 TV의 뒷부분을 만지지 않도록 설치하도록 한다.
- 영유아가 자거나 혼자 있을 때는 에어컨, 선풍기, 난로 등을 켜두지 않도록 한다.
- 영유아의 방에는 가벼운 가구를 두지 않도록 한다. 영유아가 가구를 끌고 다닐 위험의 우려가 있기 때문이다.
- 가전제품(선풍기, 전기다리미 등)은 사용 후 반드시 스위치를 끄고 콘센트에서 플러그를 꼭 뽑아 보관한다.

[그림 9-9] 방과 거실에서의 안전

② 부엌에서의 안전

영유아의 호기심을 끌 만한 도구들이 대단히 많은 장소는 부엌이다. 조리 시간의 대부분 불을 사용하고 칼이나 조리기구들이 노출되어 있다면 대단히 위험함으로 영유아의 주방 출입은 항상 성인과 함께 해야 하며, 성인이 관찰 가능하고 지도 가능할 때에 출입하는 것이 바람직하다. 그러나 이에 앞서 주방의 위험한 조리기구들은 영유아의 손이 닿지 않는 곳에 두는 것이 중요하다. 싱크대, 서랍은 사용하지 않을 때 잘 닫아 두고 안전개폐장치를 설치해야 하며, 가스레인지의 밸브를 잠가 두고 불을 사용하는 요리를 할 때에는 영유아에게 위험성을 설명한 뒤에 가까이 오지 않도록 한다. 그 밖에도 혹시나 생길 수 있는 사고에 대비해 비상용 소화기를 설치하고 바닥이 미끄럽지 않도록 요리한 이후에는 물기와 기름기가 없도록 닦아 두어야 한다.

부엌에서 일어날 수 있는 영유아의 사고를 예방하기 위한 구체적인 방법은 다음과같다(이순자 외, 2014).

- 전기밥솥이 아이의 손에 닿지 않는 곳에 두어야 한다.
- 요리를 할 때는 가스레인지의 안쪽 버너에서 하고 냄비 손잡이는 반대쪽을 향하게 해야 한다.
- 냉장고, 싱크대, 서랍은 사용하지 않을 때 항상 잘 닫아 두며 잠금 장치가 되어 있다.
- 가스레인지 사용 후 중간 밸브를 항상 잠궈 둔다.
- 칼이나 포크, 가위, 채칼, 깡통 뚜껑 등 날카로운 물건은 항상 서랍 안에 넣어 둔다.
- 바닥에 물기가 없도록 한다.
- 식탁보는 아이가 잡아당기기 쉽게 늘어져 있지 않다.
- 농약 등 유독 물질을 음료수 병에 담거나 냉장고에 넣어 두지 않는다.

[그림 9-10] 부엌에서의 안전

③ 화장실에서의 안전

화장실은 물과 비누를 주로 사용하는 공간이므로 이로 인한 미끄럼 사고가 빈번하게 발생한다. 따라서 바닥에 미끄럼 방지 타일을 사용하거나 테이프를 붙이고 욕실 슬리퍼는 바닥에 물기가 없도록 자주 확인해야 한다. 영유아가 있는 가정에서는 되도록 물비누를 사용하고 고체형 비누를 사용할 경우에는 바닥에 떨어뜨리지 않도록 주의한다. 모든 세제류와 표백제가 영유아의 손에 닿지 않고 호기심을 불러일으키지 않도록 안 보이는 장에 넣어 두고, 영유아가 혼자 화장실에 들어가는 일이 없도록 부모의 철저한 지도가 필요하다. 화장실에서 사용할 수 있는 전자제품인 헤어드라이어나 면도기는 사용하지 않을 때 콘세에서 뽑아 두고 함부로 만지지 않도록 해야 한다. 화장실에서 일어날 수 있는 영유아의 사고를 예방하기 위한 구체적인 방법은 다음과 같다(이순자 외, 2014).

- 평소에 화장실 욕조에 물기가 없도록 닦아야 한다.
- 가장 뜨거운 물의 온도가 49℃ 이하가 되도록 조절되어 있어야 한다.
- 전기 콘센트는 어린이 손에 닿지 않는 위치에 있도록 한다.
- 변기 덮개에는 잠금 장치가 되어 있도록 한다.
- 비누·세제를 아이들 손에 닿지 않는 곳에 보관해야 한다.
- 바닥에 물기가 없고 미끄럼 방지 장치가 있어야 한다.
- 세면대에 매달리거나 변기 뚜껑을 밟고 위에 올라가지 않도록 주의시켜야 한다.

- 욕실 바닥에 장난감을 늘어놓고 놀지 않도록 주의시켜야 한다.
- 뜨거운 수도꼭지를 만지지 않도록 주의시켜야 한다.
- 화장실에서 뛰거나 장난하지 않도록 주의시켜야 한다.

[그림 9-11] 화장실에서 안전

④ 창문이나 베란다에서의 안전

창문이나 베란다는 주택의 구조나 실용성의 측면에서 없어서는 안 될 중요한 가옥 구조 중 하나이면서도 영유아의 안전사고가 가장 자주 일어나는 장소이기도 하다. 창문이나 베란다에서의 추락사고는 언제나 우리 생활 속에 상주하는 위험이므로 어느 날 갑자기 일어날 수도 있다. 즉, 창문이나 베란다는 항상 사고 위험을 내포하고 있는 위험한 장소이기 때문이다. 특히 모든 면에서 서툴다 보니 판단이 불충분한 시기에 있는 영유아는 생활 속에서 항상 사고는 위험한 범위 안에 있다.

창이나 베란다에서 일어나는 대부분의 추락사고는 시설의 안전 상태가 불량하여 일어나고, 최근에 우리나라에서는 아파트 실내 구조 변경 등으로 거실과 바깥을 연결하는 베란다를 철거하여 이러한 실내 · 외를 연결하는 완충 지대인 베란다가 철거됨으로 거실 창문을 통해 바로 영유아가 바깥쪽에 호기심을 갖고 내려다 보기 위해 상체를 바깥으로 내미는 위험한 행동을 하여 사고로 이어질 수 있는 위험이 높아지고 있다. 창문이나 베란다에서 일어날 수 있는 영유아의 사고를 사전 예방하기 위하여 구상적인 방법은 다음과 같다(이순자 외, 2014).

• 창문이나 베란다에는 난간이 반드시 설치되어야 하고 난간의 높이는 난간이 시작되는 바닥으로부터 최소한 110cm 이상으로 몸의 중심보다 난간이 높아야 한다. 난간 세로대의 간격은 11cm 이하이면 안전하다고 본다. 머리가 빠져나가면 몸통도 빠질 수 있으므로 난간대의 간격이 머리의 크기보다 좁아야 한다.
• 창문이나 베란다 주변에 받침대가 될 만한 가구나 물건을 보관하지 않도록 한다.
• 창문이나 베란다 위에는 아무것도 올려 두지 말아야 한다.
• 베란다 문이나 창문에 잠금 장치를 하여 영유아들이 열지 못하도록 해야 한다.
• 베란다나 창문 가까이 가구를 배치하거나 영유아의 시선을 끄는 물건을 보관하지 말아야 하고 영유아들이 물건을 꺼내기 위해 높은 의자를 놓거나 가구 위로 올라가게 되면 이때 자칫하면 창문 밖으로 떨어질 위험이 있다.
• 창틀 위에 유아용품을 보관하지 말아야 하고, 영유아가 용품을 꺼내기 위해 오르다가 사고가 발생할 수 있다.

⑤ 침대나 가구에서의 안전

이 시대를 사는 사람들의 삶이 점점 서구화됨에 따라 가정에서의 침대 사용도 매우 빈번해지고 있다. 또한 가정 내 환경은 성인에게 적합하게 구성되어 있으므로 가구 역시 안전을 고려하기보다는 심미적인 특성을 고려하여 배치되는 경우가 많다.

영유아의 경우 침대로 인한 안전사고는 낙상이 가장 빈번하게 발생하는데, 침대에서 낙상할 경우 머리부터 낙상하면서 심각한 부상을 입을 수 있다. 영유아의 경우 되도록 성인 침대를 사용하지 말아야 한다. 자다가 질식하거나 떨어질 수

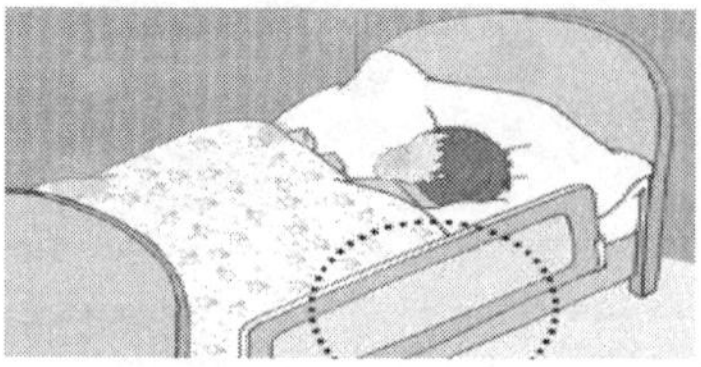

있으므로 침대 밑에 충격을 완충할 만한 매트나 이불을 깔아 두어야 안전하다. 책상이나 장식장 등 모서리가 뾰족하게 돌출된 가구는 모서리 보호 장치를 부착하여야 하며 되도록이면 영유아들을 위한 가구를 구입할 때에는 모서리가 둥근 가구를 구입하는 것이 바람직하다. 침대나 가구에서 일어날 수 있는 유아의 사고를 예방하기 위한 구체적인 방법은 다음과 같다.

- 탁자 위에 무거운 물건을 많이 보관하지 않도록 한다. 특히 다리가 약하다든가 접을 수 있는 탁자는 무게를 지탱하는 힘이 약하므로 주의해야 한다.
- 실내 · 외에 있는 탁자는 그 위에 영유아가 올라가 뛰면서 가하는 힘에도 충분히 버틸 수 있을 만큼 튼튼해야 한다.

- 장식장 · 침대의 모서리는 뾰족하거나 돌출된 부분이 없는 둥근 것이 좋다. 침대의 나간은 영유아의 손이 끼이지 않도록 강한 걸쇠로 단단히 매어 주며, 난간 사이의 폭은 5~6cm가 적당하다.
- 벽에 무거운 물건은 떨어질 위험이 있으므로 걸지 않는다. 특히 영유아의 손이 닿는 곳에는 아무것도 걸지 않도록 한다.
- 보행기는 매우 위험하다. 보행기를 타면서 심한 사고를 당할 우려가 있으므로 되도록 사용하지 않는 것이 좋다.
- 영유아용 식탁의자는 안전해야 한다.

⑥ 현관에서의 안전

영유아들이 집 안에 들어올 때 현관은 신발을 가지런히 정리하도록 하고 현관문을 여닫을 때 조심하도록 주의시켜야 한다. 현관에 설치된 손잡이와 발 조명 스위치의 사용법과 위치를 알려주어야 한다. 현관에서 일어날 수 있는 영유아의 사고를 예방하기 위한 구체적인 방법은 다음과 같다.

- 현관은 항상 정리정돈된 상태로 유지하여 흩트러진 신발이나 가구들에 걸려 넘어지는 일이 없도록 해야 한다.
- 비나 눈이 오는 날은 특히 현관에 물기가 없도록 자주 닦는다.
- 현관문에 손이나 신체의 일부가 끼는 일이 없도록 주의시키고, 손가락이 끼는 것을 방지하기 위해 문이 자동으로 서서히 닫히도록 장치(도어체크)를 하거나 문이 닫히는 속도를 임의로 조정하여 사용하는 것이 좋다.

⑦ 계단에서의 안전

우리 환경에서 필수적인 계단은 영유아의 안전을 위협하는 장소이다. 일반적으로 계단의 추락은 불충분한 조명, 계단 위의 장애물, 미끄러운 표면 등과 같은 시설이나 설비상의 문제에서 일어난다. 또한 계단 주변에 장난감을 두지 말아야 하고 계단을 오르내릴 때는 반드시 난간을 잡도록 하며 한 칸씩 내려오도록 지도하여야 한다. 어두울 때 계단을 이용할 경우 반드시 계단 조명을 사용하여야 하며 주머니에 손을 넣고 오르내리지 않도록 주의시켜야 한다. 계단에서 일어날 수 있는 영유아의 사고를 예방하기 위한 방법은 다음과 같다.

- 계단의 경사는 위험을 피하기 위해서 적어도 45℃ 이하, 가능하면 35℃가 안전하다.
- 계단이 끝나는 점까지 충분한 높이의 튼튼한 난간을 설치하며 추락의 위험을 방지해야 한다.
- 계단의 표면이 미끄럽지 않도록 주의한다.
- 계단 하나하나에 미끄럼 방지틀을 설치해야 한다.
- 계단은 항상 밝게 조명이 되어 있어야 한다.

- 계단 위에서 놀지 않도록 주의시키도록 한다.
- 계단을 내려올 때는 반드시 난간을 잡도록 하며 한 칸씩 내려올 수 있도록 지도한다.
- 어두울 때 계단을 이용할 때는 반드시 계단 조명을 사용하도록 지도한다.

가정 내 안전사고 예방을 위한 보호자 안전수칙

1. 영유아들이 창문 근처에 몸을 기대거나 상체를 내미는 행동을 절대하지 못하도록 주의시켜 주세요.
2. 영유아(혼자 뒤집기를 못하는 영아 포함)를 혼자 침대나 소파 등에 두지 마세요.
3. 타일 바닥재에는 미끄럼 방지장치, 석재 바닥재에는 완충이 될 수 있는 매트를 사용하세요.
4. 칼이나 가위(주방용, 문구용, 화장용품 포함), 길고 가는 물건(면봉, 귀이개, 화장도구 등)은 어린이의 손이 닿지 않는 곳에 보관하세요.
5. 완구를 구입할 때는 사용 가능한 연령을 확인하고, 작은 부품이 쉽게 빠지지 않는지, 자석과 건전지가 쉽게 빠지지 않는지를 확인하세요.
6. 식재료 중 콩류나 옥수수류는 어린이가 섭취할 시 코로 들어가지 않도록 하고 보관에도 유의하세요.
7. 정수기의 온수 취수구에는 이중 조작 장치를 설치하고, 조작장치가 없을 시 온수를 잠가 두세요.
8. 전기밥솥의 수증기가 나오는 부분에 영유아들이 화상을 입는 경우가 있으므로 밥솥을 손이 닿지 않는 곳에 올려 두세요.
9. 바닥에 바르는 살충제가 외부에 노출되어 있지 않은지 점검하고, 붙이는 살충제도 어린이의 손이 닿지 않는 곳에 부착하세요.
10. 표백제와 세정제류, 접착제는 보관에 주의하세요.
11. 수은 체온계는 쉽게 깨질 수 있으며, 파손 시 영유아에게 해로우므로 영유아의 손이 닿지 않는 곳에 보관하세요.
12. 선풍기 날개에 영유아의 손이 들어가지 않도록 덮개를 씌워 주세요.

출처: 한국소비자원(2012).

3. 약물 오남용 안전교육 및 유형

1) 개념

우리생활에서 약은 없어서는 안 될 만큼 필요한 위치를 차지하고 있다. 그러나 약물안전에 대한 문제점이 최근 자주 논의되는 것은 현대 사회에서의 약물과 관련된 환경적 요소의 위험성이 날로 높아지고 있기 때문이다. 특히 약물 오남용 안전에 포함되어 있는 유해한 약물에는 주류, 담배, 마약류 등도 포함되어 있어 약물 오남용의 범위가 상당히 넓다고 할 수 있다. 이러한 유해약물 외에도 일상적으로 복용하고 있는 각 가정에 있는 약물 오남용과 관련된 안전사고의 위험은 더욱 높아지고 있는 실정이다. 또한 약물 오남용으로 인한 중독이나 질식 등의 사고는 단기간 동안 인체에 치명적인 상해를 입힐 수 있다는 점에서 이에 대한 안전교육의 중요성은 더욱 크게 인식되고 있다.

영유아를 위한 약물 오남용 안전교육의 필요성이 제기되는 것은 약물을 접할 수 있는 연령이 점차 낮아지고 있으며 많은 영유아들이 직·간접적으로 약물 오남용 및 약물에 중독될 수 있는 환경적 위험요소에 노출되어 있는 것 등에 대한 문제점 인식에 기인한다. 영유아기의 신체적 건강과 발달은 인간 성장·발달이 기초를 형성하고, 이후 발달의 방향을 제시해 준다는 점에서 영유아를 위한 약물 오남용 안전교육이 적기에 실시될 필요가 있다. 그러나 아직까지 우리나라에서의 약물오남용 교육은 주로 청소년을 대상으로 하는 경우가 많으며, 술, 담배, 마약류에 대한 내용이 주로 포함되고 있다.

[그림 9-12] 약물 오남용

약물 오남용과 관련된 법률적인 내용을 살펴보면 청소년보호법 제2조에서는 '유해약물을 주류, 담배, 마약류 및 기타 중추신경에 작용하여 습관성, 중독성, 내성 등을 유발하여 인체에 유해 작용을 미칠 수 있는 약물 등 청소년의 사용을 제한하지 아니하면 청소년의 심신을 심각하게 훼손할 우려가 있는 약물'로 구성하고 있다.

이를 좀 더 구체적으로 살펴보면, 술, 담배 그리고 향정신성 의약품관리법 규정에 의한 향정신성 의약품, 즉 마약, 대마, 환각물질, 기타 중독성을 유발하여 유해한 작용을 할 수 있는 약물은 청소년 유해약물로 분류하고 있다(김영한 외, 2005; 도현심 외, 2009에서 재인용). 약물 오남용의 개념을 보다 명료하게 이해하기 위하여 인간이 필요에 따라 약물을 섭취하는 행위에 대한 정의가 우선되어야 할 것이다. 약물 오남용과 관련된 개념으로 사용, 오용, 그리고 남용의 세 가지로 구분하여 그 의미를 살펴볼 수 있다.

사용이라 함은 질병의 치료를 목적으로 약에 대한 전문가가 지시한 용법대로 약물을 사용하는 것을 의미하며, 오용은 잘못된 사용, 예를 들면 약에 대한 전문가의 지시에 따르지 않은 채로 사용하거나, 용법을 적절하게 따르지 않은 채로 사용하는 것을 말한다. 그러나 남용의 경우는 의학적인 치료의 목적이 없이 사용하는 것을 의미하며, 주로 향정신성 약물의 비의학적 사용에 국한하여 정의하고 있는 것이 일반적인 추세이다(영남대학교부설약품개발연구소, 2002). 일반적으로 남용되는 약물은 주로 향정신성 약물이며, 약물 오남용의 정의를 간단히 정리할 수는 없지만 전반적으로 향정신성 약물의 비의학적 사용, 즉 행동, 감정 및 인식에 인위적인 변화를 일으키기 위하여 향정신성 약물을 불법적 · 비의학적으로 사용하는 것을 약물남용이라고 한다.

이상에서 살펴본 것과 같이 약물 오남용에서는 의약품, 음주와 흡연이 약물로 포함된다. 본 장에서는 유아를 대상으로 안전교육을 실시한다는 점에서 의약품 및 의약부외품, 흡연을 중심으로 약물 오남용의 교육내용을 살펴보고자 한다. 약물 오남용 안전을 위한 교육목표는 다음과 같다(이기숙 외, 2014).

(1) 영유아를 위한 목표

- 위험한 약물과 안전한 약물을 구별하는 능력을 기른다.
- 위험한 약물을 마지거나 이를 먹거나 마시지 않아야 함을 알고 실천해야 한다.
- 약물을 지시대로 올바르게 복용하도록 한다.
- 약물의 기본적인 사용방법을 알고 실천하도록 한다.

(2) 교사, 부모를 위한 목표

- 영유아에게 올바른 약의 사용법과 약의 위험성을 알려주어야 한다.
- 약물의 위험성을 알고 안전한 곳에 보관해야 한다.
- 위험한 물질에 의한 사고가 발생했을 때의 대처방안을 알고 실천해야 한다.

2) 약물 오남용 안전교육의 유형 및 내용

(1) 약물 안전사고의 실태 및 현황

한국소비자원의 사고 발생 장소별로는 매년 ‘가정’이 가장 높은 비율을 차지하고 있으며, 특히 2013년에는 '가정'에서의 사고 건수가 16,564건(68.1%)으로 전체 발생 장소에서 차지하는 비율이 지속적으로 증가하고 있다.

- 상대적으로 안전한 공간으로 여겨지는 가정에서의 사고발생 건수가 매년 증가 하고 있어 안전사고를 유발할 수 있는 실내 환경의 개선 및 안전사고 발생 가능성이 높은 물품에 대한 보호자의 관리강화 노력이 필요하다.
- '여가 및 문화놀이시설'에서 발생한 안전사고 역시 2011년 1,457건(7.0%)에서 2013년 2,022건(8.3%)으로 증가하고 있다(한국소비자원, 2014).

연령별 현황

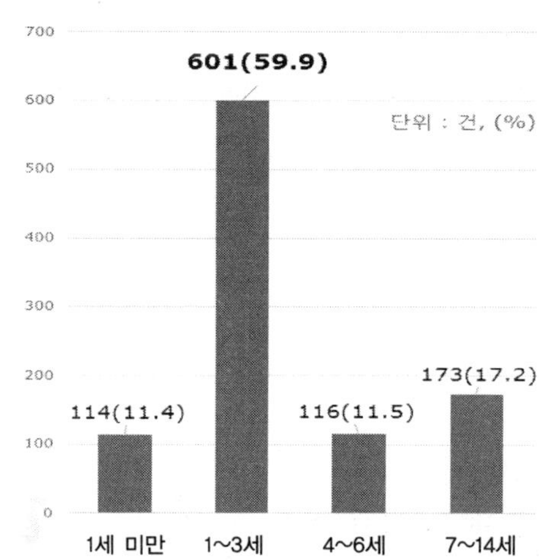

발생장소별 현황

(단위: 건, %)

구분	건수	비율
가정	760	(75.7)
상업시설	53	(5.3)
여가 및 문화놀이시설	24	(2.4)
교육시설	23	(2.3)
교통시설	8	(0.8)
스포츠/레저시설	3	(0.3)
의료서비스시설	3	(0.3)
기타	130	(12.9)
합계	1,004	(100.0)

표 9-17 품목별 현황

발생품목	건수	비율	발생품목	건수	비율
의약품	258	(25.7)	손세정제	14	(1.4)

발생품목	건수	비율	발생품목	건수	비율
살충제	68	(6.7)	탈취제	14	(1.4)
표백제	64	(6.4)	식기세척용품	11	(1.1)
비누, 세탁소용제	33	(3.3)	담배	11	(1.1)
기타 어패류, 어패류 가공식품	28	(2.8)	방향제	10	(1.0)
매니큐어 용품	22	(2.2)	접착제	10	(1.0)
소독살균제	18	(1.8)	세정제	9	(0.9)
체온계	16	(1.6)	화장품	8	(0.8)
방습제	14	(1.4)	기타	396	(39.4)

출처: 한국소비자원(2014).

〈표 9-17〉에 나타난 바와 같이 중독사고를 일으키는 의약품에는 성인이 복용하는 고혈압약이나 갑상선약, 수면제, 당뇨약, 관절염약 등이 포함되어 있다. 이들의 약품은 전문의약품으로 분류되어 있어 어린이 보호포장 용기 적용 예외 품목이므로 성인의 각별한 주의가 요구된다. 또한 액상 모기약은 고체형 살충제보다 많은 양의 흡입이 가능해서 중독사고 발생 위험이 높으며, 바닥에 붙이는 살충제는 기어 다니는 영아의 눈높이에서 호기심을 끌 수 있으므로 중독사고를 일으킬 가능성이 높다.

(2) 약물안전 교육의 내용

영유아들은 호기심과 탐색 욕구가 왕성하여 그들의 손이 닿기 쉬운 곳에 놓여진 의약품이나 살충제류, 화장품 등을 쉽게 입으로 가져가 먹음으로써 중독사고가 발생할 위험이 높다. 뿐만 아니라 영유아용 의약품들은 먹기 좋게 달콤한 향이나는 경우가 많아 과잉 복용할 가능성도 높다. 따라서 약물안전 교육을 통해 의약품을 인식하고, 오용하거나 남용했을 때의 위험성을 알려주어 사고 가능성을 낮추어야 한다. 이와 더불어 영유아를 돌보는 보호자들도 영유아들이 안심하고 생활할 수 있는 안전한 환경을 조성하는 것이 필요하다(권덕수 외, 2014).

① 목표

- 의약품의 올바른 사용방법과 복용방법을 알고 실행한다.
- 의약품의 고마움과 해로움을 인식해야 한다.
- 생활 주변의 다양한 위험한 약물의 종류를 알아야 한다.
- 위험한 약물을 먹거나 만지지 않아야 함을 알고 실행하여야 한다.

② 내용

약물안전 교육의 목표에 따른 주요 교육내용은 〈표 9-18〉과 같다.

표 9-18 약물안전 교육의 교육내용

구분	교육내용
다양한 약물의 종류	• 약물의 다양한 종류(약품, 가정용 화학제품, 중금속) • 먹을 수 있는 약물과 먹을 수 없는 약물 구분
약물의 올바른 사용과 복용	• 약의 이로움과 해로움 • 가정용 화학제품의 위험성 • 약을 먹을 때의 안전수칙 • 약의 안전한 보관방법
위험한 상황에 대처하기	• 위험한 약물 이용법 • 독성이 있는 가정용 제품의 안전수칙 • 약품/가정용 화학약품 사고의 대처방법

출처: 권덕수 외(2014).

약물안전 교육의 내용을 영유아 측면과 교사 측면으로 나누어 살펴보면 다음과 같다.

① 영유아 측면

- 우리 주변에는 다양한 종류의 약물이 있으며 위험한 약물도 있다.
- 가정용 화학제품이나 살충제 등은 만지거나 먹지 않도록 한다.
- 성인들이 사용하는 약은 함부로 먹거나 만지지 않도록 한다.
- 의약품을 바르게 사용하고 정해진 분량만큼 복용해야 한다.

② 교사 측면

▶ **올바른 의약품 복용법 및 사용법**

- 영유아에게 투약할 때는 부모로부터 투약 의뢰서를 받은 후 정확한 용법과 투약 용량을 확인해야 한다.

표 9-19 투약의뢰서 및 투약보고서

투약의뢰서	
금일 자녀의 투약을 선생님께 의뢰합니다. ※ 단, 투약으로 인한 책임은 의뢰자가 집니다.	
반명	
유아명	
증상	
약의 종류 및 용량	
투약시간	
특별히 부탁하는 사람 :	
년 월 일 의뢰자 (인) 00 어린이집원장 귀하	
투약자 확인 :	

투약보고서		
금일 본원의 원아에 대해 다음과 같이 투약하였음을 보고합니다.		
투약시간	투약종류 및 용량	투약자
년 월 일 담당교사 (인) 원 명		

표 9-20 투약일지 서식

월/일	원아명	보호자명	보호자 연락처 및 통화시간	증세	투약종류	용량	처치 교사

- 투약이 끝나면 투약보고서를 작성해야 한다.
- 영유아에게 의약품을 사용할 때는 별도의 영유아용 의약품이 있는지 확인한다.
- 영유아 혼자서 약을 복용하지 않도록 해야 한다.
- 시럽제 복용 시에는 반드시 용량을 정확하게 측정할 수 있는 컵, 스푼, 경구용 주사기 등 계량 기구를 사용하고, 항생제 시럽은 냉장보관하고 5~14일 이내에 복용해야 한다.
- 영유아의 손이 닿지 않는 곳에 의약품 및 약물 등을 보관해야 한다.
- 의약품이나 가정용 화학제품 등은 원래의 용기나 포장을 사용하도록 하고 잘못 섞이지 않도록 주의해야 한다.
- 알약 또는 캡슐제를 복용할 때는 특별한 지시가 없는 한 물과 함께 전체를 삼켜야 하며 영유아가 먹기 싫어한다고 누운 상태에서 억지로 먹이면 목에 걸릴 수 있으니 앉은 상태에서 복용하도록 하고, 먹고 난 후 입 속에 약이 남아 있는지 확인하고 남아 있는 경우 끝까지 먹이도록 한다(식품의약품안전처).

③ 약물안전사고 발생 시 대처방안

신체에 해를 입힐 수 있는 약물이나 독극물은 다음의 네 가지 방법으로 체내에 들어간다(www.e-gen.or.kr), 즉 복용(입을 통해서), 흡입(코을 통해서), 흡수(피부나 점막을 통해서), 찔려서(신체 조직 또는 혈액 속에서) 등이다. 특히 약물이나 독극물에 의한 중독이란 적은 양이라도 어떤 물질이 체내로 들어와 인체 조직의 기능에 장애를 주는 것을 말한다.

실수나 부주의로 약물이나 독극물을 섭취한 경우의 약 90%가 5세 이하의 영유아에게 일어난다. 중독사고가 일어났을 때 가장 중요한 점은 어떤 물질을, 얼마나, 언제 복용 또는 노출되었냐는 것이다. 그러므로 정확한 처치를 위해서는 복용한 약물이나 물질을 병원으로 같이 갖고 가야 한다(권덕수 외, 2014).

민감한 아이의 피부 보호를 위해

- 영유아가 색조화장품을 사용하면 피부에 자극을 주어 가려움이나 따가움 등의 부작용을 유발할 수 있다.
- 매니큐어를 자주 바르면 손톱의 숨을 쉬지 못해 색깔이 변할 수 있으나 가능한 사용을 자제해야 한다.
- 외출할 때는 자외선 차단제를 발라 햇빛에 약한 영유아의 피부를 보호해 주고, 집에 돌아와서는 깨끗이 씻은 후 보습을 위해 로션을 발라 준다.

출처: 식품의약품안전처

4. 동 · 식물 안전교육의 개념 및 유형

1) 개념

동 · 식물안전이란 위험 요소가 있는 동 · 식물로부터 영유아를 안전하게 보호할 수 있는 환경을 제공하고, 영유아가 스스로 동물과 식물을 안전하게 다루도록 하는 것을 의미한다. 여러 가지 종류의 애완동물은 영유아가 이야기를 건네기도 하고 만져 볼 수 있는 대상이 되므로, 영유아의 심리적인 측면에 도움을 줄 수 있다. 또한 애완동물이나 식물을 기르는 과정을 통해 사람과 동 · 식물의 관계성에 대해 느끼게 되고, 동 · 식물을 기르는 과정은 영유아가 책임감을 기를 수 있는 기회가 되기도 한다. 즉, 동 · 식물을 기르는 과정을 통해 사람과 동 · 식물의 관계성에 대해 느끼게 되고, 동 · 식물을 돌봄으로써 배려와 존중의 의미도 깨달을 수 있을 뿐 아니라 동 · 식물이 사는 자연세계에 대한 관심을 높일 수 있기 때문에 생태적 태도를 기르는 데 도움이 된다.

그러나 경우에 따라서는 동 · 식물이 직 · 간접적으로 신체적 상해를 입히거나 알레르기성 천식 및 비염, 알레르기성 결막염, 아토피성 피부염 등을 유발할 수 있기 때문에 영유아는 위험 요소가 있는 동 · 식물을 주의하여 다루어야 함을 알아야 한다(권덕수 외, 2014).

(1) 필요성

어린이집(유치원)이나 영유아들은 동물원, 집, 또는 집 근처에서 여러 종류의 동물과 식물들을 접하게 된다. 특히 어린이집에서는 원칙적으로 동물(애완동물, 곤충 등)을 키우면 안 된다. 만약 동물을 키울 경우에는 사전에 부모에게 고지해야 하며 영유아의 알레르기, 질병, 상해 등을 방지하기 위해 정기적으로 수의사를 통해 면역조치 등을 받아야 한다(보건복지부, 2013). 영유아교육기관에서 조치를 하더라도 실제 교육현장에서는 교실에서 토끼, 거북이, 햄스터 등의 동물을 키우기도 하고 다양한 식물을 기르기도 하고, 유아교육기관을 벗어나더라도 각 가정이나 또는 집 밖에서 동 · 식물을 접 할 수 있다. 따라서 영유아들이 쉽게 접할 수 있는 동물과 식물을 중심으로 동 · 식물의 위험으로부터 자신을 보호할 수 있는 지식과 기술, 태도 등을 교육해야 한다.

영유아들은 애니메이션이나 봉제완구 등에서 여러 동물을 접해 왔기 때문에 동물이나 식물을 보면 쉽게 다가가려 할 수 있다. 그러나 동물이 온순하더라도 잘못 다루게 되면 공격 본능을 자극할 수 있으며, 관상용 식물 중에도 독성을 지닌 식물이 있기 때문에 동·식물 안전교육을 통해 동·식물이 위험할 수 있다는 점과 동·식물을 안전하게 다루는 방법, 위험 상황에서의 대처법 등을 연습해야 한다.

(2) 동·식물에 대한 안전사고의 실태 및 안전교육

유아들의 안전을 위협하는 요인에는 우리 주변에서 흔히 볼 수 있는 동물과 식물도 포함된다. 유아에게 해를 끼칠 수 있는 동물에는 유아들이 아무 생각 없이 가까이에서 접하는 동물들도 포함된다. 또 식물의 경우에도 우리가 쉽게 생각할 수 있는 유아들이 만지거나 스침으로써 치명적인 해를 끼칠 수 있는 것들이 많다.

따라서 유아교육기관에서는 영유아들이 위험한 동물과 식물로부터 보호될 수 있는 환경을 제공해야 하며 영유아들이 동물과 식물에 대하여 안전하게 행동하도록 지도할 수 있어야 한다. 가정에서 키우는 애완동물의 종류가 다양해지면서 애완동물과 관련된 각종 사고들이 일어나고 있다. 동·식물 안전사고는 다양한 매체를 통하여 이따금 보고되고 있다.

2) 동·식물 안전교육의 유형 및 내용

(1) 동물에 대한 안전

아무리 귀엽고 순한 동물이라 하더라도 쉽게 접할 수 있는 모든 동물들은 위험한 존재가 될 수 있다고 보아야 한다. 동물들로부터 자신을 보호하기 위해서는 유아들도 동물을 안전하게 잘 다룰 수 있어야 한다.

- 유아교육기관에서 기르는 동물이거나 야외에서 만나는 동물들에게 너무 가까

이 가거나 필요 이상으로 만지려 하지 않는다.

- 유아 혼자서 동물 가까이에서 직접 먹이를 주는 것은 제한해야 하며 꼭 필요한 경우라면 교사나 부모가 지켜보면서 주게 한다.
- 아무리 순한 동물이라도 유아들이 주의해서 다루어야 함을 알게 하고 관찰하는 것이 필요할 때에는 반드시 교직원이 함께 지켜본다.
- 유아교육기관에서 사육하는 동물들이 있을 때 주변을 항상 청결하게 하고 사육장 주변은 정기적으로 소독해 준다.
- 야외에 나가서는 영유아 혼자서 돌아다니는 일이 없도록 한다.
- 야외에 나갈 때는 되도록 긴 바지를 입고 반드시 양말을 신도록 한다.

(2) 개에 대한 안전

- 개는 인간에게 많은 도움을 주며 인간과는 가장 친숙한 동물이므로 동시에 가장 위험한 동물도 될 수 있다.
- 영유아들에게 개는 인간과 가장 가까운 동물이나 잘못 다루면 위험한 동물이 될 수 있다는 사실을 인식하게 하고 특히 낯선 개 앞에서는 적절하게 행동하여 공격을 당하지 않도록 가르쳐야 한다.

(3) 개에 대한 안전수칙

- 자유로이 풀려 있는 낯선 개에게는 절대로 가까이 가지 않는다.
- 먹을 것을 가지고 개 가까이 다가가지 않는다.
- 밥 먹는 개는 절대 만지지 않으며 개 밥그릇도 건드리지 않는다.
- 어떠한 종류의 물건으로라도 절대로 개를 약 올리지 않는다.
- 만약 개가 공격적이지 않은 태도로 다가오면 움직이지 않고 가만히 서 있는다.
- 동물들의 특징 중에는 눈을 쳐다보면 공격의 의사가 있는 것으로 이해하는

특징이 있다. 낮고 조용하면서도 강한 목소리로 "저리 가"라고 말한다.

- 가능하면 천천히 뒷걸음질쳐서 개에서 떨어지는 것이 좋으며 가장 가까운 곳의 자동차 속이나 가게, 집 등으로 들어가 도움을 청해야 한다.
- 만약 개 앞에서 넘어지게 되면 몸을 둥글게 구부리고 손으로 목과 머리를 감싼다.
- 개의 털에 대한 알레르기가 있는 사람이 한 사람이라도 있으면 가정이나 유아교육기관에서 개를 키우는 것은 바람직하지 않다.
- 개를 만지거나 안을 때 개가 가지고 있을지도 모르는 여러 가지 질병이나 기생충에 감염될 우려가 있다. 1주일에 1회 이상 목욕을 시키고 매일 빗질을 해 주며, 광견병을 비롯한 개를 위한 전염병 예방주사를 꼭 맞히도록 한다. 개의 배설물도 철저히 관리한다.
- 유아교육기관이나 집에서 기르는 개라 하더라도 동물로서의 공격적인 본능을 무시할 수 없다.

(4) 실내에서 사육하는 동물에 대한 안전

- 실내에서 동물을 사육하고자 할 때에는 동물을 데려오기 전에 먼저 동물에 대한 알레르기가 있는 유아가 있는지를 제일 먼저 조사해 보아야 한다.
- 데리고 오고자 하는 동물이 건강한지, 예방주사를 맞았는지 미리 확인하여야 한다.
- 동물을 기르는 데 필요한 정확하고 올바른 방법을 알아서 유아들에게 일러주고 필요한 약속을 해 둔다.

(5) 곤충에 대한 안전

- 유아들은 곤충을 좋아하나 곤충에 대한 지식을 갖고 있지 않아 잘 만지려

한다.

- 그런데 독성이 없는 곤충의 경우에도 잘못 만지면 물릴 수 있으며 독성이 있는 곤충은 만지는 그 자체로 독이 옮겨질 수 있으므로 아무 곤충이나 만져서는 안 된다는 것을 알려주어야 한다.

(6) 곤충에 대한 안전수칙

- 사마귀나 거미, 송충이, 지네 등은 손으로 직접 만지지 않는다.
- 벌이 가까이 날아오면 손이나 팔을 저어 쫓지 않는다. 가만히 있거나 몸을 서서히 조금씩 움직여 다른 곳으로 피해 간다.
- 야외에서는 벌이 좋아해서 날아들 수 있는 단 음식은 되도록 먹지 않는다.
- 야외에 나갈 때에는 가능하면 긴 소매의 옷을 입는다.
- 캠프를 가는 경우 실내에서 전기모기향을 사용할 수 있도록 미리 계획한다.
- 여름이나 초가을에 야외활동을 할 때에는 모기가 왕성하게 활동하는 초저녁 무렵을 피하는 것이 좋으며, 모기가 접근할 수 없도록 몸에 약을 바르거나 가까운 곳에 모깃불을 피워 둔다.
- 캠프를 할 때에는 주변에 먹을 것을 두지 않도록 한다.

[그림 9-13] 곤충

(7) 식물에 대한 안전

① 관상용 식물에 대한 안전

- 유아교육기관이나 가정에서 관상용으로 많이 심고 있는 식물이 독성을 지니고 있을 수 있다.
- 아무것이나 입에 가져가고 주변 환경에 대한 잘 모르는 유아들에게 위험할 수 있다.
- 영유아 교직원이나 부모들은 독성을 지니고 있는 식물의 종류를 알고 있어야 하며
- 유아교육기관이나 가정에서 식물을 재배할 때에는 안전한 식물을 적절한 장소에 두어야 하고 유아들에게도 이에 대한 안전교육을 실시해야 한다.

② 관상용 식물을 기를 때의 주의사항

- 유아교육기관이나 가정에는 독성이 있는 식물을 두지 않는다.
- 독성이 없는 식물이라도 유아들이 쉽게 만지거나, 직접 닿을 수 없는 곳에 둔다.
- 식물에 의해 사고가 발생하면 어떻게 해야 한다는 것을 미리 알아둔다.
- 만약 식물에 의한 중독사고가 일어나면 유아가 먹었을 것이라고 추정되는 식물 병원에 가지고 간다.
- 가능하면 기관에 있는 모든 식물의 학명을 파악해 둔다.

[그림 9-14] 독성 있는 식물

(8) 야생 식물에 대한 안전

① 숲과 같은 야외활동을 가면

- 스치기만 해도 부어오르거나 발진을 유발하는 식물
- 먹었을 때 심각한 해를 끼치는 식물
- 사람의 피부를 자극하거나 독성을 가지고 있는 식물이 있음

예 : 독버섯류는 만지거나 먹으면 어지러움, 호흡곤란, 발진 등의 증상 초래 → 생명까지 위협

② 야생식물에 대한 주의사항

- 방학 전, 소풍, 견학을 갈 때 유아들에게 함부로 만지거나 먹지 못하게 해야 함
- 가시에 찔리거나 식물에 스치고, 먹었을 경우 → 의심되는 식물을 가지고 병원으로 가서 적절한 치료를 받을 수 있도록 함(어린이 안전넷 (http: //www.isafe.go.kr/index.jsp).

> ※ 독성이 없는 식물
> 무궁화, 대나무, 소나무, 라일락, 대추야자나무, 층층나무, 작은 잎 고무나무, 고무나무, 베튜니아, 유까, 아프리칸 바이올렛, 베고니아, 다알리아, 들국화, 민들레 등

5. 감염병 안전교육의 개념 및 유형

1) 개념

질병관리본부가 SFTS(중증열성혈소판감소증후군)와 쯔쯔가무시증을 옮기는 진드기가 활동하는 시기(4~11월)가 됨에 따라 야외활동 시 진드기에 물리지 않도록 예방수칙을 준수해야 한다.

중증열성혈소판감소증후군은 참 진드기에 물려 발생하며 고열, 소화기 증상(구토, 설사 등), 혈소판 감소 등의 증상을 나타내는 감염병이다. 주로 4~11월에 많이 발생하며 전국적으로 분포하는 중증열성혈소판감소증후군은 2013년 36명(17명 사망), 2014년 55명(16명 사망)의 환자가 확인됐다.

쯔쯔가무시증은 털 진드기 유충에 물려 발생하는 감염병으로 고열, 오한, 근육통, 가피, 발진 등의 증상을 나타낸다. 쯔쯔가무시증은 연중 발생하지만, 주로 가을철(10~11월)에 환자가 많이 발생한다.

질병관리본부는 풀밭 등 야외에서 활동한 후에 발열, 설사 · 구토 등 소화기 증상, 전신 근육통 등의 증상이 나타나는 경우 반드시 의료기관을 방문하여 진료를 받아야 한다고 강조하며, 진드기가 옮기는 감염병의 예방을 위해서는 야외작업 · 활동 시 피부 노출을 최소화하는 등 다음의 예방수칙을 철저히 지켜야 한다고 강조했다.

2) 감염병 안전교육의 유형 및 내용

(1) 야외활동 시

• 풀밭 위에 옷을 벗어 두지 않고 눕지 않는다.
• 돗자리를 펴서 앉고, 사용한 돗자리는 씻어 햇볕에 말린다.
• 풀밭에서 용변을 보지 않는다.
• 일상복과 작업복을 구분해 입고, 소매와 바지 끝을 단단히 여미고 장화를 신는다.
• 등산로를 벗어난 산길은 다니지 않는다.
• 진드기가 묻어 있을 수 있는 야생동물과 접촉하지 않는다.
• 작업이나 야외활동 시 기피제 사용이 일부 도움이 될 수 있다.

(2) 야외 활동 후

• 옷을 털고, 반드시 세탁한다.
• 샤워나 목욕한다.
• 머리카락, 귀 주변, 겨드랑이, 다리 사이 등 신체에 진드기가 붙어 있지 않은지 꼼꼼히 확인한다.

(3) 환자 혈액 및 체액에 대한 직접적 노출 주의

의료진은 감염환자 혈액 및 체액에 직접 접촉하는 처치 시에 표준적인 혈액접촉 감염예방원칙(standard precaution)을 준수한다.

제10장

응급처치

1. 응급처치의 이해 및 중요성
2. 영유아 응급처치

1. 응급처치의 이해 및 중요성

1) 응급처치의 중요성

응급처치란 위급한 상황으로부터 자기 자신을 보호하고 뜻하지 않은 부상자나 환자가 발생했을 때 전문적인 의료서비스를 받기 전까지 적절한 처치와 보호를 해줌으로써 고통을 덜어 주고 더 나아가서 생명을 구할 수 있게 하는 지식과 기능이다(윤선화 · 정윤경 · 이경선, 2010a). 응급처치는 아무리 단순한 조치라 해도 반드시 의학적인 지식에 근거하여 실시해야 한다.

응급처치의 목적은 갑작스러운 사고를 당하거나 재해, 질병 등으로 인해 환아가 발생했을 때 환아의 생명을 유지 · 보전하고 차후에 발생할지 모를 2차적인 손상을 예방할 뿐만 아니라 위험을 최소화하기 위해 환아가 치료받기 전까지의 즉각적이고 임시적인 조치를 말한다(김재호, 2003).

응급상황은 일상생활 속에서 언제, 어디서나 발생할 수 있다. 특히 영유아들이 있는 교육기관에서는 건강과 안전을 위한 모든 조치를 취할 때조차도 발생한다.

영유아들은 판단능력과 신체조절능력이 미숙하여 보육하는 과정에서 예기치 않은 사고나 긴급 상황이 일어날 가능성이 매우 높다. 응급상황에서 교직원이 대처 방법 및 순서를 알고 익숙하게 처리할 수 있다면, 영유아의 생명을 구할 수도 있고 사고의 후유증도 크게 줄일 수 있다. 그러므로 영유아교육기관에 근무하는 모든 교직원들은 응급상황에 대처할 수 있는 능력을 가질 수 있도록 응급처치에 관한 정확한 지식과 더불어 실제로 연습이 이루어져야 한다.

응급조치를 잘 이해하고 외워 두는 것도 중요하지만, 항상 환경을 주의 깊게 살 펴 보고 위험에 처했을 때 침착하게 대처하는 능력이 더욱 중요함을 염두 해 두 어야 한다.

2) 응급상황을 위한 준비

영유아교육기관에서는 응급 상황이 발생할 가능성이 상존하므로 대처할 수 있는 준비가 항상 되어 있어야 한다. 응급상황을 위한 준비는 다음과 같이 이루어져야 한다(중앙보육정보센터, 2009).

- 모든 교사는 기도 확보와 심폐소생술 등의 응급처치법과 상해 예방, 전염성 질병 예방에 관해 훈련받는다.
- 손이 쉽게 닿는 곳에 필요한 물품이 갖추어진 구급상자가 있어야 한다.
- 영유아의 비상연락망, 응급 시 도움을 요청할 수 있는 기관의 전화번호(응급의료정보센터, 1339 등)와 응급 절차 과정 목록이 비치되어야 한다. 응급 절차 과정은 어린이집 벽면에 붙여 두어 언제든 필요할 때 쉽게 볼 수 있어야 한다.
- 야외학습을 나갈 때 교사는 휴대용 구급상자 및 비상연락망을 준비한다.
- 응급상황 발생 시 조치에 대한 부모 동의서를 상시 준비한다.
- 사고 보고서를 준비하여 사고 발생 시 작성한다.

응급상황에 대처하기 위해서는 사고나 질병으로 이상이 발생한 영유아의 상태가 응급상황이라는 것을 인식할 수 있어야 한다. 즉시 병원이나 응급실로 가야 하는 경우는 다음과 같다(중앙보육정보센터, 2009).

(1) 열이 날 때

- 3개월 이하의 영아가 열이 날 때
- 매우 아파 보이고 점점 심해진다고 판단될 때
- 의식이 없거나 점점 나빠질 때
- 다리를 절거나 움직이지 못할 때

- 빠르게 숨을 쉬거나 숨쉬기 힘들어서 잘 먹지 못하거나 놀지 못할 때
- 목이 뻣뻣하거나 경련을 할 때

(2) 토할 때

- 반복적으로 심하게 토할 때
- 배가 평소보다 부픈 듯이 보일 때
- 배를 움켜잡고 소리를 지를 정도로 심한 복통을 동반하는 경우
- 3일 이내에 머리를 다친 적이 있는 경우
- 탈수현상(소변량이 줄고 혀가 말라 있는 등)이 있는 경우
- 녹색 혹은 피색깔의 구토를 하는 경우

(3) 기타

- 처음으로 경기를 할 때
- 검은색 변을 보거나 피가 섞인 변을 볼 때
- 머리를 다친 후 의식이 흐리거나 자려고만 할 때

3) 구급상자 준비 및 관리

모든 영유아교육기관에서는 들고 다닐 수 있는 상자 형태의 구급상자를 찾기 쉬운 곳에 놓아 두되 영유아의 손이 닿지 않는 위치에 비치하여 관리한다. 늘 일정한 장소에 두고 사용한 후에는 반드시 제자리에 돌려 두어 필요할 때 언제든지 쉽게 사용할 수 있어야 한다. 보관 장소는 직사광선을 피하고 습기가 적은 곳으로 한다. 또한 구급상자 내의 약품은 수시로 점검하여 유통기한이 지난 약품이 있는지 확인 한다. 구급상자에는 구급약품 이외에도 응급전화번호, 긴급연락처, 약품의

사용 요령 등을 제시한다. 구급상자에 준비되어야 할 구급약품은 〈표 10-1〉과 같다.

표 10-1 구급상자안의 구급품 내역

의료용 재료	외용제
붕대, 거즈, 소독솜, 삼각붕대, 탄력붕대, 칼, 가위, 핀셋, 반창고, 일회용 장갑, 일회용 반창고, 부목류	과산화수소, 베타딘, 항생제 외용연고, 근육용 마사지 연고, 화상용 바세린 거즈, 생리식염수, 벌레 물린데 바르는 연고

* 구급상자 사용 시 주의할 점은 의약품을 사용할 때는 반드시 전문의사의 진료와 처방에 의해서 해야 한다는 점이다.

4) 응급처치법

(1) 기도유지

흔히 외부에 생긴 출혈상처에 치중하여 흉곽이나 기도손상을 그냥 지나쳐 버리는 수가 있는데, 뇌세포에 산소공급이 5분 이상 차단되면 심각한 손상을 받아 생명에 지장을 줄 수 있으므로 기도를 유지한다.

(2) 지혈

순환혈액의 15% 이상을 잃으면 쇼크를 초래하고 25%를 잃으면 사망할 수 있다. 따라서 신속한 지혈이 필요하다.

상처부위를 눌러 지혈하되 상처부위를 심장보다 높게 하면 지혈에 도움이 된다.

(3) 의식상태 관찰

영유아에게 움직여 보도록 유도하여 의식 상태를 점검하고 동공이 확대되거나 고정되지 않았는지 살핀다.

(4) 상처보호

상처가 감염되지 않도록 가능한 멸균조치를 한다. 상처에 아무 약이나 바르지 않고, 오염을 방지하기 위해 깨끗한 거즈로 살짝 덮어 준다. 골절이 의심될 때에는 손상부위에 부목을 대어 주고 손상부위를 높게 유지시킨다.

(5) 통증과 안정

영유아들은 피를 보면 더욱 크게 울거나 불안이 커진다. 응급조치를 하는 교사의 임무 가운데 중요한 하나는 영유아를 안정시키는 것이다. 안아 줄 수 없는 상황에서는 교사의 뺨을 영유아의 뺨에 대고 낮은 목소리로 "괜찮아, 괜찮아" 속삭여 주면서 다독거려 안정시킨다.

2. 영유아 응급처치

1) 응급처치 순서

안전사고가 발생하면 보육교직원은 침착한 태도를 유지하며 신속히 사고 상황을 파악한다. 또 다른 위험에 처할 수 있는 상황이라면 다친 영유아를 안전한 곳으로 옮겨야겠지만, 그렇지 않다면 다친 영유아를 옮기지 않는다. 일반적인 응급처치의 순서는 다음과 같다.

① 다친 영유아의 의식 유무를 살피고 맥박 및 출혈 유무, 호흡 유무를 확인하며 기도 확보를 위해 입안의 이물질을 제거한다.

② 다친 영유아의 손상 부위 등을 확인한다.

③ 출혈이 확인되면 작은 상처인 경우에는 소독된 거즈를 대고 상처를 눌러 지혈해 주고 심할 때는 119나 의료기관에 도움을 요청한다.

④ 영유아가 의식이 있을 때는 허리띠나 리본, 끈 등을 풀고 가장 편한 자세를 취할 수 있도록 도와주고, 안색이 창백하면 머리는 낮게, 다리는 높게 하여 혈액 공급을 높여 준다.

⑤ 의식이 없으면서 호흡이 불규칙하다면 즉시 119나 의료기관에 도움을 요청하고 심폐소생술을 실시한다. 안색이 자색이면 호흡이 정지된 상태이므로 지체하지 말고 인공호흡을 실시해야 한다.

2) 심폐소생술

(1) 영유아의 심폐소생술 방법

심폐소생술을 실시할 때 1세 미만을 영아로, 8세 미만을 유아로 구분하여 각각의 방법에 따르면 된다. 영아나 유아의 심정지 원인은 성인과는 달리 손상이나 호흡성 심장 정지(심정지)가 많다. 따라서 처치 순서가 성인과 조금 다르다. 영아 심폐소생술의 절차를 제시하면 다음과 같다(소방방재청 예방정책과, 2008).

① 신고를 하고 심폐소생술을 시작한다.

영아나 유아에게 발생하는 심장 정지의 원인은 대부분이 호흡 기능 상실이나 외상에 의한 쇼크이므로 가능한 한 신속히 인공호흡을 시행하는 것이 중요하다.

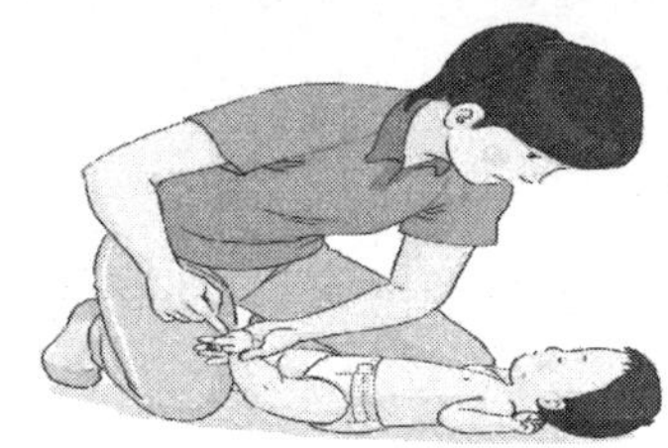	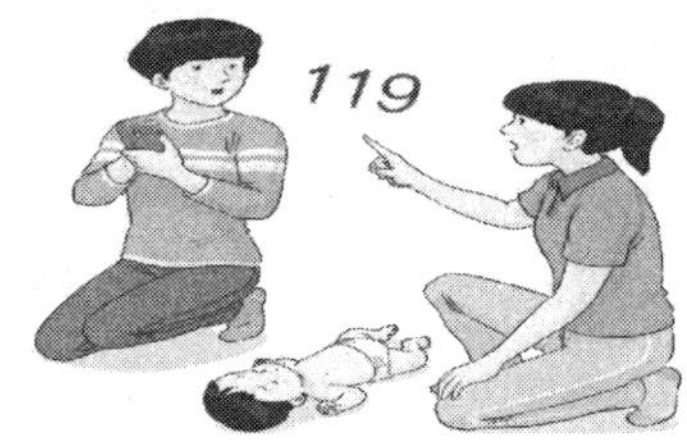
발바닥을 가볍게 치면서 의식여부를 확인한다.	의식이 없는 경우 119에 연락을 요청한다.

② 머리를 심하게 젖히면 기도가 폐쇄될 수 있다.

영아나 유아는 머리를 심하게 젖히면 오히려 기도가 폐쇄될 수 있다. 유아는 머리를 약간만 뒤로 젖히거나 중립 위치를 유지하여야 한다.

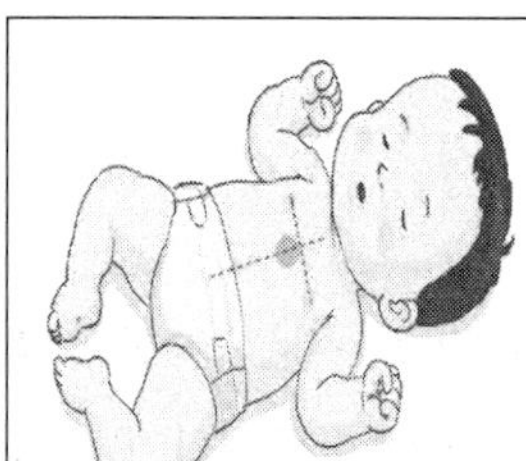	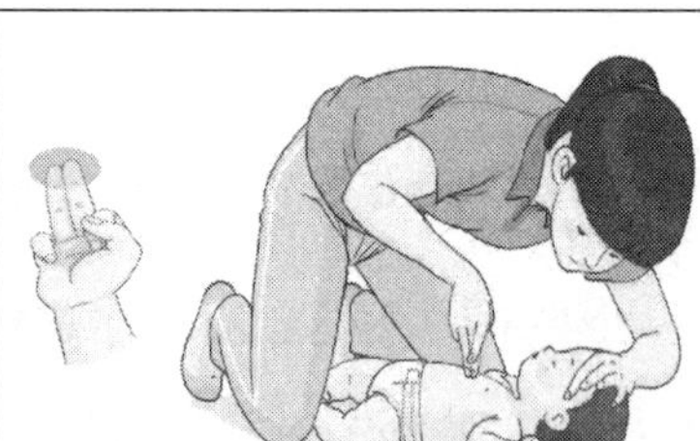	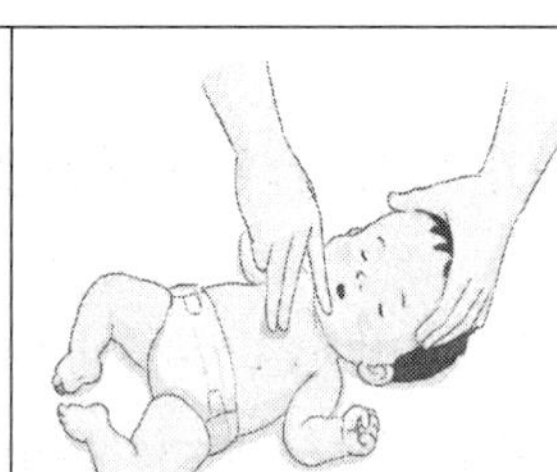
양쪽 젖꼭지 부위를 잇는 선 점 중앙의 바로 아래가 압박 위치이다.	검지와 중지 또는 중지와 약지를 모은 후 손가락은 영아의 흉골(가슴의 앞쪽 한복판 좌우 갈비뼈와 연경된 가늘고 긴 편평한 뼈)이 맞닿는 부위와 수직이 되게 한다.	1분에 100회 이상의 속도와 4cm 정도의 깊이로 강하고 빠르게 30회 눌러 준다.

③ 인공호흡의 양이 다르다.

영아나 유아는 호흡량을 줄여 체구에 맞게 흉곽이 부풀어 오를 정도로 불어 넣는다.

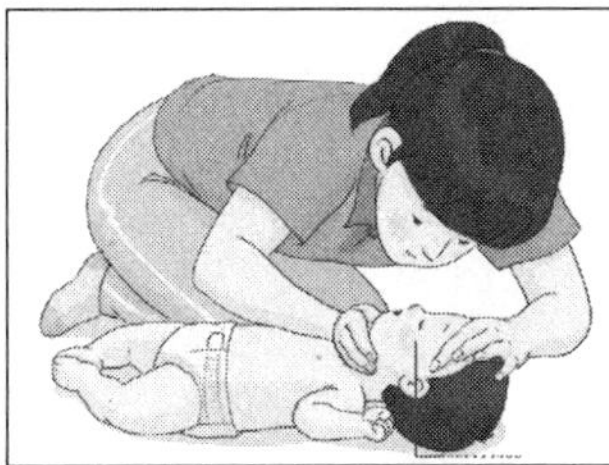	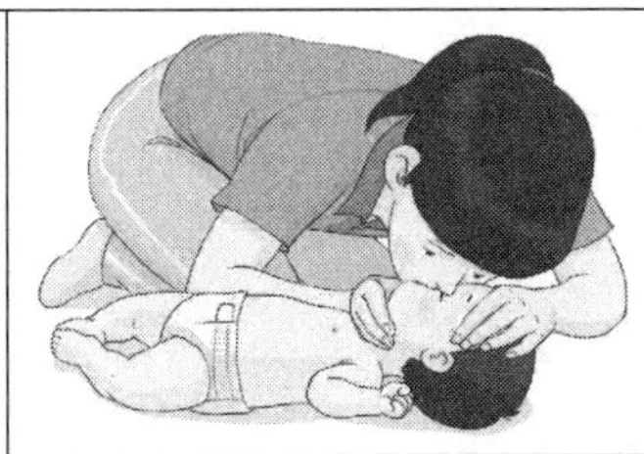	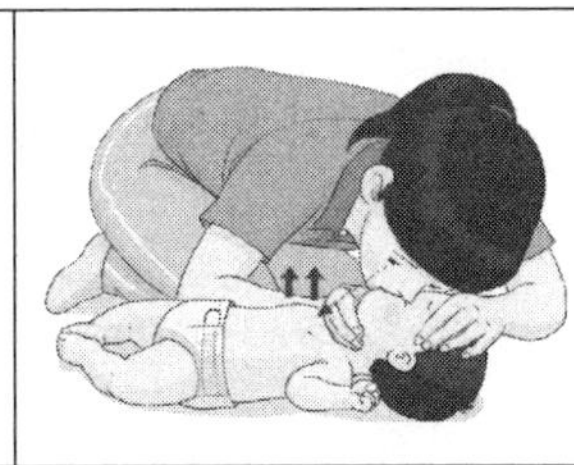
한 손으로 귀와 바닥이 평행할 정도로 턱을 들어 올리고, 다른 손으로 머리를 뒤로 젖힌다.	영아의 입과 코에 동시에 숨을 2회 불어넣는다.	숨을 불어 넣을 때 곁눈질로 영아의 가슴이 상승하는지 관찰한다.

④ 흉부 압박의 방법

흉부 압박의 위치는 유두선과 흉골(앞가슴뼈)의 교차지점 바로 아래(흉골 중앙의 아래)이며, 두 개의 손가락으로 흉곽의 1/3 또는 1/2의 깊이로 압박한다.

(2) 심폐소생술의 합병증과 예방법

① 인공호흡에 의한 합병증

인공호흡에 따른 합병증으로 구토나 위 팽만이 발생할 수 있다. 구토가 발생했다면 구토가 끝날 때까지 옆으로 눕히거나 고개를 옆으로 돌리고 손가락에 헝겊을 씌워 환자의 입 안을 훑는다. 구토가 멈춘 후에 다시 바로 눕히고 심폐소생술 자세를 취하게 한다. 인공호흡 시 너무 빠르게 많은 공기를 불어넣으면 위가 부풀어 위 내용물이 기도나 폐로 들어갈 수 있다. 위 팽만은 성인보다 영유아에게서 더 흔히 발생하므로 가슴이 올라오는 정도로 숨을 천천히 불어넣어 예방하도록 한다.

② 흉부 압박에 따른 합병증

흉부 압박에 따라 발생할 수 있는 합병증은 갈비뼈 골절 및 심장, 폐, 간, 비장 등 장기의 열상이나 좌상이다. 압박하는 부위를 정확히 하고 압박하는 깊이를 적절히 하여 최대한 예방하도록 한다.

3) 구급차를 부를 때 행동요령

① 국번 없이 119로 전화를 건다.

② 연결이 되면 "구급입니다."라고 말한다.

③ 정확한 장소(주위의 특별한 건물, 주소 등), 전화를 건 사람의 이름, 사고의 내용(언제, 어디서, 어떻게, 어떤 상태인가), 환자의 수, 성별, 용태 등을 밝힌다.

④ 구급차가 도착할 때까지 필요한 응급조치를 실시한다.

⑤ 가족에게 연락을 취한다.

⑥ 구급차가 도착하면 구급차가 도착하기까지의 영유아의 용태와 그 동안의 처 치 내용을 말한다.

⑦ 영유아가 지병이 있는 경우 평소 다니던 병원과 주치의의 이름을 말한다.

4) 상황별 응급처치

(1) 경련을 일으킬 때

영유아 경련의 가장 흔한 원인은 발열이다. 대부분의 경련은 5~10분 이내에 멈추게 되고 고열로 인해 일어난 영유아의 경련은 심각한 것은 아니다. 그러나 경련이 10분 이상 계속된다면 119나 의료기관에 도움을 요청해야 한다. 경련 이 일어났을 때는 몸 움직임을 억제하지 말아야 하며 강제로 영유아의 입을 열 어 혀를 잡으려 하지 말아야 한다. 영유아의 경련으로 가장 흔한 것이 열성 경 련과 분노 경련인데 그에 대한 처치는 다음과 같다.

① 열성 경련

5세 이하의 영유아는 고열이 나면서 경련을 일으킬 수 있다. 열만 떨어져도 대부분 경련이 멈춘다. 이불이나 옷을 벗기고 시원하게 해 준 후 전신을 골고루 미지근한 물로 닦아 준다.

② 분노 경련(호흡 정지 발작)

영유아가 심하게 울다가 파랗게 변하면서 경련을 일으킬 수 있으나 경련을 멈추면 대부분 이상은 없다.

(2) 머리를 다쳤을 때

① 머리를 다쳐 혹이 생겼을 때는 차가운 수건으로 냉찜질을 한다.

② 큰 외상이 있거나 외상이 없더라도 두통과 어지럼증을 호소하는 경우, 하품이나 딸국질을 빈번히 하는 경우, 토하거나 코나 귀에서 담황색의 분비물이 나오는 경우, 평소에 잘하던 말을 분명하게 못하고 몸을 잘 움직이지 못하는 경우, 좌우의 눈동자 크기가 다른 경우, 의식을 잃은 경우는 위험한 신호이므 로 영유아를 절대로 움직이게 하지 말고 응급실로 데리고 간다.

③ 머리를 다친 영유아가 머리가 아프다고 하고 혹이나 작은 상처가 생겼더라도 10~15분 이내에 울음을 멈추고 정상적으로 활동한다면 심각한 문제는 아니라고 볼 수 있다. 그러나 뇌손상은 시간이 지난 후에 나타날 수도 있으므로 몇 시간 동안은 영유아를 유심히 지켜보아야 한다.

(3) 골절이 되었을 때

① 골절

골절은 뼈가 부러지는 것으로 크게 폐쇄성 골절과 개방성 골절 두 가지로 나눌 수 있다. 폐쇄성 골절은 뼈 주위의 피부가 손상되지 않고 골절된 부위 근처에 상처가 없는 상태이다. 개방성 골절은 피부에 상처가 나거나 깨진 뼈가 피부 밖으로 뚫고 나온 상태이다. 골절에 대한 응급처치는 다음과 같다.

- 즉시 119에 신고한 후 주위가 위험한 상황이 아니면 환자를 가급적 움직이지 않는다.
- 다친 곳의 옷은 조심스럽게 벗겨야 하며 필요하면 옷을 잘라 낸다.
- 발가락이나 손가락을 가볍게 만져 감각이 있는지 물어본 후 감각이 없다면 신경계나 척추 손상의 우려가 높으므로 주의한다.
- 부러진 곳을 부목으로 고정시키고 환자를 완전하게 고정시킨다.

② 삐었을 때

- 삔 직후에는 외형상으로 증상이 나타나지 않으며 아프지 않을 수도 있다. 그러나 시간이 지나면서 삔 관절 부위가 점점 부어오르고 멍이 든 것처럼 시퍼렇게 되며 많이 아프게 된다.
- 삔 관절 부위와 연결된 건강한 부위까지 부목을 대어 삔 관절이 움직이지 않도록 해 준다.
- 삔 부위는 몸의 다른 부위보다 높여 주고 얼음주머니나 찬찜질을 해 주어 붓지 않도록 한 후 병원으로 데리고 간다.

③ 탈구되었을 경우

탈구가 되었을 때의 증상은 탈구된 부분이 부어오르고 그 부위를 움직이기 싫어하면서 심한 통증을 호소한다. 골절이나 삔 경우와 구분되지 않을 수도 있으므로 상처 부위를 움직이지 않도록 부목을 대고 찬찜질을 해 주며 병원으로 데리고 간다.

(4) 화상을 입었을 때

화상은 뜨거운 열, 액체, 화학물질, 햇볕, 전기 등에 피부가 손상된 것을 말한다. 화상은 손상의 정도에 따라 1~3도 화상으로 분류하며 원인과 손상의 정도에 따라 응급처치를 다르게 하여야 한다. 화상의 원인에 따른 응급처치법을 알아보면 다음과 같다.

① 열에 의해 화상을 입었을 때

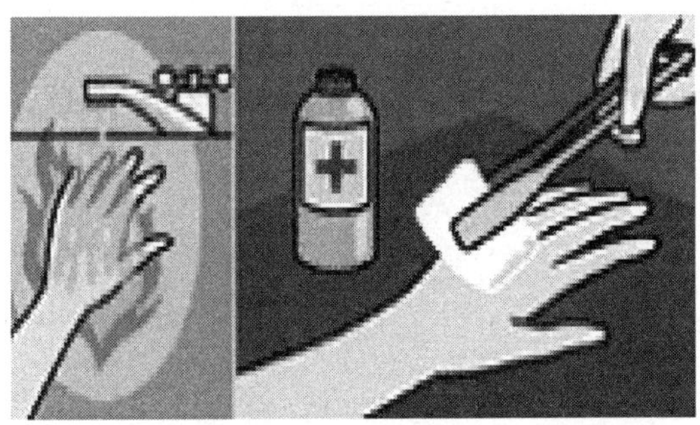

화상 입은 부위를 10~15분 정도 차가운 물로 식혀 주고 소독된 거즈나 손수건 등으로 화상 부위를 넓게 덮어 준다. 피부가 빨갛게 붓고 물집이 생기는 2도 화상의 경우 절대 물집을 터트리면 안 되고 소독된 거즈를 자주 갈아 주어 2차 감염이 되지 않도록 한다.

② 화학약품에 의해 화상을 입었을 때

응급처치를 하기 전 처치자는 고무장갑이나 타월로 손을 보호한 후 옷을 벗긴 다음 흐르는 차가운 물로 화학약품을 모두 씻어 준다. 화학약품을 씻어 낸 물은 적절한 곳에 버려 그 물에 의한 화상이 일어나지 않도록 주의한다.

③ 전기에 의해 화상을 입었을 때

영유아가 전기에 감전되었을 경우 나무막대기나 플라스틱 등의 절연제를 이용하여 감전 물체와 분리시키고 전원을 차단해야 한다. 화상을 입은 부위를 찾아내고 화상 부위에 대한 처치는 열에 의한 화상에 대한 응급처치와 같게 한다. 영유아가 의식이 없는 경우에는 호흡을 하는지 살펴보고 기도를 확보해 주어야 한다.

(5) 코피가 날 때

코피는 대부분 건조한 공기, 강한 바람, 코의 상처로 인해 일어난다. 대부분 출혈은 심각하지 않지만 다음과 같은 순서에 따라 조치를 한다.

① 고개를 약간 앞으로 숙이게 한다.

② 코뼈 바로 밑의 코 부분을 두 손가락으로 5~10분간 꼭 누른다.

③ 냉찜질한다.

〈주의사항〉

- 코피가 20분 이상 멈추지 않으면 빨리 병원으로 옮긴다.
- 외상 때문에 코피가 나는 경우라면 지혈을 하지 않는다.
- 코를 풀거나 코피를 삼키지 않도록 한다.

(6) 멍이 들었을 때

멍이 들었을 때는 손상된 부위를 높여 주고 냉찜질을 해 주며 피부가 손상되지 않았다면 통증 완화를 위한 연고를 발라 줄 수 있다. 통증이 사라지고 부기가 빠진 후에는 온찜질을 해 주어 멍이 든 곳의 혈액이 잘 순환될 수 있게 해 준다. 아픔이나 부종이 심한 곳은 근육이나 뼈까지 상처가 있는 것으로 의심되므로 외과의 진찰을 받아야 하며, 눈 주위가 멍이 들고 출혈되면 눈 속의 출혈이 의심되므로 안과 전문의의 진단을 받도록 한다.

(7) 베임, 찰과상, 찔렸을 때, 가시가 박혔을 때

① 베인 경우

베인 상처가 깊지 않은 경우에는 거즈를 대고 압박하여 2~3분간 지혈한 후 소독하고 1회용 반창고를 붙인다. 상처가 깊게 베인 경우나 10분 이상 지혈을 해도 피가 멎지 않으면 상처를 세게 압박하여 지혈한 후 심장보다 더 높게 하여 병원으로 데리고 간다.

② 찰과상을 입었을 때

이물질이 묻었을 때는 깨끗한 물에 상처를 씻어 주고, 흙이나 모래가 묻었을 경우 는 곪거나 감염의 원인이 되므로 흐르는 물에 깨끗이 씻어야 한다. 상처를 소독하고 거즈를 덮어 꼭 누른 다음 1회용 반창고를 붙인다. 만약 상처 부위가 크고 깊어 10분 이상 지혈을 해도 피가 멎지 않으면 소독된 거즈로 상처 부위를 누른 후 붕대로 단단히 묶어 병원으로 데리고 간다.

③ 찔렸을 때

- 못이나 유리조각, 송곳, 압정 등 뾰족한 물체에 찔렸을 경우에는 상처 부위를 물로 깨끗이 씻어 내고 소독한 다음 지혈하여 병원으로 데리고 간다. 찔린 상처는 출혈이 적은 데 비해 그 정도가 깊은 것이 많다. 특히 녹이 슨 못이나, 나무 조각 등에 찔린 경우에는 파상풍의 위험이 있고 곪을 수 있으므로 반드시 병원으로 데리고 가야 한다.
- 찌른 물체가 피부에 박혀 있는 경우에는 상처를 씻어도 안 되고 무리하게 뽑아서는 더욱 안 된다. 몸에 박힌 것을 빼내는 동안 뼈, 신경, 혈관 등을 손상시킬 수 있기 때문에 즉시 병원으로 이송한다.

④ 가시나 조각이 박혔을 때

아주 작은 나무 조각이나 가시가 박힌 경우에는 상처 주위를 물로 깨끗이 씻은 후, 끝이 보이면 소독된 핀셋이나 족집게로 뽑아 낸다. 만약 가시 끝이 밖으로 나 와 있지 않을 때는 소독된 바늘로 피부를 헤치고 핀셋으로 뽑아 낸다. 그러나 길 이가 긴 조각이 박혀 상처 부위가 심하게 부어오른 경우에는 병원으로 데리고 간다.

(8) 쏘이거나 물렸을 때

① 사람에게 물린 경우

상처 세척 또는 소독을 통해 상처 부위 세균 수를 감소시킨다. 소독된 거즈 또는 깨끗한 수건을 이용하여 출혈 부위를 직접 압박하여 지혈한다.

② 벌에 쏘인 경우

영유아를 벌이 없는 안전한 곳으로 옮기고, 신용카드나 핀셋 등으로 벌침을 제거한다. 상처를 비누와 물로 씻어 내고, 통증이 심한 경우에는 얼음찜질을 시행하여 부종을 감소시킨다. 알레르기 반응이 나타나는 경우, 신속하게 병원으로 이송해야 한다. 구급차가 도착하기 전까지는 환자를 반듯이 눕히고 음식물은 주지 않는다.

③ 개미에 물렸을 때

개미는 산성이기 때문에 개미에 물렸을 때는 염기성 액체인 암모니아수를 발라준다.

④ 동물에 물린 경우

피가 날 경우 지혈시키고 비눗물로 상처 부위를 깨끗이 씻어 낸 후 소독된 거즈로 덮어 병원으로 데리고 간다. 그리고 영유아에게 상처를 입힌 개나 고양이를 동물

병원으로 데리고 가서 광견병의 유무를 확인해야 한다. 이는 영유아를 응급처치하는 것만큼 중요하다.

(9) 식중독에 걸렸을 때

식중독은 상한 음식물을 먹음으로써 생기는 중독 상태로서 발열, 구토, 설사, 복통, 발진 등의 증상이 나타난다. 이러한 증상이 나타날 때 식중독이 발병한 것인지 일반적인 소화기 질환에 의한 것인지 증상만으로는 구별이 어렵고 섭취된 세균의 독성과 수에 따라 식중독이 일어나므로 즉시 병원으로 데리고 간다.

(10) 일사병에 걸렸을 때

일사병은 햇볕에 심하게 노출되어 장시간 직사광선을 쏘였을 때 일어난다. 증상은 몸이 나른해지고 두통과 현기증을 동반하며 맥박이 빨라진다. 영유아를 시원한 곳으로 옮긴 후 옷을 벗기거나 풀어 주고 미지근한 물수건으로 몸을 닦아 준다. 의식이 회복되면 차가운 이온음료수를 자주 준다. 의식이 없는 상태에서 고열이 계속될 경우 병원으로 데리고 간다.

(11) 독극물, 약물을 마셨을 때

독극물은 부식성 독극물(표백제, 제초제, 가솔린, 유류 등)과 일반 독극물로 나눌 수 있다. 부식성 독극물을 마셨을 경우에는 절대로 토해서는 안 되며 병원으로 빨리 데리고 간다. 일반 독극물을 마셨다면 물이나 우유 등을 먹여 희석시킨 다음 손가락을 입에 넣어 혀를 아래로 눌러서 토하게 한 다음 병원으로 데리고 간다. 병원으로 갈 때는 무엇을 얼마나 먹었는지 확인하고 마신 독극물의 용기를 가지고 간다.

(12) 이물질이 들어갔을 때

① 눈에 이물질이 들어갔을 때

눈에 이물질이 들어가게 되더라도 대부분의 이물질은 눈물과 함께 씻겨 나간다. 눈을 비비거나 무리하게 이물질을 제거하려고 하면 오히려 눈에 더 큰 손상을 입힐 수 있다.

- 눈 안에 이물질을 확인하고 따뜻한 물로 씻어 내려(물흘림) 이물질을 제거한다.
- 물로 씻어지지 않을 경우 면봉 등으로 제거한다.
- 젖은 거즈나 깨끗한 천으로 제거한다.
- 눈에 뜨거운 것이 들어갔을 때에는 빨리 흐르는 물에 눈을 깜박거려 열기를 제거한 다음 깨끗한 수건으로 눈을 가리고 안과 치료를 받으러 간다.
- 화학물질이 눈에 들어갔을 때에는 각막을 손상시킬 수 있고 시력에 치명적이므로 빨리 흐르는 물에 눈을 씻어 내려 희석시킨 다음 안과 치료를 받으러 간다.

② 귀에 이물질이 들어갔을 때

영유아들의 귀에 작은 장난감 조각이나 구슬 등이 들어가면 고막 손상이나 중이염 등의 질병을 유발할 수 있다. 귀에 들어간 이물질이 작고 부드러운 것이면 핀셋으로 집어 낸다거나 미지근한 물을 귓구멍에 넣어 세척해 낸다. 이물질이 나오지 않거나 이물질이 나온 후에 통증을 호소하면 병원으로 데리고 간다.

- **벌레가 귀에 들어갔을 경우** : 어두운 곳에서 손전등을 비추거나 귀를 아래쪽으로 향하게 하여 이물질이 밖으로 나오게 한다.
- **콩이나 구슬 등이 들어갔을 경우** : 이물질이 들어간 쪽의 귀를 밑으로 향하게 한 후 한쪽 발로 자꾸 뛰어보게 하고 나오지 않으면 병원으로 데리고 간다.
- **귀에 물이 들어갔을 경우** : 보통의 경우 그대로 놔 두어도 자연히 흘러나오게 된다. 그러나 만성 중이염이나 고막이 열려 있는 영유아의 경우는 위험하다.

물이 들어 간 쪽의 귀를 아래로 하여 한쪽 발로 뛰면 흘러나오는 수가 있다. 면봉을 귓속 깊이 넣는 것은 위험하다.

③ 코에 이물질이 들어갔을 때

조그만 물체가 코에 들어갔을 때 반대쪽의 콧구멍을 손으로 누르고 코를 세게 풀거나, 깃털 같은 것으로 코를 자극시켜 재채기를 하도록 한다. 콩과 같은 둥근 것은 오히려 속으로 비집고 들어가 빼낼 수 없게 되므로 이비인후과나 병원의 응급실로 데리고 간다.

④ 목에 이물질이 들어갔을 때

- 의식이 있는 경우에는 기침을 유도한다. 영유아가 삼킨 물질을 뱉어 내거나 호흡 또는 기침을 힘차게 시작할 때까지 동작을 분명하게 반복하고, 매 5회마다 영유아의 상태를 점검한다.
- 숨을 쉬지 않는 경우 119에 구급차를 요청하고 영유아의 등 뒤에 서서 한 손으로 주먹을 쥐고 배꼽과 명치 사이에 댄 후 다른 한손으로 주먹 쥔 손을 감싼다. 주먹으로 영유아의 배를 누르면서 빨리 위로 밀어 올리고 이물질이 빠지면 눕혀서 기도를 확보한다.
- 의식이 없는 경우에는 119에 구급차를 요청한다.

(13) 열이 날 때

영유아에게 가장 많이 나타나는 증상이다. 발열은 감염에 의한 경우가 대부분이지만 일사병, 탈수증에 의해서도 일어난다. 오한과 떨림이 시작되면 담요 등으로 전신을 덮고 따뜻한 음료를 준다. 온몸에 갑자기 열이 날 때는 이마에 냉찜질을 해 주고 미지근한 물을 적신 수건으로 겨드랑이나 등을 마사지하여 식혀 준다.

(14) 치아의 손상

① 치아가 빠진 경우

- 유치가 빠졌을 때를 제외하고 치아의 윗부분을 잡아 들어올려 가능하면 빨리 제자리에 치아를 끼워 넣는다.
- 유아에게 살균된 거즈, 솜을 치아에 대고 물게 한 후 즉시 치과로 간다.
- 빠져나온 치아를 원위치에 넣을 수 없다면 차가운 우유에 담가 1시간 이내에 치과로 간다.

② 치아가 부러지거나 조각났을 경우

미지근한 물로 입을 헹구고 상처 난 치아 주변의 얼굴에 냉찜질을 한 후 즉시 치과에 간다.

(15) 호흡곤란 및 기침이 심할 때

호흡곤란의 원인은 폐와 기관지 계통, 심장질환의 경우가 많다(최민수, 2000). 아이들의 기침의 원인은 기도에 염증을 일으키는 감기 등의 질병에 걸린 것 외에도 먼지와 점액 등이 기관의 출구에 고였을 때, 차가운 공기와 자극성인 가스를 흡입했을 때 등 일시적인 경우도 있다.

① 호흡곤란일 때의 응급처치

- 의복을 느슨하게 하고 편한 자세를 취하게 한다. 눕게 하는 것보다는 앉은 채 뒤에 기대게 하거나 책상에 엎드리게 하는 것이 편하다.
- 몸을 앞으로 밀듯 문지르고 그 리듬에 맞춰 호흡하도록 하면 편해진다.
- 호흡이 편해지더라도 병원에 가서 확인해 둔다.
- 극심한 호흡곤란으로 호흡과 의식상태가 나빠진 경우에는 기도를 확보한다.

• 또한 호흡이 멈추었을 때에는 구조호흡을 실시하는 한편 구급차를 부른다.

② 기침이 심할 때 응급처치

• 침구 등에 상체를 기대게 한다.
• 잠을 자다가 기침을 한다면 베개를 이용해서 머리 쪽을 높여 주거나 앉히고 등을 가볍게 문지른다.
• 담요 등으로 충분히 보온한다.
• 가습기나 젖은 타월을 이용하여 60~80%dml 습도를 유지하도록 한다.
• 목구멍의 자극을 줄이기 위해서 뜨거운 과일주스에 꿀을 타서 마시게 한다.
• 목욕을 시키는 것도 좋은 방법 중 하나인데, 목욕은 기도를 습하게 할 수 있어서 기침에 효과가 있는 반면 잘못하면 목욕 후에 오히려 기침을 악화시킬 수도 있으므로 몸을 따뜻하게 해줘야 한다.
• 기침약을 먹일 경우에는 반드시 의사와 상의해야 하며, 기침이 3~4일 동안 계속되면 병원에 가 보는 것이 좋다.

(16) 설사

설사는 발열처럼, 아기들에게 잘 일어나는 증상 중 하나로, 몸에 약간의 변화만 발생해도 설사를 일으킨다. 설사는 특별히 걱정하지 않아도 되는 것과 주의해야 할 것이 있는데, 변의 묽기와 횟수만으로는 증상의 심각성을 판단하기가 어렵다. 체질적으로 설사를 잘하는 유아도 있으므로, 병적인 설사인지 아닌지는 먼저 기분이 좋고 나쁨과 설사의 상태로 판단한다. 설사를 일으키는 원인은 여러 가지로, 바이러스와 세균감염에 의한 설사, 식중독에 의한 설사, 알레르기 반응에 의한 설사, 신경성 설사 등이 있다. 유아들의 변은 유아가 건강하고 이상이 없다 할지라도, 먹는 음식의 종류, 양, 소화정도, 아기의 상태 등 여러 가지 상황에 의해서 일시적으로 다양하게 나타날 수 있다. 평소보다 변이 묽고 횟수가 많아도, 설사

이외의 다른 증상을 보이지 않으며, 기분이 좋고 기운이 있고 식욕이 있으면 수분공급을 충분히 하고 분유, 이유식을 약간 묽게 먹이는 것이 좋다. 그러나 발열, 구토, 복통을 수반한 설사와 변이 혈변, 점액변, 농이 섞인 변은 감염될 수 있으므로 오염된 옷은 크레졸 비누액을 5배로 희석시켜 세탁하고 손도 반드시 소독한다. 설사를 할 때는 다음과 같은 순서로 조치를 한다.

- 옆으로 조용히 눕힌다.
- 끓인 물을 체온 정도로 식혀 먹이면서 수분을 공급한다.
- 설사가 심하지 않고 기운이 있거나 식욕이 있다면 소화가 잘 되는 식사를 해도 좋다.
- 설사가 며칠씩 계속되면 소아과 진료를 받아야 한다.
- 영아를 진찰 시에는 변을 본 기저귀를 가져가면 진료에 도움이 된다.

(17) 현기증이나 쇼크를 일으켰을 때

영유아가 현기증을 일으키면 먼저 의자에 앉히고 머리를 무릎 사이로 숙이도록 하여 뇌로 가는 피의 양을 증가시켜 산소 공급을 시킨다. 쇼크를 일으켰을 때는 영유아의 다리를 심장보다 높게 하여 눕히고, 옷을 느슨하게 풀어 준다. 현기증이나 쇼크는 의식이 흐려지면서 호흡과 맥박은 약하지만 빠르므로 병원으로 가는 도중 호흡과 맥박을 확인하여야 한다.

(18) 물에 빠졌을 때

물에 빠졌을 때 살아날 확률은 호흡이 멎은 때부터 경과한 시간이 길수록 낮다. 그러므로 물에서 건졌을 때 물을 토하게 하는 등 호흡과 관련 없는 일에 시간을 낭비해서는 안 되고 폐에 공기를 흡인시켜 주는 것이 필요하다. 즉, 몸이 물에서 다 나오기 전이라도 익수자의 얼굴이 수면에 나오면 즉시 구강호흡을 실시해야 한다.

제11장

아동권리와 아동학대

1. 아동권리
2. 아동학대
3. 실종 및 유괴에 대한 안전
4. 아동학대 신고의무자의 역할
5. 아동보호전문기관의 개입과정

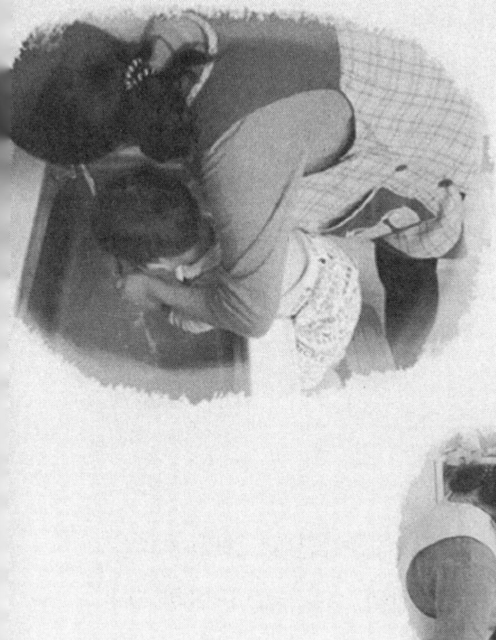

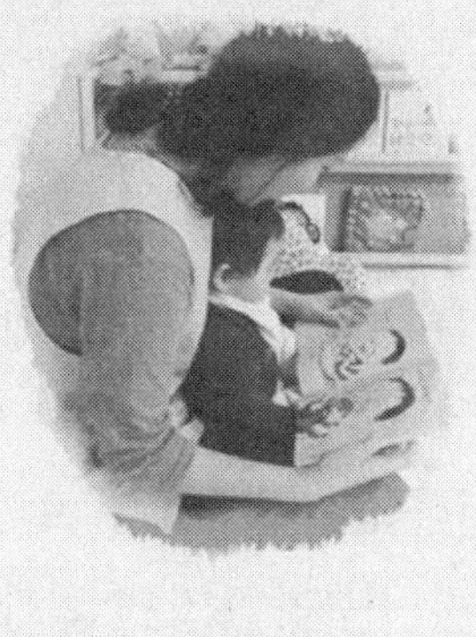

1. 아동권리

1) 아동권리의 이해

(1) 아동권리의 개념

사전적 의미에서 아동권리(兒童權利)란 아동이 가진 인권이며, 아동에게 주어지는 특별한 보호와 관리에 대한 배려이다. 아동에 대한 권리는 모두 부모와의 관계를 유지할 수 있는 권리를 포함하고, 국가가 제공하는 보편적인 교육을 받으며, 적절한 형법의 적용을 받아 인간으로서의 독자성을 발휘하는 권리를 포함하는 것을 말한다. 즉 아동권리란, 아동이 인간으로서 누려야 할 기본적인 모든 권리를 말하며 그 주체인 아동이 출생하면서부터 언어, 종교, 인종, 피부색, 성, 능력에 관계없이 인간으로서 가지는 기본적인 권리이며, 생애 시기적 특수성에 입각하여 특별한 배려와 보호를 받을 권리를 말한다.

(2) 아동권리의 중요성

아동은 출생함과 동시에 자신의 권리를 누릴 주체로서 살아간다. 그러나 많은 성인들은 그릇된 아동관과 양육관을 가지고 아동을 성인의 소유물로 판단하거나 의존적인 존재로 생각하면서 아동의 권리를 무시하거나 인정하지 않는다. 이러한 인식은 아동이 성장하는데 많은 어려움을 겪게 하는 요인이 된다. 따라서 아동은 태어나면서부터 자신의 권리를 누릴 이유가 있으며 권리의 주체로서 존재한다는 사실을 알아야 한다. 또 이렇게 존중받지 못하고 자라난 아동은 타인의 권리를 존중하는 성인으로 성장하기 어려우므로 성인은 아동의 권리를 존중하고, 하나의 인격체로서 가치를 인정해야 한다. 그러므로 아동에게 적합한 환경과 교육의 기회를 제공하고, 아동을 인격체로서 존중하여 아동 자신의 권리와 타인의 권리를 존중하는 것이 중요하다.

2) UN아동권리협약(CRC)

(1) 아동권리협약의 의의

19세기 이전, 많은 사람들은 인권을 성인들의 전유물로 생각해 왔으며, 아동을 노동인력으로 이용하거나 혹사시키는 등의 문제가 있었다. 이런 아동인권 문제와 열악한 환경을 개선하기 위해 1차 세계대전 후 「아동권리선언문」이 제정되었다. 이후 「세계아동헌장」, 「제네바선언」, 「유엔아동권리선언」, 「국제아동의 해 제정」 등 아동인권에 대한 관심이 모아졌다.

UN아동권리협약은 제1차 세계대전 이후 전쟁이 아동에게 미친 참상의 깊은 반성에서 1924년 9월 유엔총회에서 세계 최초로 아동권리선언을 채택했다. 이것은 제네바선언(5개조)으로 알려지고 있으며 아동의 발달보장, 요보호 아동의 보호, 아동구제의 우선성, 착취로부터의 보호, 아동육성의 목표달성에 노력해야 할 것을 강조하였다. 15년 뒤에 제2차 세계대전이 발발하여 제네바선언을 개정해 2개 조항을 추가하였으며, 1959년 11월 20일에는 전문과 10개조로 된 아동권리선언을 채택해 출생권, 생존권, 발달권, 행복추구권, 교육권, 레크레이션권을 선언하였다. 이후 제30주년이 되는 1989년 11월 20일에 아동권리선언을 투표 없이 채택하였다. 인권위원회의 10년에 걸친 작업성과라고 할 수 있는 이 조약은 54개조로 이루어져 있는데 어린이가 자기 이름을 가질 권리, 착취로부부터 보호받을 권리, 교육이나 생존 및 발전을 위한 권리 등을 들고 있으며 이제까지 많은 조약과 선언에 분산되어 있던 어린이의 권리를 하나로 묶었다.

(2) 주요내용

UN아동권리협약의 주요내용은 4-3-1 모델로 설명할 수 있는데, 4-3-1은 생존권, 보호권, 발달권, 참여권의 4개의 기본권과 3원칙, 1과정이다.

표 11-1 4-3-1 모델

구분	내용
기본권 4	생존권 : 적절한 생활수준을 누릴 권리, 안전한 주거지에서 살 권리, 충분한 영양섭취, 생명 유지, 건강과 의료혜택을 받을 권리
	보호권 : 차별로부터 보호, 학대, 방임, 폭력, 고문, 징집, 부당한 형사처벌, 과도한 노동, 약물과 성폭력으로부터 보호받을 권리
	발달권 : 교육받을 권리, 여가를 즐길 권리, 문화생활과 정보를 얻을 권리, 생각과 양심과 종교의 자유를 누릴 권리
	참여권 : 자신의 삶에 영향을 주는 문제들에 대한 발언권과 의사를 자유롭게 표현할 수 있는 권리
원칙 3	아동이란 18세 미만
	아동에게 최선의 이익 제공
	차별 없이 모든 아동에게 적용
과정 1	아동권리 실현은 우리 모두의 책임

(3) 기본원칙

UN아동권리협약의 기본 권리는 다음 4개의 기본원칙을 바탕으로 하고 있다.

표 11-2 기본 원칙

기본 원칙	내용
무차별의 원칙 (2조)	모든 어린이는 동등한 권리를 누려야 한다.
아동 최선의 이익 원칙 (3조)	아동에게 영향을 미치는 모든 것을 결정시에는 아동의 이익을 최우선으로 고려해야 한다.
생존 및 발달 보장의 원칙 (6조)	생존과 발달을 위해 다양한 보호와 지원을 받아야 한다.
참여의 원칙 (12조)	어린이 자신의 능력에 맞게 적절한 사회활동에 참여할 기회를 가지며, 자신의 생활에 영향을 주는 것에 대하여 의견을 말할 수 있어야 하며 그 의견을 존중받아야 한다.

(4) 영유아 권리에 대한 유엔아동권리위원회의 시각

2006년 UN아동권리위원회는 유아를 위해 '아동권리협약'의 보다 광범위한 합의를 논의할 필요성을 느꼈다. 따라서 UN아동권리위원회는 일반논평을 통해 '영유아의 권리'에 대한 의견을 발표하였으며, 일반논평에서는 유아들이 본 협약에서 부여된 모든 권리의 보유자임과 초기 유년기가 이러한 권리의 실현을 위한 결정적인 시기라는 점을 강조하였다. UN아동권리위원회는 특히 영유아기를 미성숙한 인간에서 성숙한 인간으로 발달해 가는 사회화의 단계로 이해하는 것이 반드시 극복되어야 한다고 보았다. 따라서 성인은 영유아를 가족과 사회의 구성원으로 받아들여야 하며 영유아를 사회적 행위자로 인식하고, 보호하며 지원하는 요건을 마련해야 한다고 하였다. UN아동권리협약 비차별의 권리 제2조에 근거하여 유아의 다양성을 인정할 수 있어야 한다고 보았다. 영유아는 모두 다르며 발달양상이나 가족배경 역시 개인에 따라 차이가 있다. 그러나 특별한 보호와 배려가 필요로 하는 장애아동이나 가족이 없는 아동, 난민, 유해한 노동, 학대와 유기 등의 권리에 대한 분명한 자각이 필요하다. 영유아는 어떤 종류의 차별도 받아서는 안 된다. 영유아의 차별은 부적절한 보살핌이나 관심, 놀이, 부실한 영양공급, 학습과 교육기회의 제한, 감정이나 견해의 자유로운 표현의 금지, 가혹한 대우, 비이성적 기대 등의 형태로 나타날 수 있다. 영유아는 위험을 이해하거나 발달에 해로운 영향에 저항하고 어려움을 피하는데 취약하다. 또 상황을 이해하는 능력이 제한되어 있어서 위험 상황에서 특별한 도움을 받지 못할 경우 위험에 빠질 수 있다. UN아동권리위원회는 유아가 처하게 될 어려운 상황에 관심을 기울일 것을 각국에 촉구하여 위험한 상황에 처한 유아를 보호하는데 모든 조치를 취할 것과 정신적 상처를 회복할 수 있도록 다양한 지원을 해 주어야 한다고 권고하였다.

2. 아동학대

1) 아동학대의 이해

아동학대란, 보호자를 포함한 성인이 아동의 건강 또는 복지를 해치거나 정상적 발달을 저해할 수 있는 신체적 · 정신적 · 성적 폭력이나 가혹행위를 하는 것과 아동의 보호자가 아동을 유기하거나 방임하는 것을 말한다(아동복지법 제3조). 즉 아동이 건강하게 성장하며 발달하는 과정에서 '하지 말아야 하는 것에 의도적으로 해를 가하는 행동(신체학대, 정서학대, 성학대, 유기)'을 하는 것과 '해야 함에도 불구하고 아동의 기본욕구를 만족시키지 않는 행동(방임)'이 모두 아동학대에 포함된다. 이는 아동의 복지나 아동의 잠정적 발달을 위협하는 행동으로 확대한 것이다.

UN아동권리협약 제19조에 의하면 모든 형태의 신체적 · 정신적 폭력, 상해, 학대, 유기, 방임적 대우, 성적 학대를 포함한 혹사나 착취로부터 아동을 보호하기 위하여 모든 적절한 입법적 · 행정적 · 사회적 · 교육적 조치를 취하여야 한다고 명시하였고, 이러한 보호조치는 아동과 아동 양육자에게 필요한 지원을 제공하기 위한 사회계획의 수립은 물론 아동학대 사례를 여러 방법으로 방지하거나 확인, 보고, 조회, 조사, 처리 및 추적하고 또한 적절한 경우에는 사법적 개입을 가능하게 하는 효과적 절차를 적절히 포함해야 한다고 밝혔다.

2) 아동학대의 발생원인

아동학대는 아동이 가진 여러 특성과 아동을 둘러싸고 있는 부모, 가족, 사회 등의 주변 환경과의 역동적 관계를 고려할 필요가 있으며, 아동학대는 개인, 가족, 사회에까지 부정적인 파급효과를 미치게 된다. 아동학대의 요인들로는 아동과 부모 그리고 가족, 사회문화, 스트레스 요인 등 체계간의 상호작용에 의해 유발되는 것으로 볼 수 있다.

표 11-3 아동학대 요인

부모요인	• 정신질환 • 엄격하고 지배적인 성향 • 상호 기술 부족 • 우울증 • 약물 남용 • 아동기 학대 경험 • 아동기 신체적 폭력의 목격	• 아동기 애착결여 • 미혼부모 • 부적절한 가족 및 아동관리 기술결여 • 부모역할 기술 결여 • 비일관적인 훈육 • 아동발달에 대한 지식 부족 • 부모역할과 책임의 과중한 부담
아동요인	• 문제행동, 과다행동 • 원치 않는 임신 • 조산 • 부모가 혐오하는 성인과의 유사성	• 질병 • 부모 성격과의 불일치 • 신체적 · 발달적 장애
가족요인	• 빈곤 • 혼합가족 • 과다한 아동 수	• 연년생 • 혼란한 가족 • 주거의 혼잡성

	• 가까운 친구, 가족구성원의 사망 • 급사, 만성질병 • 갑작스런 재정적 곤란	• 신생아 출산 • 실직 • 이혼, 별거
스트레스 요인	• 체벌의 허용성 • 아동양육에 있어서 성역할의 전형화 • 가족의 사생활이나 개인권리에 대한 극단적 가치	• 지역사회에서의 고립 • 매스미디어의 폭력성 • 빈곤문화

지속적으로 발생하고 있는 아동학대를 예방하기 위해서는 아동학대 발생의 주요 원인을 가정과 어린이집으로 구분하여 생각해 본다.

(1) 가정에서의 발생원인

가정에서의 아동학대 발생원인은 부모, 가정 · 환경요인으로 살펴볼 수 있다. 부모 요인은 아동발달에 대한 지식 부족, 경제적 어려움이나 병치레 등 가정 내 위기 요인을 들 수 있다. 또 부모 스스로 욕구가 충족되지 못하거나 스트레스를 받을 때 아동에게 학대로 그 불만을 터뜨릴 수 있다. 모든 가정은 때때로 위기에 직면한다. 질병, 사고, 사망, 경제적 어려움, 실직 등의 사회적 고립과 부부갈등, 한부모가정, 이혼가정, 재혼가정 등 가족구조의 특성이 영유아 학대의 요인이 되기도 한다. 이러한 사회적 고립과 가족구조의 특성을 가지고 있는 성인들은 사소한 일에도 과잉 반응하여 자제력을 잃는 경우가 흔하다. 그 결과 분노와 좌절이 자녀에게 향하고 결국은 학대로 이어지기도 한다.

가정적 · 환경적 요인은 가족관계 및 구조의 문제, 사회 전반의 분위기 등이 포함되어 복합적으로 상호작용하여 발생한다. 아동학대자의 성인 90% 이상이 정신과적 질환이 없고 범죄적 인성을 지니고 있지 않은 것으로 알려진 것으로 볼 때 성인들은 어떤 의미에서 보면 학대의 잠재성을 모두 지니고 있다고 할 수 있다. 학대를 하는 성인 중에는 자신이 어린 시절 학대를 받았거나 학대가 빈번하게 일어났던 가정에서 성장한 경우가 많다. 이러한 가정에서 성장한 성인들은 가혹한 벌이 자녀를 훈육할 수 있는 유일한 방법이라고 무의식중에 믿게 된다. 물론 그것이 자신에게 가장 익숙한 방법이기 때문이기도 하다. 자녀 양육에 필요한 지식과 기술의 부족으로 자녀의 연령과 능력에 비추어 종종 비현실적이고 발달적으로 부적절하게 나타난다. 예를 들어 영아가 용변을 가리지 못하거나 유아가 물을 엎지르거나 할 때 어떤 부모는 격렬하게 화를 내고 심한 벌을 주기도 한다. 또한 배우자의 관계를 포함한 대인관계의 불안감이 학대를 유발하기도 한다. 이는 인간관계에서의 신뢰감 부족이 타인과 원만하게 지내는 것을 어렵게 하고 지속적으로 긍정적인 인간관계를 형성할 수 없게 하는 이유가 되기 때문에 점차 사회적 고립과 무기력감을 초래한다. 일반적으로 학대하는 성인들이 갖는 특성을 과도한 스트레스나 스트레스에 견디는 능력의 부족, 낮은 자아개념, 약물이나 알코올에 의존적인 성향, 심각한 만성질환, 정신질환 또는 정신지체, 충동 또는 자기조절 능력의 부족, 어린 나이에 부모가 된 경우 등 그 특성은 학대의 양상만큼이나 매우 다양하다.

(2) 어린이집에서의 발생원인

어린이집에서의 아동학대 발생원인은 어린이집 요인, 보육교사 요인으로 살펴볼 수 있다. 어린이집 요인은 물리적 환경, 보육교사 채용의 어려움 및 관리, 인식의 부족, 전문기관 연계에 대한 자원 부족 등이 있다. 보육교사 요인은 보육교사 자질 및 전문성 결여뿐 아니라 과중한 업무로 인한 스트레스와 인간관계 등의 요인을 포함한다. 어린이집에서는 구체적인 지도방안과 교사교육 및 체계적인 인사관리를 마련하고 영유아의 특성을 이해하고 지원하려는 노력이 필요하다.

표 11-4 아동학대 발생원인(가정, 어린이집)

구분		내용	
가정 요인	가정 환경	가족관계	가족구조의 문제
		폭력에 대한 가치와 규범	신체적인 체벌에 허용적인 문화
		아동을 존중하지 않는 문화 자녀에 대한 소유 의식	사회적 고립 및 사회적 지지체제 결여
	부모	부모의 미성숙	아동 양육관에 대한 지식 부족
		지나친 기대	잦은 가정의 위기
		정서적 욕구불만	사회적 고립
		어릴적 학대받은 경험	알코올중독 · 약물중독
		부모의 그릇된 아동관, 양육관	원치 않은 자녀
		부모의 분노, 성적 욕구와 같은 충동과 감정조절의 무능력	부모의 낮은 자아존중감, 낮은 감성, 의기소침
		부모의 불안, 우울증, 기타 정실질환	
어린이집 요인	어린이집	영유아발달에 부적합한 환경	교사교육 미비
		영유아 문제 지도방안에 대한 전문적 지식 부족	영유아 문제해결을 위한 전문기관 연계 부족
		인성과 자질을 갖춘 보육교사 채용의 어려움	
	보육 교사	많은 업무의 스트레스가 있는 보육교사	아동발달과 보육에 대한 지식 부족
		그릇된 아동관, 보육관을 가진 보육교사	아동존중에 대한 인식부족
		어릴적 학대받은 경험이 있는 보육교사	불안, 우울, 기타 정신질환 의심
		미성숙한 보육교사	낮은 자아존중감

3) 아동학대의 현황

전국아동학대현황보고서(2013)에서 살펴보면 아동학대 발생장소는 가정 내에서 발생한 사례가 총 5,564건(81.9%)으로 가장 높게 나타났으며, 영유아들을 교육하는 어린이집에서도 232건(3.4%)으로 나타났다. 총 6,796건 중 아동의 가정에서 발생한 사례는 5,409건(79.6%), 나머지 155건(2.3%)은 학대행위자 가정에서 발생했다. 가정에서 발생할 경우 외부에서 발견되기 어려우므로 학대가 계속 발생할 수밖에 없다. 따라서 아동학대 위험군인 가정에서의 학대를 조기 발견하는 것이 중요하다. 2012년 기준으로 아동학대 유형별로는 중복학대가 3,015건(47.1%)으로 가장 많았고, 방임이 1,713건(26.8%), 정서학대 936건(14.6%), 신체학대 461건(7.2%), 성학대 278건(4.3%)의 순서로 나타났다.

표 11-5 아동학대 유형별 발생현황

연도	계	중복학대	방임	정서학대	신체학대	성학대	유기*
2008	5,578	1,895(34.0)	2,237(12.2)	683(12.2)	422(7.6)	284(5.1)	57(1.0)
2009	5,685	2,238(39.4)	2,025(35.6)	778(13.7)	338(5.9)	274(4.8)	32(0.6)
2010	5,657	2,394(42.3)	1,870(33.1)	773(13.7)	348(6.1)	258(4.6)	14(0.2)
2011	6,058	2,621(42.3)	1,783(29.4)	909(15.0)	466(7.7)	226(3.7)	53(0.9)
2012	6,403	3,015(47.1)	1,713(26.8)	936(14.6)	461(7.2)	278(4.3)	–

* 2012년부터 유기는 방임에 포함하여 집계.
출처: 보건복지부(2013).

아동학대 발생빈도는 집계 결과, 2,629건(38.7%)이 거의 매일 발생하였으며, 2~3일에 한 번 발생한 사례는 1,049건(15.4%), 일주일에 한 번인 경우는 747건(11.0%)이었다. 다시 말해 일주일에 한 번 이상 학대가 발생한 사례가 전체의 65.1%에 해당된다는 것이다. 아동기는 신체 및 정신적으로 성장이 미발달한 시기로 외부 환경에 매우 취약하다. 따라서 한 번의 학대가 가해지더라도 그 피해는 치명적일 수 있으며 이와 같은 학대가 지속된다면 아동의 바람직한 성장을 방해하고 심각한 후유증을 발생할 수 있으므로 조기발견을 위한 체계가 절실하다. 특히 영아의 경우 신체적, 정신적 발달이 미성숙한 시기이기 때문에 아동학대가 가해질 경우, 극단적으로는 사망으로 이어지는 등 그 피해는 더 심각해질 수 있다.

또 영유아 보호와 교육 및 권리증진을 위해 책임을 다해야 할 어린이집에서의 아동학대 발생사례가 다수 언론보도를 통해 사회적 이슈로 떠올랐다는 것은 매우 심각한 사회적 현상이 아닐 수 없다.

〈표 11-6〉과 같이 연도별 어린이집 아동학대 발생건수는 계속 증가된 것으로 보고되고 있으며, 아동학대 발생장소는 〈표 11-7〉과 같이 가정 내 발생건수와 영유아의 주변 환경에서의 발생도 많은 비율을 차지한다.

표 11-6 연도별 어린이집 아동학대 발생건수

연도별	2005	2006	2007	2008	2009	2010	2011	2012	2013
발생건수	65	74	72	61	57	100	159	135	232

출처: 보건복지부 · 중앙아동보호전문기관(2014). 2013 전국아동학대현황보고서.

표 11-7 아동학대 발생장소

발생장소		건수(%)
가정 내	아동 가정 내	5,409(79.6)
	학대행위자 가정 내	155(2.3)
소계		**5,564(81.9)**
집근처 또는 길가		83(1.2)
친척집		53(0.8)
이웃집		14(0.2)
어린이집		232(3.4)
유치원		36(0.5)
학교		40(0.6)
학원		13(0.2)
병원		51(0.8)
복지시설	아동복지시설	379(5.6)
	기타 복지시설	15(0.2)

소계	394(5.8)
숙박업소	37(0.5)
종교시설	14(0.2)
기타	253(3.7)
파악 안됨	12(0.2)
계	6,796(100.0)

출처: 보건복지부 · 중앙아동보호전문기관(2014). 2013 전국아동학대현황보고서.

4) 아동학대의 유형

아동학대의 유형에는 신체적 학대, 정서적 학대, 성학대, 유기와 방임을 포함한다.

(1) 신체적 학대

신체학대는 보호자를 포함한 성인이 우발적인 사고가 아닌 상황에서 의도적으로 아동에게 건강 · 복지를 해치거나 정상적 발달을 저해할 수 있는 신체적 폭력 또는 신체적 손상을 입히는 모든 행위를 말한다. 신체적 학대의 결과는 심리적 · 정서적 후유증을 갖게 될 수도 있으며, 심한 경우에는 생명을 잃을 수도 있다.

신체적 징후	행동적 징후
• 설명하기 어려운 신체적 상흔 • 손발이 차거나 붉게 부어오른 상태 • 발생 및 회복에 시간차가 있는 상처 • 비슷한 크기의 반복적으로 긁힌 상처 • 사용된 도구의 모양이 그대로 나타나는 상처 • 담뱃불 자국, 뜨거운 물에 잠겨 생긴 상처 • 회음부에 있는 화상자국, 알고 있는 물체 모양 (다리미 등)의 화상자국, 회복속도가 다양한 화상자국 • 입, 입술, 눈, 외음부 상처	• 어른과의 접촉 회피 • 다른 아동이 울 때 공포를 나타냄 • 공격적이거나 위축된 극단적 행동 • 부모에 대한 두려움 • 집에 가는 것을 두려워함 • 위험에 대한 지속적인 경계

신체적 징후	행동적 징후
• 긁히거나 물린 자국에 의한 상처 • 손목이나 발목에 긁힌 상처, 영유아에게 발견된 붉게 긁힌 상처 • 성인에 의해 물린 상처 • 겨드랑이, 팔뚝 안쪽, 허벅지 안쪽 등 다치기 어려운 부위의 상처 • 대뇌출혈, 망막출혈, 양쪽 안구 손상, 머리카락이 뜯겨나간 두피 혈종 등을 동반한 복잡한 두부 손실 • 고막 천공이나 귓불이 찢겨진 상처와 같은 귀 손상 • 골격계 손상, 시간차가 있는 골절, 치유단계가 다른 여러 부위의 골절, 복합 및 나선형 골절, 척추 손상(특히, 여러 군데의 골절), 영유아의 긴 뼈에서 나타나는 간단 골절, 회전상 골절, 걷지 못하는 아이에게서 나타나는 대퇴골절, 골막하 출형의 방사선 사진, 골단 분리, 골막 변형, 골막 석회화 • 간혈종, 간열상, 십이지장 천공, 궤양 등의 복부손상 • 폐 좌상, 기흉, 흉막삼출과 같은 흉부손상	

(2) 정서적 학대

정서학대는 보호나자 양육자가 아동에게 언어적 · 정서적 위협, 감금이나 억제, 기타 가학적으로 이루어지는 행위를 뜻한다.

신체적 징후	행동적 징후
• 발달지연 및 성장장애 • 신체발달 저하	• 특정 물건을 계속 빨고 있거나 물어뜯음 • 행동장애(반사회적, 파괴적 행동장애) • 신경성 기질 장애(놀이장애) • 정신신경성 반응(히스테리, 강박, 공포) • 언어장애

신체적 징후	행동적 징후
	• 극단행동, 과잉행동, 자살시도 • 실수에 대한 과잉 반응 • 부모와의 접촉에 대한 두려움

(3) 방임

방임은 고의적이고 반복적으로 아동양육과 보호를 소홀히 함으로써 정상적인 발달을 저해하는 모든 행위로 신체적 방임, 보육적 방임, 정서적 방임이 해당된다.

신체적 징후	행동적 징후
• 발달지연 및 성장장애 • 비위생적인 신체상태 • 예방접종과 의학적 치료 불이행으로 인한 건강상태 불량 • 아동에게 악취가 지속적으로 나는 경우	• 계절에 맞지 않은 부적절한 옷차림 • 음식을 구걸하거나 훔침 • 비행 또는 도벽 • 학교에 일찍 등교하고 집에 늦게 귀가함 • 지속적인 피로 또는 불안정감 호소 • 수업 중 조는 태도 • 잦은 결석

(4) 성학대

성학대는 성인의 성적인 만족을 위하여 아동의 신체에 접촉하는 행위로 성인과 아동간의 부적절한 모든 성적 행위를 말한다.

신체적 징후	행동적 징후
– 신체적 지표 • 학령 전 아동의 성병감염 • 임신 – 생식기의 증거 • 아동의 질에 있는 정액	– 성적(性的) 행동지표 • 나이에 맞지 않는 성적행동 • 해박하고 조숙한 성지식 • 명백하게 성적인 묘사를 한 그림 • 타인과의 성적인 상호관계

신체적 징후	행동적 징후
• 찢기거나 손실된 처녀막 • 질에 생긴 상처나 긁힌 자국 • 질의 홍진(紅疹) • 배뇨곤란 • 요도염 • 생식기의 대상포진 – 항문 증후 • 항문 괄약근의 손상 • 항문주변의 멍이나 찰과상 • 항문 내장이 짧아지거나 뒤집힘 • 항문 입구에 생긴 열창 • 항문이 좁아짐 • 회음부의 동통과 가려움 • 변비 • 대변에 혈액 출현 – 구강 증후 • 입천장의 손상 • 인두(咽頭)임질(pharyngerl gonorrhea)	• 동물이나 장난감을 대상으로 하는 성적인 상호관계 – 비(非)성적인 행동지표 • 위축, 환상, 유아적 행동(퇴행행동) • 자기 파괴적 또는 위험을 무릅쓴 모험적인 행동 • 충동적, 산만함 및 주의집중장애 • 혼자 남아 있기를 거부 또는 외톨이 • 특정 유형의 사람들 또는 성에 대한 두려움 • 방화/동물에게 잔혹함(주로 남아의 경우) • 비행, 가출 • 약물 남용 및 알코올 과음 • 자기 파괴적 행동(자살시도) • 범죄행위 • 우울, 불안, 사회관계의 단절 • 수면장애 • 유뇨증/유분증 • 외상 후 스트레스장애 • 저조한 학업수행

3. 실종 및 유괴에 대한 안전

1) 실종 및 유괴의 개념과 예방교육의 필요성

(1) 실종 및 유괴의 개념

현대사회는 여성의 사회 참여율이 증가하면서 가정의 기능이 약화되고, 유아교육의 중요성에 대한 부모들의 확신이 확대되면서 유아들의 하루생활의 대부분을 가정 밖에서 이루어지고 있다. 영유아들은 어린이집, 유치원과 각종 학원 그리고 동네 놀이터 등 가정 외적 환경에서 사회적 접촉을 형성하며, 다양한 상황 및 문제를 경험하고 있다(윤선화, 2002).

과거의 대가족 체계에서는 부모 이외의 사람들이 아동의 양육에 공동으로 참여했고, 지역 공동체사회 안에서는 이웃 자녀의 안위와 보육을 함께 걱정하고 보호한 반면에 핵가족화가 되면서 자녀양육은 부모들만의 몫이 되었다. 이러한 측면에서 자녀에 대한 부모들의 보호는 과거보다 더욱 심혈을 기울여야만 하는데 영유아들은 주변 현상이나 사물에 대한 변별력이 부족하고 욕구조절 능력이 미약하고 위험 상황에 직면하거나 사고에 희생되기 쉬운 시기이므로 미아사고의 발생 가능성이 높다. 또한 최근에는 어린이를 범죄에 이용한 사건이 증가하면서 어린이들의 신변을 위협하거나 살해하는 유괴사건도 증가하고 있다(윤선화, 2002).

사전적 의미에서의 실종 아동이란, 약취(略取), 유인(誘引), 유기, 사고 또는 가출하거나 길을 잃는 등의 여러 가지 이유로 보호자로부터 이탈되는 경우를 말한다. 부모의 실수로 미아가 되거나 유괴범에 의해 유아를 잃어버리는 사고 등을 이에 모두 포함한다.

(2) 실종 및 유괴 안전교육의 필요성

실종 및 유괴의 발생이 증가하고 있지만 영유아는 위험에 대한 인식이 부족하며 대처능력도 떨어지기 때문에 위험에 노출되기 쉽다. 영유아들은 상대방에 대한 정보를 객관적으로 판단하는 능력이 부족하며 잘 모르는 사람이더라도 친절한 모습을 보이면 의도를 파악하지 못하고 착한 사람이라고 생각한다. 또한 성인에게 칭찬받고 관심받는 것을 좋아하여 어떤 부탁이나 요구를 받았을 때 거절하지 않고 따르는 경우도 있다. 또한 날이 갈수록 영유아들을 유인하는 방법도 다양하고 교묘해져서 더욱 위험한 상황으로 만들어 가고 있다.

우리나라에서는 어린이재단과 같은 단체에서 실종 아동들을 찾아 주는 사업을 하고 있지만 실종을 줄이기 위해서는 영유아교육기관에서 유괴나 미아 사고의 발생에 대한 가능성을 알려주고, 사고를 미연에 방지할 수 있도록 하는 방법과 만약 사고를 당했을 경우의 대처방법도 알려주어 영유아들이 스스로 안전을 지킬 수 있도록 해야 한다. 어린이 신변을 위협하는 미아와 유괴사고에 대한 대책에 관한 법률 강화, 안전한 환경조성, 안전교육 등 여러 예방대책이 있지만 어린이 스스로 위험을 인식하고 자기보호 기술을 습득하여 대처능력을 형성할 수 있도록 하는 안전교육은 무엇보다도 시급한 과제이다.

2) 실종 및 미아의 현황

초록우산 어린이재단(2012)에 따르면 2012년 아동보호전문기관에 신고·접수된 실종 아동 발생건수는 10,655건이고, 끝까지 보호자에게 인계되지 못하고 미발견인 아동은 170명에 달하는데, 아동 실종은 특히 성범죄나 살인 등 심각한 범죄로 이어질 가능성이 높기 때문에 예방교육의 중요성이 강조된다.

표 11-9 실종 아동 발생건수 추이(2008~2012년)

사례 / 연도	아동		
	발생건수	발견건수(보호자인계)	미발견건수
2008	8,485	9,472	13
2009	9,257	9,244	13
2010	10,872	10,832	40
2011	11,425	11,385	40
2012	10,655	10,512	143

출처: 실종아동 전문기관(2013).

〈표 11-9〉에서 보는 바와 같이 매년 증가하던 실종 아동 등 발생이 2012년에는

감소되었는데, 이는 2012년 2월 '실종아동법' 개정으로 도입된 '지문 등 사전등록제'와 '위치 추적제' 실시로 인한 결과라고 볼 수 있다. 실종 아동의 감소에도 불구하고 미발견건수가 증가한 이유는 '실종아동 등의 보호 및 지원에 관한 법률' 개정(2013. 6. 4.)으로 보호 대상이 확대되면서 단순 가출 건수가 실종 아동 등으로 편입되었기 때문이라고 해석하고 있다.

4. 아동학대 신고의무자의 역할

1) 아동학대 신고의무자

아동학대범죄의 처벌 등에 관한 특례법 제10조에 의하여 누구든지 아동학대를 알게 된 때에는 아동보호전문기관에 또는 수사기관에 신고할 수 있다. 특히 신고의무자들은 직무상 아동학대를 알게 된 경우나 의심이 되는 경우에는 아동보호전문기관 또는 수사기관에 신고하여야 한다고 규정되어 있다. 신고자는 아동학대 신고 시 신원노출과 신변위협에 대한 두려움을 갖기도 하는데, 동법 제62조에 의하여 신고인의 신원보호가 보장되므로 아동학대 발견 시 신고자는 반드시 신고의무의 역할을 수행해야 한다.

「아동학대범죄의 처벌 등에 관한 특례법」 제정 및 「아동복지법」 개정으로 아동학대 처벌 및 피해아동 보호절차 대폭강화(2014. 1. 28. 공포, 2014. 9. 29 시행)하였으며, 아동학대에 따른 처벌사항은 〈표 11-10〉과 같다.

표 11-10 아동학대범죄의 처벌 등에 관한 특례법(2014. 9. 29. 시행)

구분		처벌내용
아동학대 가중처벌 규정	학대치사	무기, 5년 이상 징역
	학대 중 상해	3년 이상 징역
	상습범 및 시고의무자 아동학대시	형량의 1/2 가중처벌
아동학대 관련 범죄 전력자		10년간 아동관련기관 취업 · 운영금지
중상해 및 상습학대행위자		친권 상실 청구
신고의무자 신고 미이행 시		500만원 이하의 과태료

2) 아동학대 신고 절차 및 요령

아동학대 신고의무자 중 어린이집 보육교직원은 학대받는 아동보호에 있어 매우 중요한 역할을 담당하고 있다. 이는 아동을 관찰할 여건이 마련되어 있으며, 타 신고의무자에 비해 아동학대를 발견하기 쉽기 때문이다.

특히 영유아일수록 학대후유증이 심각하므로 어린이집에서의 신고가 매우 중요하다. 또한 피해아동의 신체적 · 행동적 징후뿐 아니라 아동의 가정환경도 아동학대가 의심될 수 있다. 최근 아동의 부모가 실직하였거나 이혼, 사별 등으로 가족관계의 변화가 온 경우, 아동의 상처 등에 대하여 보호자가 설명을 제대로 하지 못하는 경우, 아동의 부모가 자주 음주상태에 있는 것을 알게 된 경우, 보육교직원 혹은 다른 부모에게 폭언 또는 폭행을 행사하는 경우, 아동을 자주 혹은 제 시간에 어린이집에 보내지 않거나 뒤늦게 데리러 오는 경우에는 피해아동에게 좀 더 관심을 가져야 한다. 일반적으로 학대상처는 일반상처와 다르게 허벅지 안쪽이나 어깨 등 다치기 어려운 곳에서 발견된다. 예를 들어 양손골절 및 두 가지 이상의 중복골절을 발견하거나 아동의 귀, 코, 목 등 정상적이지 않은 곳의 출혈 흔적 및 상처자국, 아동의 연령에 맞지 않는 다리미 담뱃불로 인한 화상자국, 벨트자국 등 반복적으로 많은 수의 타박상 및 상처증을 발견하였을 때는 아동학대로 의심해 볼 수 있다.

3) 아동학대 신고하기

아동학대로 의심되는 아동을 발견 시, 112(전국 공통, 24시간 접수)로 신고한다. 신고 절차는 다음과 같다.

(1) 1단계 : 아동학대 의심 및 발견

- 아동학대 유형 및 징후 인지하기
- 아동 및 보호자를 관찰, 면담하여 아동학대 가능성 파악하기
- 응급상황 시 아동 안전 우선 확보(예 : 긴박한 상황인 경우 아동을 병원에 데려간 이후에 신고)

(2) 2단계 : 아동학대 신고 112

- 가능한 많은 정보를 파악하여 즉시 신고하기
- 신고 시 학대 의심 내용, 아동 및 학대행위자, 신고자 정보 전달하기

(3) 3단계 : 아동보호전문기관과 협력 유지

- 피해아동에 대한 재학대 여부 지속 관찰하기
- 의심스런 상황 발생 시 신속하게 아동보호전문기관에 연락하기

아동학대 신고 시 신고자는 〈표 11-12〉와 같은 정보 및 학대에 대해 알고 있는 모든 사항을 제공한다.

표 11-12 아동학대 신고 시 신고할 내용

구분	내용	구분	내용
학대 의심 내용	• 학대 의심 증거 • 학대 발견 시 정황 • 학대 상처 • 학대자 속성	피해 아동 정보	• 이름, 성별, 나이, 주소 • 전화번호 • 피해아동의 특징 • 피해아동의 현재 상태 등
학대행위 의심자 정보	• 이름, 전화번호, 직업 • 학대행위자 특징 • 피해아동과의 관계 • 피해아동과의 동거 여부 등	신고자	• 이름, 전화번호 • 피해아동과의 관계 • 학대사실을 알게 된 경위 등

4) 협력 및 지원

아동학대가 사실로 판정된 후, 피해아동 및 그 가족에 대한 어린이집과 아동보호전문기관의 협력이 매우 필요한데 특히, 아동보호전문기관과 아동을 안전하게 보호할 수 있도록 현장조사 시 아동보호전문기관에 적극적으로 협조해야 한다.

어린이집 보육교직원은 신고 전화 후, 동일한 태도로 아동을 대하며 아동의 말을 경청하고 비언어적인 대화에 반응하는 것이 필요하다. 또한 학대를 받은 것이 아동의 잘못이 아님을 확인시켜 주는 것도 보육교직원의 역할이라 할 수 있다. 그러나 지나친 반응이나 관심은 아동의 불안감을 증폭시키는 원인이 될 수 있으므로 자제하도록 해야 한다. 학대피해아동에게 지속적인 관심과 모니터링을 통하여 재학대 여부 및 학대의 지속성을 관찰하는 것이 중요하다. 아동보호전문기관 상담원과 면담하는 경우 알고 있는 사실 모두를 말하는 것이 학대피해아동을 안전하게 보호하는데 많은 도움이 될 수 있다. 궁극적으로 학대발생 이후, 아동보호전문기관과 어린이집의 적극적인 협력을 통해 학대피해 아동의 후유증을 최소화하고 향후 피해아동을 안전하게 보호할 수 있다.

5. 아동보호전문기관의 개입과정

1) 아동보호전문기관

(1) 아동보호전문기관의 정의

아동보호전문기관은 아동복지법 제45조에 의하여 학대받은 아동의 발견, 보호, 치료에 대한 신속한 처리 및 아동학대 예방을 위하여 설치된 기관이며 중앙 아동보호전문기관 1개, 지역 아동보호전문기관 51개를 포함하여 전국에 52개의 아동보호전문기관이 설치 · 운영되고 있다(아동복지법 제24조 ⇨ 아동복지법 제45조 개정, 2012. 8월 시행).

(2) 아동보호전문기관의 역할

아동보호전문기관은 아동학대 신고접수에서부터 사후관리까지 아동학대 사례에 관한 일련의 모든 조치와 관리를 수행한다. 지역의 아동학대 예방을 위하여 교육과 홍보사업을 실시하고 있다. 즉, 아동학대 신고접수, 현장조사, 아동학대 사례판정, 학대피해아동 및 학대행위자를 위한 상담 및 교육, 치료서비스 제공, 아동학대 예방교육 홍보, 학대가정의 사후관리, 아동학대 사례전문위원회 설치 ·

운영 및 자체 사례회의 운영 등의 역할을 수행한다.

2) 신고 접수

아동학대범죄 처벌에 관한 특례법에 의하여 모든 신고를 112(24시간 신고 접수)로 전화한다. 이때 중요한 것은 누구든지 아동학대범죄를 알게 된 경우나 의심이 되는 경우에는 아동보호전문기관 또는 수사기관에 신고할 수 있다.

3) 현장조사 및 협의 여부 확인

특히 신고를 접수한 사법경찰관이나 아동보호전문기관의 직원은 지체 없이 아동학대 범죄 현장에 출동하여야 한다. 이때 수사기관의 장이나 아동보호전문기관의 장은 서로 동행하여 줄 것을 요청할 수 있으며, 그 요청을 받은 수사기관의 장이나 아동보호전문기관의 장은 정당한 사유가 없으면 사법경찰관이나 그 소속 직원이 아동학대 범죄 현장에 동행하도록 조치하여야 한다. 아동학대 범죄 신고를 접수한 사법경찰관이나 아동보호전문기관의 직원은 아동학대 범죄가 행하여지고 있는 것으로 신고된 현장에 출동하여 아동 또는 아동학대행위자 등 관계인에 대하여 조사를 하거나 질문을 할 수 있다. 이때 아동보호전문기관의 직원은 피해아동의 보호를 위해 피해아동에 대한 응급조치, 학대행위자의 임시조치 등을 청구할 수 있다.

4) 조치결정

피해아동을 위한 응급조치는 아동학대 범죄 행위를 제지하는 것, 아동학대행위자를 피해아동으로부터 격리시키는 것, 피해아동을 아동학대 관련 보호시설로 인도하는 것, 긴급조치가 필요한 피해아동을 의료기관에 인도하는 것이 있다.

학대행위자를 위한 조치로는 피해아동을 응급조치하였음에도 불구하고 아동학대 범죄가 재발될 우려가 있고, 긴급을 요하여 법원의 임시조치 결정을 받을 수 없을 때 사법경찰관은 직권이나 피해아동, 피해아동의 법정대리인, 피해아동의 변호사 또는 아동보호전문기관의 장이 신청에 의해 아동학대행위자에 대하여 피해아동 또는 가정 구성원의 주거로부터 퇴거 등의 격리, 피해아동 또는 가정 구성원의 주거, 학교, 보호시설 등에서 10m 이내의 접근 금지, 피해아동 또는 가정 구성원에 대한 전기통신을 이용한 접근 금지 등의 조치를 취할 수 있다.

5) 서비스 제공

조치결정에 따라 아동보호전문기관에서는 학대피해아동 후유증 감소와 학대행위자 재발방지, 가족기능 강화를 위해 상담서비스, 의료서비스, 심리치료서비스, 가족기능강화서비스, 일시보호서비스, 고소 · 고발지원서비스 등의 각종 서비스를 지원하고 관리한다.

제12장

미디어 안전

1. 미디어 안전의 개념 및 필요성
2. 미디어 안전교육의 목표 및 내용

1. 미디어 안전의 개념과 필요성

1) 미디어 안전의 개념

미디어안전이란 일상생활에서 사용하고 있는 텔레비전, 비디오, 컴퓨터, 전자게임기, 휴대전화 등이 미치는 부정적인 영향을 막기 위한 예방적인 측면의 총체이므로, 이에 대한 영유아의 미디어 안전교육으로는 전자미디어로 인한 신체적 · 정신적 · 사회적 측면의 부작용을 방지하고, 최소화하고자 하는 모든 과정으로서 미디어 이용방법, 이용시간, 이용 프로그램 등을 안내하고 적합하게 활용하는 습관을 형성하도록 함으로써 급변하는 정보화 사회에 적응하는 사회인으로 성장할 수 있도록 돕는데 그 목적이 있다.

2) 미디어 안전의 필요성

미디어는 현대사회의 필수적인 도구로서 사회적인 인프라로 자리잡고 있다. 우리의 일상생활 보편적으로 사용되고 있는 미디어는 교육적이고 많은 순기능적인 부분도 있지만, 과다한 사용으로 인한 역기능이 영유아들에게 심각한 영향을 미치고 있음을 알 수 있다. 이에 대한 국가적 차원의 방지 및 예방 정책 수립 및 연구 또한 활발히 진행되고 있다(권덕수 외, 2014).

한국인터넷진흥원(2011) 정보화 실태조사에 의하면 만 3~9세 아동의 인터넷 이용률이 86.2%로 나타났으며, 그 중 만 3~5세는 66.2%로 매우 높은 비율을 차지하고 있다. 이것은 40~50대의 이용률보다 높은 수치로, 영유아들의 전자미디어 사용의 증가가 매우 빠르게 급증함을 알 수 있다. 또한 만 3~5세 유아 10명 중 4명의 39%가 일주일에 3회 이상 스마트폰을 사용하고, 영유아 7명 중 1명의 15.1%는 매일 스마트폰을 사용한 것으로 나타났다(박수련, 2012).

최혜선 · 임미혜(2011)는 유아기는 자기 방어력이 미숙한 시기로 주변 환경을 스스로 탐색하며 학습하고 세상을 알아가는 중요한 시기로서 스마트기기의 사용은 유아의 발달적인 특성에 영향을 준다고 하였으며, 이윤미(2014)는 건강한 신체와 인지, 사회 · 정서발달 등 전인적인 발달을 지향해야 하는 매우 중요한 시기로서 주의집중, 자기조절력의 기초가 형성되는 특성을 갖는 시기이며, 이 시기에 스마트기기에 과몰입되면 영유아들은 대체적으로 정서 · 사회성 발달이 지체됨을 알 수 있다(육아정책연구소, 2013).

특히 유아기는 전인발달을 근거로 하여 건전한 성장을 목표로 하는 시기라는 점에서 많은 시간을 가상공간에서 미디어 환경에 노출되면서 아직 성장기에 있는 유아들이 현실과 가상공간에 대한 불명확한 구분이나 게임이나 인터넷 중독 현상 등 부정적인 영향을 받을 수 있다는 점에서 우려의 목소리 역시 높아지고 있다(인터넷중독예방센터, 2006; 한국인터넷진흥원, 2009). 이러한 측면에서 미디어로부터 받을 수 있는 부정적 영향으로부터 유아를 보호하기 위한 대책 및 교육프로그램의 필요성이 제기되고 있다. 즉, 미디어가 가지고 있는 부정적인 요소로부터 보호하고 제한하는 것이 아니라 역기능에 대한 소화력과 면역성을 키워 주는 예방교육에 초점을 맞추고 있다(박찬옥 외, 2010).

2. 미디어 안전교육의 목표 및 내용

1) 미디어 안전교육의 목표

유아를 위한 효율적인 미디어 교육을 하기 위한 미디어 안전교육의 목표는 다음과 같다(이기숙 외, 2014).

(1) 유아를 위한 목표

- 미디어를 위한 순기능적인 요소를 활용하여 건전한 미디어 능력을 기른다.
- 전자파 노출의 위험성에 대하여 인식한다.
- 미디어를 바른 자세로 이용하는 습관을 갖는다.
- 미디어 이용 시간을 정하고 이를 준수한다.
- 유아기에 알아야 할 '정보통신 이용윤리'에 대하여 알고 실천한다.

(2) 교사, 부모를 위한 목표

- 건전한 미디어 능력을 영유아기에 형성된다는 점을 인식하고 바람직한 미디어 환경을 조성한다.
- 미디어 순기능적인 요소를 적극 활용하여 유아와 상호작용하는 기회를 갖는다.
- 미디어의 내용이나 사용방법이 유아의 발달수준에 적합한지 확인한다.
- 전자미디어를 사용하는 시간을 유아와 함께 정하고 이를 준수하도록 지원한다.
- 유아의 전자미디어 노출 여부를 일상생활에서 항상 파악한다.
- 유아가 미디어 사용에 있어서 선택권을 가진 이용 주체가 될 수 있도록 지원한다.
- 유아기에 전자미디어와의 건전한 관계 형성을 돕는 윤리의식을 갖도록 지원한다.

2) 미디어 안전교육의 내용

미디어 안전교육은 우리의 일상생활에 필수적인 요소임을 알고, 유아들이 긍정적인 사용을 도울 수 있는 다양한 방안을 모색하는 방향으로 이루어져야 한다. 이러한 방향에 맞추어 미디어의 부정적인 요소로부터 유아를 보호하고 제한하는 것이 아니라 역기능에 대한 소화력과 면역성을 키워 주는 예방교육에 초점을 두어야 한다(이기숙 외, 2014).

2012년 보건복지부 고시 제2012-82호, 교육과학기술부 고시 제2012-16호에 따른 3~5세 연령별 누리과정 각론 중 신체운동 · 건강영역에 스마트기기 안전교육 관련 내용이 포함되었다. 신체운동 · 건강영역의 내용범주는 '신체 인식하기', '신체 조절과 기본 운동하기', '신체 활동에 참여하기', '건강하게 생활하기', '안전하게 생활하기'로 이루어진다. 그 중 '안전하게 생활하기'의 내용 및 세부내용은 다음 〈표 12-1〉과 같다.

표 12-1 3~5세 연령별 누리과정

<table>
<tr><th>영역</th><th>내용범주</th><th>내용</th><th>3세</th><th>4세</th><th>5세</th></tr>
<tr><td rowspan="3">신체운동 · 건강</td><td rowspan="3">안전하게 생활하기</td><td rowspan="3">안전하게 놀이하기</td><td colspan="2">놀이기구나 놀잇감, 도구를 안전하게 사용한다.</td><td>놀이기구나 놀잇감, 도구의 바른 사용법을 알고 안전하게 사용한다.</td></tr>
<tr><td>안전한 놀이장소를 안다.</td><td colspan="2">안전한 장소를 알고 안전하게 놀이한다.</td></tr>
<tr><td>TV, 인터넷, 통신기기 등을 바르게 사용한다.</td><td colspan="2">TV, 인터넷, 통신기기 등의 위해성을 알고, 바르게 사용한다.</td></tr>
</table>

※ 출처: 보건복지부 · 교육과학기술부(2013).

'안전하게 놀이하기'는 실내 · 외 여러 가지 놀이기구나 놀잇감, 도구를 안전하게 사용하고, 안전한 장소에서 놀이하며, 전자미디어를 안전하게 사용하는 데 필요한 지식, 기능, 태도를 형성하는 내용이다.

'TV, 인터넷, 통신기기 등을 바르게 사용한다.'는 유아에게 올바른 전자미디어의 사용법을 알려주고 사용하도록 하는 내용이다. 만 3세 유아에게는 정해진 시간에만 바른 자세로 앉아 사용하는 등 전자미디어의 바른 사용법을 알고 생활 속에서 지킬 수 있도록 한다. 이 때 교사는 적정 시간을 지켜 미디어를 사용할 수 있도록 지도한다.

'TV, 인터넷, 통신기기 등의 위해성을 알고, 바르게 사용한다.'는 전자미디어의 순기능 뿐 아니라 역기능에 대해 인식하고 이를 바탕으로 자기 조절 능력을 가지고 올바르게 전자미디어를 사용하도록 하는 내용이다. 만 4, 5세는 생활 속에서 전자미디어와 관련된 다양한 문제 상황 및 문제해결 방법에 대해 알아보고 이를 실천하고자 노력할 수 있다.

또한 자신들이 경험해 본 전자미디어의 유해성 및 대안을 다른 사람들에게 알리며 스스로 조절할 수 있는 능력을 기르도록 한다. 전자미디어 안전교육은 반드시 가정과 연계되어 이루어질 수 있도록 지도할 것을 안내하고 있다.

누리교육과정에서 제시한 세부내용을 근간으로 TV 및 비디오 안전, 컴퓨터 및 인터넷 안전 등으로 구분하여 살펴보고자 한다.

(1) TV 및 비디오 안전

TV나 비디오 안전은 내용의 유해성 여부와 발달에 부적합한 시청시간이나 방법 등으로 인한 부적응 행동이나 문제점 등을 야기하고 있다. 특히, 영유아에게 있어 TV는 대부분의 가정에서 매일의 일과 중 가장 큰 비중을 차지하고 있어 영유아에게 미치는 영향력이 매우 크다고 할 수 있다.

① TV와 비디오 시청 방법

- 화면에서 적당한 거리에 앉아 시청하도록 한다.
- 화면을 15° 정도 내려다볼 수 있게 한다.

• 좌우 시청 각도는 60~90° 이내가 되도록 한다.
• 일상적인 조명 아래에서 시청한다.
• TV나 비디오를 볼 때 간식은 주지 않는 것이 좋다.

② TV와 비디오 시청 지도

• TV와 비디오 시청 지침을 만든다.
• 미리 TV 시청을 계획한다.
• 영유아와 함께 시청한다.
• 방영된 내용에 대하여 영유아와 함께 이야기한다.
• 부모나 교사 자신이 좋은 모델이 된다.

③ TV와 비디오 내용의 유해성과 관련된 안전

표 12-2 텔레비전 시청 등급

모든 연령 시청가	주제 및 내용이 취학전(7세 미만) 어린이를 포함한 모든 연령의 시청자가 시청하기에 부적절하지 않은 프로그램이다. 폭력적 · 선정적 표현 부적절한 언어 사용이 없어야 되며, 일반적으로 용인되지 않는 특정한 사상, 종교, 풍속 등과 관련하여 정신적, 육체적으로 유해한 표현이 없어야 한다.
7세 이상 시청가	주제 및 내용에 7세 미만의 어린이에게 정신적 · 육체적으로 유해한 표현이 있어 보호자의 시청지도가 필요한 프로그램이다. 7세 미만의 어린이가 두려움을 느낄 정도의 구체적인 폭력 묘사가 없어야 하고, 상상의 세계에서 또는 비현실적인 방법으로 다루어진 것, 일상적인 애정표현을 넘어 신체의 노출이나 성적 행위를 연상시키는 장면이 없는 것, 어린이의 바른 언어습관 형성을 저해할 수 있는 은어, 속어, 지속한 유행어 등이 사용되지 않는 것이어야 한다.

13세 이상 시청가	주제 및 내용에 13세 미만의 어린이에게 정신적 · 육체적으로 유해한 표현이 있어 보호자의 시청지도가 필요한 프로그램이다. 폭력이 갈등해결을 위한 긍정적 수단으로 인식하게 할 수 있는 묘사가 없어야 하고, 청소년을 자극하거나 모방을 유발할 정도로 구체적이지 않은 것, 열정적인 입맞춤 또는 착의 상태의 성적 접촉 묘사가 있을 뿐 청소년의 성적 욕구를 자극할 정도로 구체적이거나 노골적이지 아니한 것, 청소년의 바른 언어습관 형성을 저해할 수 있는 은어, 속어, 저속한 유행어 등이 사용되지 않는 것이어야 한다.
19세 이상 시청가	주제 및 내용이 19세 미만의 청소년이 시청하기에 부적절하여 시청을 제한할 필요가 있는 프로그램이다. 살생 묘사 및 유혈 장면 등 강도 높은 폭력 장면이 현실적이거나 구체적으로 묘사된 것, 신체의 부분 노출, 암시적인 성적 접촉, 성행위 등 선정적인 장면이 구체적이거나 노골적으로 묘사된 것, 모욕적인 언어나 욕설, 저주, 저속한 동작 등이 사용된 것이다.
등급표시	등급기호는 흰색 테두리 노란색 바탕의 원형에 검정색 숫자로 해당 등급을 표시한다. 등급 기호의 위치 및 크기는 화면 우 상단에 대각선의 1/20 이상의 크기여야 한다. 그리고 등급 기호의 표시는 반투명으로 한다. 한편, '모든 연령 시청가' 등급에 해당하는 프로그램에는 별도의 기호를 표시하지 않는다. 또한, 방송사업자는 폭력적인 내용과 선정적인 내용, 부적절한 언어 사용 등과 관련해 폭력적인 내용은 원형의 둘레를 흰색으로 하고, 가운데 부분을 사선으로 갈라지게 변형해야 하며 선정적인 내용은 원형의 둘레는 흰색으로 하고, 내부 색깔을 주홍색으로 변형해야 하고 부적절한 언어 사용은 원형의 둘레를 검정색으로 변형해야 한다.

출처: 방송심의위원회.

④ TV와 비디오 시청시간이나 방법과 관련된 안전

2002년 발간된 「아동발달 백서」에 의하면 우리나라 3~5세 유아의 31.1%가 일주일간 2시간 이상 비디오를 시청하며 1~2세 유아는 하루 26분씩, 영아도 하루 10분씩 비디오를 시청하는 것으로 나타났다(이기숙 외, 2014).

영유아기에는 부모 및 주위 사람들과의 정서적인 상호작용이 정상적인 발달에 필수적이므로, 강렬하고 폭력적인 자극을 주는 영상물을 지속적으로 시청하게 되면 발달에 부정적인 영향을 미치게 된다. 또한, 부모의 적절한 개입이나 상호작용 없이 매일 오랜 시간 강렬한 색채의 시각적 영상과 기호화된 메시지, 소리 등

과도한 자극에 무방비로 노출되는 것은 병리적 증상으로까지 이르게 할 수 있다. 유아가 영상물에 과도하게 노출되어 자폐증과 유사한 병리적 증상을 보이는 환자 수가 2003년 전체 소아정신과 환자의 1/3 수준에 이른다는 보고 등은 이른 시기에 영상물을 과다하게 시청한 유아들이 보이는 병리적 증상 등을 통하여 문제의 심각성을 제기하고 있다(신의진, 2004).

시간조절 및 적절한 지도를 요하는 지속적인 문제행동	문제행동에 대한 지도방법 및 유의점
• 자기가 좋아하는 특정 장면만 본다. • 영상물을 껐을 경우 다시 틀어 달라고 심하게 보챈다. • 시간이 지날수록 더 많이 보려 한다. • 못 볼 경우 혹은 못 보게 할 경우 심하게 난리 친다. • 영상물을 보는 동안 다른 사람과의 상호작용 능력이 평소보다 떨어진다. • 영상물 시청 이외에는 매사 다른 것에 흥미를 보이지 않는다. • 특정 장면만을 지나치게 반복해서 보려 한다. • 평소에도 자주 틀어 달라고 한다. • 특정 장면에 대해 지속적으로 두려워하거나 놀란다.	• 영상물 시청시간을 줄인다. • 부모와 함께 프로그램을 선택하고 시청하도록 한다. • 자극적, 폭력적인 것은 시청하지 않도록 한다. • 학습용 비디오 등을 오랜 시간 시청하지 않도록 지도한다. • 한 가지 프로그램으로 구성된 것보다는 다양한 프로그램을 선별하여 시청한다.

출처: 이기숙 외(2014). 영유아 안전교육. p. 256 재구성.

(2) 스마트기기 · 인터넷 안전

NAEYC 외(2011)는 '기술과 상호작용형 미디어 유아프로그램에 대한 입장발표'를 통해 국민건강기구 출생 후 5세까지의 아동이 유아환경에서의 기술과 미디어의 적절한 사용 제한에 대해 밝혀 아동이 스크린에 노출되는 시간을 고려해야 함을 주장했으며 이러한 의견은 스크린을 직접 조작해서 사용하는 형태인 스마트기기의 안전교육 필요성을 뒷받침한다(마혜미, 2014). 또한, 정아란(2013)은 스마트폰의 진정한 가치는 편리한 기능과 효율성에 있음 밝히고 현재 유아교육기관에서 금연교육, 소방교육, 약물중독교육, 교통교육, 유괴 및 성교육을 실시하도록 규정짓고 있으나 스마트기기 중독 및 활용에 대한 예방교육도 의무적으로 이루어져야 함을 이야기 한다.

스마트기기 안전교육을 통해 스마트폰 보급 확대에 따른 중독 위험군 증가에 대응력을 강화시켜야 할 필요성이 있다. 또한 인터넷과 스마트폰 과다사용을 효과적으로 막을 수 있는 제도적 · 기술적 지원과 함께 지역 내 협력체계를 강화하여 스마트기기 안전교육의 효과적인 실행을 이루도록 하여야 한다(한국정보화진흥원, 2014).

방송통신위원회와 한국인터넷진흥원(KISA)이 발표한 '2012 인터넷이용실태조사'에 따르면 최근 만 3~5세 유아의 인터넷 이용률이 72.8%에 달하며 1백만 명을 넘어서고 있다. 또한, 스마트폰 보유 확대로 만 3세 이상 인구의 인터넷 이용률은 전년 대비 0.4 포인트 증가한 78.4%로, 인터넷 이용자수는 전년보다 94만 명 증가한 3만8천120명으로 조사됐다고 한다. 구체적으로 살펴보면 10대(99.9%) 및 20대(99.9%), 30대(99.5%) 젊은층이 거의 대부분 인터넷을 이용하고 있으며 40대 및 3~9세 아동의 인터넷 이용률도 각각 89.6%와 88.2%에 달하는 것이다.

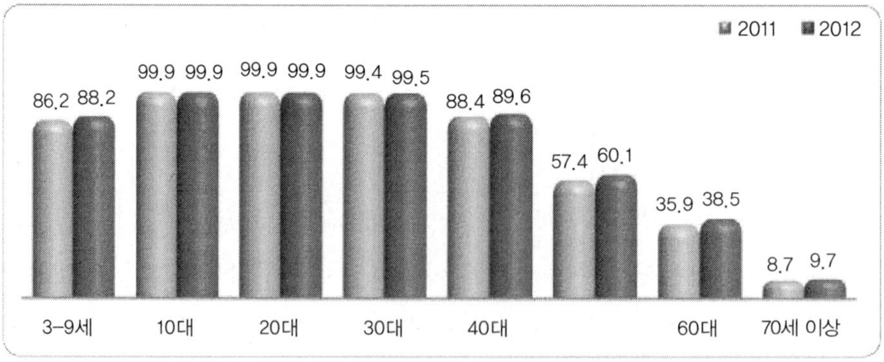

[그림 12-1] 성별 및 연령별 인터넷 이용률

출처 : 방송통신위원회와 한국인터넷진흥원(KISA)

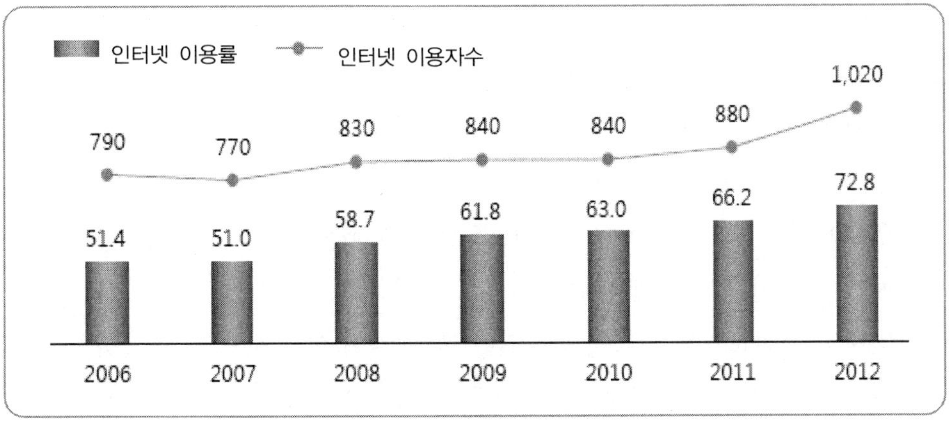

[그림 12-2] 만 3~5세 유아의 인터넷 이용률 및 이용자수(%, 천명)
출처 : 방송통신위원회와 한국인터넷진흥원(KISA)

영유아들의 스마트기기 사용이 급증하는 것에 문제가 되는 것은 이들이 성장하여 청소년, 성인이 되어서도 이러한 기기와 가까이 하는 시간이 필요 이상으로 많아질 수 있는 가능성이 예견되기 때문에 영유아 시기 때부터 스마트기기와 미디어의 노출은 장기적인 위험을 가진다고 볼 수 있다.

① 스마트기기 · 인터넷 안전교육의 내용

영유아가 컴퓨터와 인터넷을 바람직하게 활용할 수 있도록 돕기 위한 지도의 원칙은 다음과 같다(이기숙 외, 2014).

- 교사는 먼저 컴퓨터와의 다양한 경험을 통해 불안감을 해소하고 컴퓨터 활동을 놀이 활동의 하나로써 즐겁게 상호작용하는 모델을 제시해야 한다.
- 영유아들에게 내재적 동기 유발을 향상시키고 발달적 · 문화적 · 지시적으로 적합한 소프트웨어를 선택하여 제공해야 한다.
- 컴퓨터 소프트웨어를 현 교육과정에 통합시키는 데 있어서 창의적이고 계획적인 구성을 해야 한다.

- 인터넷에 대한 유아의 올바른 지식, 태도, 행동의 균형 있는 발달을 통해 유아가 스스로 인터넷활동을 조절할 수 있는 능력을 기르도록 한다.
- 유아의 발달과 흥미를 고려하여 미술, 음률, 언어, 수, 신체표현, 게임 등 다양한 활동을 포함해야 한다.
- 영유아교육기관과 가정과의 연계교육으로 일상생활에서도 올바른 인터넷 사용이 이루어지도록 해야 한다.
- 인터넷 안전교육은 인터넷 활용을 위한 교육이 아닌 유아가 인터넷 사용에 있어 나타날 수 있는 인터넷 중독 및 역기능 문제에 대처하기 위한 교육이 되어야 한다.

표 12-3 **인터넷 안전교육 사례**

영아와 할 수 있는 인터넷 안전활동	유아와 할 수 있는 인터넷 안전활동
- 컴퓨터! 가까이서 보지 않아요. - 오늘은 컴퓨터 켜지 않는 날 - 엄마와 약속을 하고 보아요. - 내 마음대로 클릭하지 않아요.	- 우리가 사용하는 인터넷 활동에는 어떤 것들이 있을까요? - 인터넷 사용 너무 오래 하지 않아요. - 인터넷 사용의 좋은 점, 좋지 않은 점은? - 전자파는 심신의 피로를 유발하므로 안전거리를 유지해요. - 오늘을 컴퓨터 끄는 날

출처: 이정수 외(2008).

표 12-4 **우리 아이 스마트기기 사용해도 될까요?**

프로그램 목적	본 프로그램은 영유아기 자녀를 둔 보호자를 대상으로 영유아기 발달에 대한 이해를 돕고 양육방식의 자기점검 및 긍정적 발달로 이끄는 놀이활동의 교육을 통해 영유아의 올바른 스마트기기 사용을 돕는데 그 목적이 있다.

프로그램 대상 및 인원	대상 : 48개월 미만의 자녀를 둔 보호자 및 예비 보호자 인원 : 8~10명 내외(중집단)
프로그램 목표	영유아기 자녀가 스마트기기를 이용하는 이유에 대해 알아본다. – 스마트기기 사용과 관련된 보호자의 양육스타일을 점검한다. – 영유아기의 발달적 특성에 대해 이해한다. – 영유아기 자녀의 올바른 스마트기기 사용방법을 학습하고 영유아 발달을 긍정적으로 촉진시키는 놀이를 통해 자녀의 스마트기기 사용을 조절한다.

단계	회기/제목	목표	활동과정	
Ⅰ. 관계 형성 및 문제 제기	1회기 우리 아이는 스마트기기를 어떻게 사용하나요?	• 영유아기 과도한 스마트기기 사용의 위험성 인식 • 자녀 및 보호자의 스마트기기 사용 점검	STEP 1	모임활동 및 인식하기
			STEP 2	우리 아이가 스마트기기를 사용하는 이유는?
			STEP 3	영유아기의 스마트기기 사용과 최근 이슈들
			STEP 4	스마트기기 중독 경향성 예측도 작성
			STEP 5	회기 마무리 및 나눔
Ⅱ. 문제 인식 및 자기 이해	2회기 나는 어떤 부모 일까?	• 스마트기기 사용의 현실적 제한점 토의 • 보호자의 양육 스타일 점검 • 스마트기기 사용규칙 수립	STEP 1	도입 활동 및 인사하기
			STEP 2	스마트기기를 사용할 수밖에 없는 이유
			STEP 3	나의 양육스타일과 우리 아이의 스마트기기 사용
			STEP 4	스마트기기 사용 규칙 수립
			STEP 5	회기 마무리 및 나눔
Ⅲ. 문제 해결 기술 강화	3회기 내 아이의 발달단계는 어디쯤일까?	• 자녀가 보이는 행동특성 공유 • 영유아 발달에 대한 개념 이해 • 자녀 행동에 대한 대처기술 습득	STEP 1	도입 활동 및 인사하기
			STEP 2	내 아이의 발달단계는 어디쯤일까? PART Ⅰ – 전반적인 아동발달 이론
			STEP 3	내 아이의 발달단계는 어디쯤일까? PART Ⅱ – 인지발달, 신체발달, 사회정서발달, 언어발달

단계	회기/제목	목표	활동과정	
			STEP 4	민주적 부모의 양육 know! how?
			STEP 5	회기 마무리 및 나눔
	4회기	• 영유아기 발달적 놀이에 대한 이해 • 보호자의 놀이 활동에 대한 의식 점검	STEP 1	도입 활동 및 인사하기
	아이들은 왜 놀아야 하나요?		STEP 2	아이들은 왜 놀아야 할까요?
			STEP 3	자녀의 놀이에 대한 의식 점검
			STEP 4	아이들의 놀이에는 무엇이 있을까요?
			STEP 5	회기 마무리 및 나눔
	5회기	• 놀이 활동에 대한 편견탐색 • 보호자의 놀이성 계발	STEP 1	도입 활동 및 인사하기
	아이와 어떻게 놀아야 할까요?		STEP 2	무엇으로 놀 수 있을까?
			STEP 3	놀이에 대한 편견 깨트리기
			STEP 4	놀이 활동 방법 탐색하기
			STEP 5	회기 마무리 및 나눔
IV. 종결	6회기	• 양육, 발달단계, 놀이 활동 강의 내용 점검 • 프로그램 활동 내용 점검 • 영유아 스마트기기 사용 가이드라인 교육	STEP 1	도입 활동 및 인사하기
	우리 아이 스마트기기, 이렇게 사용해요!		STEP 2	우리 아이의 양육, 발달, 놀이
			STEP 3	스마트기기 사용규칙 실천점검 / 스마트기기 중독경향성 점검
			STEP 4	영유아 스마트기기 사용 가이드라인 교육
			STEP 5	회기 마무리 및 나눔

출처 :한국정보화진흥원, 인터넷중독대응센터 –영유아(보호자) 스마트기기 중독 예방교육 가이드북.

표 12–5 컴퓨터 어린이 안전교육 모형

컴퓨터 어린이 안전	
부모의 인식	컴퓨터/인터넷 인식 및 활용, 소프트웨어 평가 기준 인식 및 활용 인터넷 평가 기준 인식 및 활용, 차단 소프트웨어 인식 및 활용
지킴이 활동	차단 소프트웨어 설치하기, 차단 소프트웨어 추천하기, 시민단체와 정보나누기
자녀와의 대화	컴퓨터의 장 · 단점, pc방 사용 시간 및 경비, '컴퓨터 놀이하는 해야 와 달이' 활용–토의하기 청소년 문화에 대해 토의하기

법적 규제 이해	컴퓨터 관련 법적 규제 이해, 유해 사이트 고발, 아동권리 보호를 위한 부모 동의서 요구

출처: 한국어린이미디어교육연구소.

② 스마트기기 · 인터넷 중독이 영유아의 발달에 미치는 영향

- **스마트폰 블루라이트** : 밤에 자다가 스마트폰 사용하는 것은 뇌에 태양을 들이대는 것. 스마트폰 불빛인 블루라이트는 수면유도 호르몬(멜라토닌) 분비를 억제하여 수면장애를 유발한다.
- **디지털 격리 증후군**(Digital isolated syndrome) : 스마트폰으로 소통할 때는 편하지만 직접 만나서는 제대로 놀지 못하고 어색한 상태. 함께 있지만 각자 따로 스마트폰만 하면서 놀고 있는 모습. 스마트폰을 손에서 놓을 수 없는 상태이다.
- **팝콘브레인**(Popcorn Brain) : 현실에 무감각해지고 주의력이 크게 떨어져 팝콘처럼 강한 자극에만 반응을 하는 것. 스마트폰의 게임 · 동영상을 자주 보는 바람에 빠르고 강한 정보에는 익숙하고 현실 세계의 느리고 약한 자극에는 반응을 안하는 뇌이다.
- **안구건조증** : 컴퓨터 모니터를 집중하여 오래 보는 경우 눈을 깜빡이는 횟수가 줄어들어 눈이 건조해지거나 지방층이나 수성층이 너무 많이 증발하여 '안구건조증'이 생길 수 있다. 안구건조증이 생기면 눈에 이물감, 빡빡함, 눈꺼풀이 무거운 느낌, 따가움, 시린 느낌, 가려움, 충혈, 눈의 피로감, 바람이나 연기에 예민해지는 느낌 등의 증상이 나타난다.
- **거북목증후군** : 오랫동안 컴퓨터를 내려다 보면 목이 거북이처럼 앞으로 쭉 빠져 구부러지는 증상이 나타나는데 이것을 '거북목증후군'이라고 한다. 어깨 앞으로 목이 빠져나간 자세는 좋지 않은 자세이며, 이러한 상태를 오래 유지하면 목과 머리가 아프게 된다.
- **손목터널증후군** : 컴퓨터 마우스를 오래 사용하다 보면 손목 터널(인대와 손목의 뼈를 둘러싸고 있는 인대) 안에 있는 신경이 눌려 엄지부터 네 번째 손가락 반까지

감각에 이상이 생기고 저리고 아픈 증상이 나타나는데 이것을 '손목터널증후군'이라고 한다.

- **유아 스마트폰증후군**(Toddler Smartphone Syndrome) : "심하게 떼쓰고 울다가도 스마트폰만 쥐어 주면 뚝! 스마트폰을 아이 달래기용으로 쓰고 계신가요?" 유아 스마트폰증후군은 6세 미만의 아이들이 스마트폰의 동영상, 게임 등의 일방적이고 반복적인 자극에 장시간 노출되어 우뇌가 발달해야 하는 직관적 사고기에 좌뇌가 과도하게 발달하여 좌/우 뇌균형이 깨지는 것을 말함. 우뇌가 발달할 시기에 좌뇌가 발달하게 되면 뇌의 불균형을 가져와 초기에는 주의가 산만하거나, 한 가지 행동이나 물건에 집착하는 행동, 또래보다 말이 늦는 등의 증상으로 나타나지만, 계속 진행될 경우 ADHD(주의력결핍 과잉행동장애), 틱장애, 발달장애 등으로 이어질 수 있다.

부모님께!

- 스마트미디어를 지나치게 사용하는 우리 아이! IT 신동이 아니라 미디어 중 독자가 될 수 있습니다.
- 아이가 스마트미디어를 달라고 보채고 있나요? 자녀의 스마트미디어 사용습관 은 부모하기 나름입니다.
- 한 달만 노력해 보세요! 아이가 스마트미디어를 사용할 때는 반드시 부모님이 함께 해주세요.
- 스마트미디어는 부모와 자녀가 상호작용하는 도구로 활용되어야 합니다. 최대한 스마트미디어를 접하는 시기를 늦추어 주세요.
- 따뜻한 대인관계를 통해 아이의 지능과 정서가 충분히 발달할 수 있도록 보호 가 필요합니다.
- 가정에서 스마트미디어가 허용되는 장소와 시간을 정해주세요.
- 거실 등 열린 공간에서 보호자와 함께 1회 20분미만으로 스마트미디어를 사용 하는 등 우리 가정만의 규칙을 정합니다.
- 아이 스스로 스마트미디어 사용을 끝낼 수 있도록 도와 주세요. 사소한 행동이 지만 스스로 사용을 끝내는 행동을 통해 아이는 조절능력을 기르고 성취감 을 느낄 수 있습니다.
- 스마트미디어를 지나치게 사용하면 위험하다는 것을 아이에게 가르쳐 주세요.
- 아이와 스마트미디어 사용시간을 정할 때는 아이의 연령과 수준을 고려해서 30분까지만 하자! 보다는 '한 번(게임)만 더 하자'라고 구체적으로 약속해 주세요.

- 스마트미디어를 끄고 나면 아이가 좋아하는 활동이나 재밌는 놀이를 부모님이 함께 해 주세요.
- 부모님의 스마트미디어 사용습관! 아이들이 그대로 따라합니다.

부모님과 함께 하는 건강한 스마트미디어 활용 가이드북
(유치원 및 초등 1, 2학년 부모용)

출처: 한국정보화진흥원, 교육인적자원부(2007). 유아동 부모용 스마트미디어 중독예방 가이드라인.

부 록

1. 어린이집 생활기록부(영아/유아)
2. 어린이집 급식관리 체크리스트
3. 어린이집 안전점검 체크리스트(일별/월별)
   - 체크리스트 항목별 점검시 참고사항
4. 응급처치 동의서
5. 영유아 사고보고서
6. 어린이집 감염병 발생현황 보고서
7. 보육실시설/설비 및 놀잇감 안전점검표
8. 보육교직원용 아동권리 자가 체크리스트
9. 차량안전점검표 및 차량 영유아 등·하원 일지
10. 아동학대 조기발견을 위한 부모 안내서

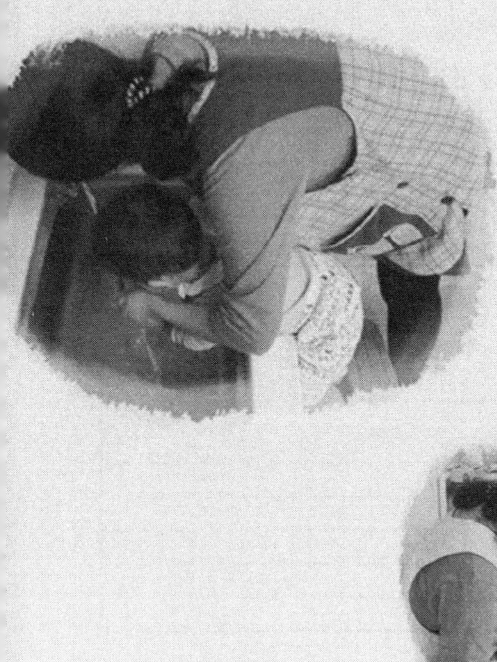

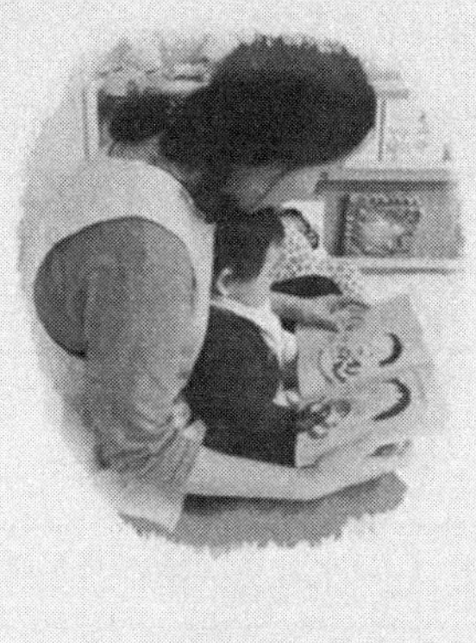

부록 1. 어린이집 생활기록부(영아/유아)

생 활 기 록 부(영아)

(앞쪽)

1. 인적사항

어린이집명					
아동	이 름	(한글) (한자)	성 별	남 · 여	사진 (3×4㎝)
	생년월인		입 · 퇴소일	입소 퇴소	
	주 소		혈 액 형		

보호자	아동과의 관 계	부	모	기 타
	이 름			
	전화번호			

2. 기본생활습관 및 발달상황

영역 \ 연령		0세	1세	2세
기본생활습관	수 면			
	배 변			
	식 사			
활동발달	신체운동			
	사회관계			
	의사소통			
	자연탐구			
	예술경험			

3. 출결상황

구분 \ 연령	0세	1세	2세
보육일수			
결석일수			
의 견			

4. 영유아 표준예방접종[1)]

(뒷쪽)

대상전염병	백신종류 및 방법	접종차수	접종일자	접종기관
결핵	BCG(피내용)	1회		
B형간염	HepB	1차		
		2차		
		3차		
디프테리아 파상풍 백일해	DTaP	1차		
		2차		
		3차		
		4차(추가)		
폴리오	IPV	1차		
		2차		
		3차		
b형헤모필루스 인플루엔자	Hib	1차		
		2차		
		3차		
		4차		
홍역 · 유행성이하선염풍진	MMR	1차		
수두	Var	1회		
일본뇌염	JEV(사백신)	1차		
		2차		
		3차		
	JEV(생백신)	1차		
		2차		
인플루엔자	Flu	매년 접종		
장티푸스(24개월 이상부터)	주사용	고위험군에 한함		
A형간염	HepA	1차		
		2차		
폐렴구균	PCV(단백결합)	1차		
		2차		
		3차		
		4차		
	PPSV(다당질)	고위험군에 한함		
기타 임시예방접종 등		명칭 기재		
		명칭 기재		

1) 예방접종 도우미 사이트 참조

5. 병력기록

병 명	질병발생 연월일 및 질병의 정도	
	입 소 전	입 소 후

6. 신체발달상황

측정시기 / 구분								
신장(㎝)								
몸무게(㎏)								
측정자								

비고 : 18개월 미만의 영아는 2개월마다, 그 이상의 영아는 6개월마다 측정 · 기록한다.

기록관리자

생 활 기 록 부(유아)

(앞쪽)

1. 인적사항

<table>
<tr><td colspan="2">어린이집명</td><td colspan="5"></td></tr>
<tr><td rowspan="3">아동</td><td>이 름</td><td>(한글)
(한자)</td><td>성 별</td><td>남 · 여</td><td rowspan="3" colspan="2">사진
(3×4㎝)</td></tr>
<tr><td>생년월일</td><td></td><td>입 · 퇴소일</td><td>입소
퇴소</td></tr>
<tr><td>주 소</td><td></td><td>혈액형</td><td></td></tr>
<tr><td rowspan="3">보호자</td><td>아동과의 관계</td><td>부</td><td colspan="2">모</td><td colspan="2">기타</td></tr>
<tr><td>이 름</td><td></td><td colspan="2"></td><td colspan="2"></td></tr>
<tr><td>전화번호</td><td></td><td colspan="2"></td><td colspan="2"></td></tr>
</table>

※ 비고 : 보호자란 중 부모가 있을 경우 양자 모두 기재

2. 출결상황

구분 \ 연령	3세	4세	5세
보육일수			
결석일수			
의 견			

3. 영유아 표준예방접종

대상전염병	백신종류 및 방법	접종차수	접종일자	접종기관
디프테리아 파상풍 백일해	DTaP	5차(추가)		
폴리오	IPV	4차(추가)		
홍역유행성이하선염풍진	MMR	2차		
일본뇌염	JEV(사백신)	3차		
		4차(추가)		
인플루엔자	Flu	매년 접종		
장티푸스	주사용	고위험군에 한함		
기타 임시예방접종 등		명칭 기재		
		명칭 기재		

4. 신체발달상황

구분 \ 연령	3세	4세	5세
신 장(㎝)			
몸 무 게(㎏)			
측 정 자			

기록관리자

(뒷쪽)

5. 활동발달 상황

성 명			
연 령 / 영 역 별	3세	4세	5세
기본생활습관			
신체운동·건강			
의사소통			
사회관계			
예술경험			
자연탐구			
종합의견			

부록 2. 어린이집 급식관리 체크리스트

어린이집 급식관리 체크리스트

1. 위생관리

연번	점검 사항	점검
1	작업 전 건강상태를 확인한다.(감기, 설사, 손 상처자 등 조리금지)	
2	위생복, 위생화, 앞치마, 위생모를 착용한다.	
3	배식 시 배식 전용기구, 마스크, 위생장갑을 사용하고 있다.	
4	유통기간 확인 및 선입선출을 준수하고 있다.	
5	식재료 보관실은 항상 청결을 유지하고 있다.	
6	가열 식품의 중심온도(75℃이상)를 측정 · 확인하고 있다.	
7	조리 후 관리 및 오염방지를 위한 조치를 취하고 있다.	
8	보존식 보존 및 관리기준을 준수하고 있다(배식 직전 소독된 전용 용기에 100g 이상 채취하여 144시간 냉동 보관)**	
9	어류 · 육류 · 채소류를 취급하는 칼 · 도마는 각각 구분하여 사용하고 있다.	
10	식기류 및 조리기구의 세척, 소독을 철저히 하고 있다.	
11	쓰레기 및 잔반은 즉시 처리하고 있다.	
12	세제, 소독제, 살충제에 라벨을 부착하고 분리보관 하여 오염 또는 혼입을 방지하고 있다.	
13	방충, 구서 등을 위한 정기적인 방역 소독필증을 보관하고 있다.	

2. 식재료 관리

연번	점검 사항	점검
1	식재료의 입고 날짜를 기록한 라벨을 부착하고 있다.	
2	식재료 검수일지를 작성하고 보관하고 있다.**	
3	식재료의 재고관리(기록유지)를 실시하고 있다.**	

3. 작업관리

연번	점검 사항	점검
1	조리 후 2시간 이내 배식하고 있다.	
2	영양사가 작성한 식단을 사용하고 있다.	
3	농수산물 및 그 가공품(쇠고기 등 16종)을 조리하여 제공하는 경우 식단표에 그 원산지를 기재하여 공개하고 있다.**	
4	표준 레시피를 작성하고 있다. **	
5	영양사나 교사는 검식 후 검식일지 작성 및 배식 점검을 하고 있다.	

4. 시설 · 설비 관리

연번	점검 사항	점검
1	조리장을 오염작업 구역과 비오염작업 구역으로 구분하고 있다.	
2	조리장 바닥과 배수로에는 물고임 및 냄새역류 방지 시설이 설치되어 있다.	
3	후드, 환풍기가 설치되어 있고 청결하게 관리하고 있다.	
4	방충, 방서를 위한 적정 설비가 구비되어 있고 정기적으로 관리하고 있다.	

5. 급식경영 관리

연번	점검 사항	점검
1	조리실내에 단체급식 신고필증, 영양사 면허증, 조리사 면허증이 게시되어 있다. **	
2	어린이집에서 직접 조리하고 있다.	
3	급식운영계획서가 비치되어 있다. **	
4	급식일지를 작성하고 보관하고 있다.	
5	위생점검일지를 작성하고 보관하고 있다.	
6	운영위원회를 통해 자체점검을 실시하고 있다.	
7	급식내용을 공개(실물전시, 홈페이지 게시 등)하고 있다.	

※ '**'가 표시된 점검사항은 집단급식소 미신고 대상시설에서 반드시 준수할 사항은 아님.

부록 3. 어린이집 안전점검 체크리스트(일별/월별)

1. 일별체크리스트

(점검상태 : 양호○, 보통△, 불량×)

구분	점검 항목	점검결과						조치사항
		/	/	/	/	/	/	
		월	화	수	목	금	토	
실외 환경	- 어린이집 보호벽 및 주변의 관리 상태는 양호한가?							
	- 실외놀이 공간 주변의 돌, 유리조각, 요철, 녹이 슨 부분, 벗겨진 페인트, 돌출된 모서리가 방치되어 있지는 않은가?							
	- 확인되지 않는 식물이나 잡초는 모두 제거하였는가?							
	- 놀이터 바닥에 오물, 방치된 물 웅덩이가 없는가?							
실내 환경	- 문과 창문 등의 추락 위험은 없는가?							
	- 바닥에는 다칠 수 있거나 미끄러운 곳이 없는가?							
	- 복도, 계단, 비상계단, 미끄럼대 등에 방치된 물건이 없어 피난계단, 미끄럼대 등을 사용하기에 양호한가?							
	- 모든 보육용품과 비품이 제자리에 있는가?							
	- 보육용품이나 비품, 유리창 등에 날카로운 모서리 등이 없는가?							
놀잇감 및 놀이 기구	- 망가져 날카롭고 위험한 것은 없는가?							
	- 유해 색소가 칠해진 놀잇감은 없는가?							
	- 영유아가 삼킬만한 작은 놀잇감이나 부품은 없는가?							
	- 부품이 빠지거나 작은 볼트 등이 빠진 것은 없는가?							
	- 놀잇감 및 놀이기구의 수납 상태가 양호한가?							
화장실 · 세면대	- 화장실내 세제나 락스 등 위험한 물건이 영유아들의 손이 닿는 곳에 방치되어 있지 않는가?							
전기· 화기· 위험물 ·	- 콘센트는 안전덮개로 보호되어 있는가?							
	- 전선이 늘어져 있지 않는가?							
	- 화기에 의한 안전사고 위험은 없는가?							
	- 위험물에 의한 안전사고 위험은 없는가?							
	- 가스밸브와 가스중간밸브 잠금은 양호한가?							
차량 안전	- 차량 내 소화기 · 비상약품 비치여부 및 비치상태가 양호한가?							
	- 차량 내 안전벨트 등 안정장비의 상태는 양호하며 영유아와 보호자는 차량 내 안전벨트를 착용하는가?							
	- 차량에 영유아를 보호할 수 있는 사람(보육교사 등)이 탑승하는가?							
기타	- 응급전화번호 및 비상연락망 등이 잘 관리되고 있는가?							

2. 월별체크리스트

(점검상태 : 양호○, 보통△, 불량×)

구분	점검 항목	점검결과	조치시항
		월	
안전관리	- 안전관리의 책임 및 위기관리 체계가 적합한가?		
	- 일별 안전점검 체크리스트에 의해 관리되고 있는가?		
실외환경	- 어린이집 주변에 감전 위험은 없는가?		
	- 위험한 적치물, 축대 붕괴, 맨홀 등에 대한 위험은 없는가?		
실내 환경	- 모든 설비는 움직이거나 떨어지지 않도록 바닥과 벽면에 단단히 고정되어 있는가?		
	- 창문, 방충망의 상태는 안전한가?		
	- 어린이집 내 비품 및 보육용품에 풀린 나사나 못은 없는가?		
현관 · 통로 · 계단 · 비상구	- 출입문, 현관문 등의 안전장치는 정상 작동하는가?		
	- 계단, 통로부분에 미끄럼 방지처리가 되어 있는가?		
	- 계단의 안전 상태는 양호한가?		
화장실 · 세면대	- 화장실 내 전기 콘센트 등 전기용품은 안전한가?		
	- 세면대의 고정 상태는 안전한가?		
조리실 · 식당	- 환기가 잘되고 있는가?		
	- 조리용 칼이나 기타 위험한 주방기구는 지정된 안전한 장소에 보관하고 있는가?		
	- 영유아의 출입이 잘 통제되고 있는가?		
	- 급식담당직원의 위생 상태는 양호한가?		
	- 배수가 잘되고 배수구에는 덮개가 설치되어 있는가?		

구분	점검 항목	점검결과 월	조치사항
실외놀이 기구 및 공간	– 모든 놀이기구가 바닥에 안전하게 고정되어 있는가?		
	– 놀이 시설물의 상태(틈새나 간격)가 영유아의 몸에 끼이지 않는 넓이인가?		
	– 기초대, 지지대 등 매설부분이 노출되지 않았는가?		
	– 모든 놀이기구 아래와 주위(안전지대)의 충격흡수재 성능은 양호한가?		
	– 보수가 필요한 놀잇감 및 놀이 기구가 방치되어 있는가?		
	– 놀이기구의 높이가 영유아에게 적합한가?		
	– 품질경영 및 공산품 안전관리법에 의한 안전검사를 필한 제품인가?		
전기 · 가스 · 위험물 안전관리	– 전선, 콘센트, 플러그 등 손상된 부분은 없는가?		
	– 한 개의 콘센트에 용량을 초과해 사용하고 있지 않은가?		
	– 전기기구는 규격 전선을 사용하고 있는가?		
	– 각종 전기기구의 접속 상태가 노후, 파손된 곳은 없는가?		
	– 분배전반 및 각종 전기기구의 노후 및 파손된 것은 없는가?		
	– 가스경보기의 설치상태가 양호한가?		
소방시설 관리	– 대피를 위한 대피도가 잘 관리되어 있는가?		
	– 소화기, 스프링쿨러 등 소화장비의 작동 및 관리상태는 양호한가?		
	– 자동화재 탐지설비의 설치상태가 양호한가?		
	– 옥내소화전의 관리 및 작동이 양호한가?		
비상대피 시설관리	– 비상계단 및 미끄럼대 등이 화재 등 유사시 사용이 가능한가?		
	– 피난유도등 유도표지 등이 잘 갖추어져 있고 정상 작동하는가?		
	– 건물 내 대피경로에 장애가 되는 요소는 없는가?		
차량 안전관리	– 차량은 점검기준에 의해 정기적으로 안전점검을 실시하고 있는가?		
석면 안전 관리	– 석면조사를 실시하였는가?		
	– 석면조사를 미실시한 경우 석면조사 생략대상 건축물에 해당하는가?		
	– 석면조사 관련 자료(조사결과보고서, 석면지도 등)는 잘 관리되고 있는가?		
	– 석면함유자재가 파손되거나 노출된 곳은 없는가?		
	– 위의 경우에 경고문 등을 설치하고 철거 또는 개보수 조치는 하였는가?		
	– 석면관리정보가 가정통신문 등을 통해 학부모에게 제공되고 있는가?		

※ 체크리스트 항목별 점검시 참고사항

❑ 일별점검체크리스트 참고사항

1) 실외환경

- 어린이집 보호벽 및 어린이집 주변의 관리 상태는 양호한가?
  (조치사항) 담, 울타리, 창살, 가스 혹은 난방기 등의 계량기, 보일러 설비, 퓨즈박스, 비상미끄럼틀, 외부 차양 등 설비의 안전 상태를 확인하여 위험요소를 즉시 안전하게 제거 · 수리 및 관리한다.
- 확인되지 않는 식물이나 잡초는 모두 제거하였는가?
  (조치사항) 호기심이 많은 영유아들이 독초를 삼킬 수 있으므로 즉시 제거하고, 제거시 식물의 뿌리까지 제거하여야 하며 마스크 및 장갑을 착용하여 잡초 및 독초 제거자의 안전도 유념하여야 한다.
- 놀이터 바닥에 오물, 방치된 물 웅덩이가 없는가?
  (조치사항) 오물 및 물 웅덩이는 전염성 질환을 야기시키는 해충의 서식지가 될 수 있으므로 발견 즉시 제거하고, 물 웅덩이는 물 제거 후 웅덩이를 관리하여 영유아가 넘어질 수 있음을 방지한다.

2) 실내환경

- 문과 창문 등의 추락 위험은 없는가?
  (조치사항) 문과 창문의 안전상태 확인 및 창문 등의 가까이에 오를 수 있는 물품이 있어 추락 위험이 있는지 확인하고 즉시 제거한다.
- 바닥에는 다칠 수 있거나 미끄러운 곳이 없는가?
  (조치사항) 화장실, 계단, 실내 보육실 등에 미끄러운 곳, 물이 고인 곳을 확인한다. 미끄럼방지 시트 또는 타일을 부착하거나 물기가 많으면 물기를 제거한다. 또한, 바닥의 단차가 있는 경우 영유아들이 넘어지는 사고가 많이 발생하므로 바닥에는 단의 차이가 없도록 한다.
- 복도, 계단, 비상계단, 미끄럼대 등에 방치된 물건이 없어 피난계단, 미끄럼대 등을 사용하기에 양호한가?
  (조치사항) 유사시 대피에 장애가 되는 물건이 방치되었는지를 확인하고 방치된 물건은 안전한 곳으로 즉시 이동한다.

3) 놀잇감 및 놀이기구

- 영유아가 삼킬만한 작은 놀잇감이나 부품은 없는가?
  (조치사항) 놀잇감의 크기가 영유아의 입, 코, 귀 등에 들어가지 않도록 3.5cm 이상의 놀잇감을 준비한다.
- 놀잇감 및 놀이기구의 수납 상태가 양호한가?
  (조치사항) 놀잇감이 영유아가 수납하기에 적당한지, 무거운 놀잇감이 높은 곳에 있지 않은지 확인한다. 유아의 신체특성을 고려하여 수납위치를 바꾸고, 무겁거나 추락 위험이 있는 놀잇감은 즉시 안전한 위치로 이동한다. 방치된 놀잇감은 영유아들이 올라가 추락하는 위험도 발생할 수 있으므로 안전하게 보관한다.

4) 전기 · 화기 · 위험물

- 전선이 늘어져 있지 않는가?

  (조치사항) 전선이 늘어져 있다면, 영유아들이 걸려 넘어질 수 있기에 전선이 늘어져 있는 경우 전선 정리용 쫄대 등을 활용하거나 전선보관함을 이용하여 정리한다.

- 화기에 의한 안전사고 위험은 없는가?

  (조치사항) 라디에이터, 난로, 히터 등의 보호덮개, 라이터, 성냥, 양초, 폭죽 등이 방치된 것이 있는지, 가스 중간밸브 잠김, 화기시설 주변의 가연물 등을 확인하여 위험물품은 즉시 제거한다. 보호덮개가 필요한 경우 전문업체에 의뢰한다.

- 위험물에 의한 안전사고 위험은 없는가?

  (조치사항) 화학용품 및 약품, 살충제, 세제, 기타 위험한 약품 등이 방치되었다면, 즉시 안전한 곳으로 이동한다. 특히 약품의 경우 보육실 영유아용 책상 위에 놓여져 영유아들이 만지거나 먹을 수 있기에 주의를 더 요한다. 필요시 전문기관에 의뢰하여 처리한다.

  ※ 관련법 : 영유아보육법 시행규칙 별표 1, 위험물 안전관리법 제14조

- 가스밸브와 가스중간밸브 잠금은 양호한가?

  (조치사항) 가스와 가스중간밸브 잠금 상태, 가스누설 탐지기의 상태 · 위치 등를 확인하여 가스누출을 예방한다. 가스를 사용하는 모든 설비에는 중간밸브를 설치하여야 한다. 가스밸브 주위의 누출여부를 점검하고, 가스누설탐지기의 위치(LNG : 천장에서 30cm, LPG : 바닥에서 30cm 이내)를 점검하고 손상여부, 전원이 연결 상태 등을 점검한다. 이상이 있을시 전문업체에 점검 및 수리를 의뢰한다.

  ※ 도시가스사업법 제7조에 따라 정기검사대상자로 선정되면 연 1회 한국가스안전공사에 의한 점검을 받는다. 단, 지자체에 따라 차이가 있을 수 있다(이 외는 도시가스회사에서 검사).

5) 차량안전관리

- 차량 내 소화기 · 비상약품 비치여부 및 비치상태가 양호한가?

  (조치사항) 차량 내 소화기 및 비상약품이 적정위치에 비치되었는지 확인한다. 소화기의 경우 월 1회 이상 압력을 점검한다. 분말소화기는 압력게이지 눈금이 녹색에 있어야 정상이다. 또한, 일반적으로 사용하는 분말(ABC)소화기의 경우 사용하지 않으면 굳어질 수 있으므로 정기적으로 위 아래 좌우로 흔들어 준다. 비상약품의 경우 약품의 유효기간을 확인하여 관리한다.

  ※ 출처: 어린이시설 안전점검 매뉴얼, 소방방재청(2005)

- 차량 내 안전벨트 등 안전장비의 상태는 양호하며 영유아와 보호자는 차량 내 안전벨트를 착용하는가?

  (조치사항) 어린이집의 차량에는 안전벨트 등의 안전 보호장구의 장비사용이 가능하도록 비치한다.

36개월 미만의 영아를 탑승시킬 때에는 보호자가 동반하거나 보호장구를 착용하여야 한다. 이 때 안전 보호 장구는 도로교통법 제30조 및 품질경영 및 공산품 안전관리법에 의한 안전이 인증된 상품을 사용하여야 한다.

6) 기타

- 응급전화번호 및 비상연락망 등이 잘 관리되고 있는가?
  (조치사항) 비상시 소방서 · 병원 · 경찰소 등의 응급전화번호 및 비상연락망 등이 전화기 옆에서 잘 관리되고 있는지 확인한다. 지속적으로 소방서, 병원의 응급전화번호 및 비상 연락망의 전화번호 변경여부를 확인하여 관리한다.

□ 월별점검체크리스트 참고사항

1) 안전관리

- 안전관리의 책임 및 위기관리 체계가 적합한가?
  (조치사항) 원장의 안전관리 책임성, 화재 등 비상사태 발생시 대응체계의 적절성을 확인한다. 원장이 안전관리에 관한 책임, 전문성(방화관리자 자격 등)을 확보하도록 하고, 교사가 안전관련 교육에 적극적으로 참여하도록 한다. 비상사태에 대비한 대응체계가 수립되도록 한다.

2) 실외 환경

- 어린이집 주변에 감전위험은 없는가?
  (조치사항) 어린이집 50m 이내에 고압선, 전선, 가로등 등 감전위험을 확인한다. 확인물 발견 시 관련기관 및 지방자치단체에 통보하고 안전조치를 요청한다.
- 위험한 적치물, 축대 붕괴, 맨홀 등에 대한 위험은 없는가?
  (조치사항) 어린이집 주변 50m 이내에 위험한 물건 · 물품(방치된 자동차 생활쓰레기 적치, 붕괴위험이 있는 축대, 맨홀, 파인 곳, 공사장 등)이 확인되면 지방자치단체(주민자치센터 포함)에 통보하고 안전조치를 요청한다.

3) 실내환경

- 모든 설비는 움직이거나 떨어지지 않도록 바닥과 벽면에 단단히 고정되어 있는가?
  (조치사항) 건축설비의 전기, 난방, 조명, 급배수 등의 설비물의 고정 상태와 벽 천장 등에 고정된 물품과 장식물 등이 안전하게 고정되어 있는지 확인하여 수리필요시 전문업체 의뢰한다.
- 창문, 방충망의 상태는 안전한가?
  (조치사항) 창문의 깨짐, 창문 테두리의 실리콘 상태, 방충망의 노화상태를 정기적으로 확인하여 즉시 조치한다.

4) 현관 · 통로 · 계단 · 비상구

- 출입문, 현관문의 안전장치는 정상 작동하는가?

(조치사항) 보안을 위한 잠김 문이나 인터폰 · 초인종이 정상 작동여부 확인 후 응급조치와 필요시 전문업체에 의뢰한다. 또한, 출입문과 현관문의 손끼임 방지를 위한 안전 고무 바, 도어 클로저 등을 설치한다.

- 계단의 안전 상태는 양호한가?
  (조치사항) 안전손잡이, 적치물, 난간의 간격 고정 상태를 확인한다. 응급조치 후 필요시 전문업체에 의뢰한다.
  ※ 계단의 단 높이는 16cm 이하이며 단의 높이가 일정하여야 하며, 단 너비는 26cm 이상이어야 하며 일정하게 구성되어야 한다, 난간의 높이는 110cm 이상, 난간살의 간격은 10cm 이하로 설치한다.
  출처: 안전매뉴얼연구 · 중앙보육정보센터, 2008.

5) 화장실 · 세면대

- 화장실 내 전기 콘센트 등 전기용품은 안전한가?
  (조치사항) 방수용 콘센트 및 물에 의한 전기 위험 여부를 확인한다. 콘센트는 방수용으로 교체하고, 물에 젖거나 고인 물(욕조 등)에 추락이 가능한 물품은 안전한 곳으로 이동 또는 제거한다.
- 세면대의 고정 상태는 안전한가?
  (조치사항) 고정상태 확인 시 나사 풀림상태 등을 정기적으로 확인하여 필요시 수리하거나 교체한다.

6) 조리실 · 식당

- 환기가 잘 되고 있는가?
  (조치사항) 가스 등의 누출과 실내공기 정화를 위하여 환기 상태를 확인한다. 자연바람을 이용한 정기적인 환기를 하고 환기구(창)에 의한 배출이 용이하지 못한 경우 환기팬을 설치한다.
- 조리용 칼이나 기타 위험한 주방기구는 지정된 안전한 장소에 보관하고 있는가?
  (조치사항) 위험한 주방기구에 노출 방지를 위해 확인한다. 영유아가 접근이 불가능한 곳에 위험한 주방기구를 보관하고, 필요시 보관함에 잠금장치를 한다.
- 급식담당직원의 위생 상태는 양호한가?
  (조치사항) 급식담당직원의 위생 상태점검 및 철저한 위생교육과 함께 조리실의 위생관리, 급식 시 위생모, 위생복, 위생화 등 착용여부를 확인한다.
- 배수가 잘 되고 배수구에는 덮개가 설치되어 있는가?
  (조치사항) 조리실의 배수는 악취 등을 발생하여 급식의 위생에 문제를 초래할 수 있기에 배수의 상태 및 배수구의 덮개 설치 유무와 함께 악취 등을 확인한다. 배수구의 덮개를 설치하고, 배수의 상태 및 덮개상태를 수시로 확인한다.

7) 실외 놀이기구와 공간

- 모든 놀이기구가 안전하게 고정되어 있는가?
  (조치사항) 놀이기구의 고정상태, 매설된 지지대의 노출, 윤활유 보충 등을 확인하고 즉각적인 안전

조치 후 필요시 관련업체에 의뢰한다.

- 놀이시설물의 상태(틈새나 간격)가 영유아의 몸에 끼이지 않는 넓이인가?
  (조치사항) 집합놀이기구 등의 틈새나 간격의 너비 확인 및 노후로 인한 영유아 신체의 빠짐 및 끼임 등을 확인한다(손가락 : 8mm 이하 · 25mm 이상, 발 : 30mm 이하, 머리 : 9cm 이하 · 23cm 이상). 안전관리 필요시에는 1차 안전조치로 접근금지 표시 및 전문업체 수리를 의뢰한다.

- 모든 놀이기구의 아래와 주위(안전지대)에 충격흡수제의 성능은 양호한가?
  (조치사항) 영유아가 추락할 가능성이 있는 놀이 시설물 아래와 주변의 공간(안전지대)은 충격을 흡수할 수 있도록 설치되어야 한다(25-30cm 이상의 모래, 우레탄 바닥, 매트 등). 충격흡수제 사용시 마모되어 구멍이 나거나 끝 부분이 말림으로 인해 영유아들이 걸려 넘어질 수 있다. 따라서 즉각적인 안전조치 후 전문업체에 의뢰한다.

- 놀이기구의 높이가 영유아에게 적합한가?
  (조치사항) 놀이기구의 구입 시 연령에 따른 영유아의 신체 등에 적합한지 확인한다. 참고로 놀이기구의 높이는 2.5m 이하로 설치한다.
  ※ 출처: 어린이시설 안전점검 매뉴얼. 소방방재청(2005)

8) 전기 · 화기 · 위험물 · 차량 안전관리

- 전선, 콘센트, 플러그 등이 손상된 부분은 없는가?
  (조치사항) 실내 전선의 노후, 피복손상, 파손된 콘센트 및 플러그 등을 확인한다. 벗겨진 전선은 절연테이프로 감싸고, 파손된 콘센트 플러그 등은 즉시 교체한다. 필요시 전문업체에 수리 · 점검을 의뢰한다.
- 전기기구는 규격전선을 사용하고 있는가?
  (조치사항) 전선의 용량을 초과해서 사용하고 있는 전기기구를 점검하고 필요시 전선을 교체하도록 한다.
  ※ 관련법 : 전기용품안전관리법

- 각종 전기기구의 접속 상태가 노후, 파손된 곳은 없는가?
  (조치사항) 어린이집 전기기구(컴퓨터, 노트북, 프린터기, 난방기구 등)의 노후, 파손상태 및 접속 상태를 확인한다. 노후되거나 파손된 각종 전기기구는 전기전문업체에 의뢰하여 수리 · 교체하도록 한다.

- 분배전반 및 각종 전기기구의 노후 및 파손된 것은 없는가?
  (조치사항) 노후하거나 파손된 분배전반 및 각종 전기기구는 전기전문업체에 의뢰하여 수리 · 교체하도록 한다. 또한, 전기사업법 제66조 다중이용시설 전기허가증관련 인가 시 전기 안전점검이 이뤄져야 하고 연 1회 한국전기안전공사에 의뢰하여 점검을 받는다.
  ※ 관련법 : 전기법 제66조 및 동법시행규칙 제35조의 2

- 가스 경보 장치는 잘 작동되고 있는가?
  (조치사항) LNG 또는 LPG에 따른 가스경보기의 위치 · 설치 상태 · 정상작동 여부 및 관련법에 의해 점검을 받았는지 확인한다. 필요시 가스경보기를 전문업체에 의뢰하여 이동설치 · 수

리 · 교체하도록 한다.

※ 관련법 : 소방시설의 설치 및 유지관리에 관한 법률 시행령 제15조

9) 소방시설 관리

- 소화기, 스프링쿨러 등 소화장비의 관리 상태는 적합한가?

(조치사항) 소화기의 비치 위치, 압력 등의 적합한 관리상태를 확인한다. 소화기는 연면적 33제곱미터 이상에 1대 이상을 비치한다. 또한, 공간의 제약성 등을 확인 후 필요시 추가로 비치한다. 소화기는 눈에 잘 띠는 곳에 위치하고 있는지를 확인하되 영유아 보행시 충돌 방지를 감안하여 적절한 위치에 놓는다, 소화기는 압력 상태를 월 1회 이상 점검한다. 이상이 있는 것은 새것으로 교체하거나 소방전문업체에 점검을 의뢰한다. 스프링클러 설비의 정상적인 작동여부를 확인하고 필요시 소방전문업체에 수리 · 점검을 받도록 한다.

- 자동화재 탐지설비의 설치상태가 양호한가?

(조치사항) 자동화재 탐지설비가 있는 경우에 한하는 것으로 자동화재 탐지설비의 정상적인 작동여부를 확인하고 필요시 소방전문업체에 수리 · 점검을 받도록 한다.

- 옥내소화전의 관리 및 작동 상태가 양호한가?

(조치사항) 옥외소화전 설비가 있는 경우에 한하는 것으로 소화전 함의 내용물을 확인(관창 1, 호스 2), 방수시 수평거리 17m 도달 시 정상이다. 옥내소화전 설비의 정상적인 작동여부를 확인하고 필요시 소방전문업체에 수리 · 점검을 받도록 한다.

※ 소방시설의 설치 및 유지관리에 관한 법률 시행령 제15조에 따라 어린이집은 특정소방대상물(노유자시설)로 연 1회 소화설비, 경보설비, 피난설비, 방염 등에 대하여 관할 지역 소방서에 의한 점검을 받는다.

※ 출처: 어린이시설 안전점검 매뉴얼, 2005 소방방재청.

10) 비상대피시설관리

- 비상계단 및 미끄럼대 등이 화재 등 유사시 사용이 가능한가?

(조치사항) 설치기준에 적합한 상태, 평상시 영유가 개폐할 수 없는 상태, 유사시 용이한 개방 가능 등의 정상적인 작동 여부를 확인하고 필요시 전문업체에 수리 · 점검을 받도록 한다.

※ 관련법 : 영유아보육법 시행규칙 제9조(별표 1)

- 피난유도등 · 유도표지등이 잘 갖추어져 있고 정상 작동하는가?

(조치사항) 유도등 유도표지의 위치, 유도등의 상태 · 점등 등을 확인한다. 피난구 유도등의 경우 30m 거리에서 문자 및 색채 식별이 가능하여야 한다. 설치기준에 적합성 및 위치 · 작동 여부를 확인하고 필요시 전문업체에 수리 · 점검을 받도록 한다.

- 건물 내 대피경로에 장애가 되는 요소는 없는가?

(조치사항) 계단. 통로, 출입문 등 피난경로에 적치물 방치, 피난에 필요한 유효 너비 확보, 비상출구의 잠금장치 설치 여부를 확인한다. 계단, 통로, 출입문 등 피난에 장애가 되는 물건 등은 즉시 이동조치한다. 계단 · 통로 · 출입구의 유효 너비, 출입문의 개폐방향, 비상구의 잠금장치 등을 확인하고 시정 · 조치하도록 한다.

※ 관련법 : 소방시설의 설치 및 유지관리에 관한 법률 시행령 제15조

11) 차량안전관리

- 차량의 점검은 기준에 의해 정기적으로 안전점검을 실시하고 있는가?
  (조치사항) 차량이 정기적으로 안전점검이 이루어지고 있는지를 확인하고 미흡한 경우 빠른 시일 내에 점검을 받도록 한다. 어린이통학버스로 지정시 경찰서장의 수시점검이 이루어진다.

12) 석면안전관리

- 석면조사를 실시하였는가?
  (조치사항) 연면적 430㎡ 이상 어린이집은 석면조사를 의무적으로 실시하고, 연면적 430㎡ 미만 어린이집도 영유아의 안전한 보육환경 조성을 위해 석면조사를 조속히 받도록 한다.
  ※ 관련법 : 석면안전관리법 시행령 제29조
- 석면조사를 미실시한 경우 석면조사 생략대상 건축물에 해당하는가?
  * 석면조사 생략대상 건축물
  가. 「건축법」 제65조에 따른 친환경건축물 인증을 받은 건축물로서 대통령령으로 정하는 바에 따라 석면건축자재 사용
  나. 석면안전관리법 제21조제1항에 따른 건축물의 소유자로부터 건축물 또는 건축물에 사용된 자재에 석면이 함유되어 있지 않음을 증명하는 서류를 제출받아 해당 건축물이 석면을 함유하고 있지 않음이 명백한 것으로 인정한 건축물
  다. '09. 1. 1. 이후에 착공신고를 하여 「산업안전보건법」이 적용된 건축물에 설치된 어린이집
- 석면조사 관련 자료(조사결과보고서, 석면지도 등)는 잘 관리되고 있는가?
  (조치사항) 석면조사 관련 자료(조사결과보고서, 석면지도 등)를 건물 철거 · 멸실 시까지 기록 · 보존하도록 한다.
  ※ 관련법 : 석면안전관리법 시행규칙 제23조
- 석면함유자재가 파손되거나 노출된 곳은 없는가?
  (조치사항) 석면함유자재가 파손되거나 노출된 곳은 없는지 주기적으로 확인한다.
  ※ 관련법 : 석면안전관리법 시행규칙 제32조
- 위의 경우에 경고문 등을 설치하고 철거 또는 개보수 조치는 하였는가?
  (조치사항) 석면이 함유된 건축물을 철거 또는 해체할 경우 고용노동부령으로 정하는 석면 해체 · 제거의 작업기준을 준수하여야 한다.
  ※ 관련법 : 산업안전보건법 제38조의 3
- 석면관리정보가 가정통신문 등을 통해 학부모에게 제공되고 있는가?
  (조치사항) 석면관리정보를 가정통신문 등을 통해 학부모에게 제공하도록 한다.

부록 4. 응급처치 동의서

응 급 처 치 동 의 서

반이름		생년월일	
성 별	남 여	성 명	

<u>○ ○ ○에게 응급상황 발생시 다음의 절차에 따라 응급처치를 하는 것에 동의합니다.</u>

20 . .

부 모 : ○ ○ ○ (서명 또는 인)

〈응급처치 절차〉

1. 사고 발생시 가장 먼저 부모님께 연락합니다.

(시간/기간) (전화번호)

어머니와는 ________ 동안에 ________________ 로 연락됩니다.

________ 동안에 ________________ 로 연락됩니다.

아버지와는 ________ 동안에 ________________ 로 연락됩니다.

________ 동안에 ________________ 로 연락됩니다.

2. 부모님과 신속하게 연락되지 않을 경우, 부모님이 정해 주신 다음의 연락처로 연락드립니다.

(이름) (전화번호)

① __________ 는 __________________ 로 연락할 수 있습니다.

아동과의 관계 ______________

② __________ 는 __________________ 로 연락할 수 있습니다.

아동과의 관계 ______________

3. 필요한 경우 119 구조대에 연락할 것이며, 어린이집에서 지정하는 의료기관이나, 부모님이 정하신 _____________ 의료기관으로 응급수송할 것입니다.

4. 의료기관 수송 후에는 다음의 건강보험 관련 정보를 주어 신속하게 치료받을 수 있도록 합니다.

건강보험 종류 _______________

번호 _______________

기관 _______________

부록 5. 영유아 사고보고서

사 고 보 고 서

어린이집명 (유형)	(　　　　　) *전담지정 종류 포함			인가일	최초 : 　년　월　일 변경 : 　년　월　일	
주　소				연락처		
어린이집현황	정원(　　)명, 현원(　　)명, 보육교직원(　　)명					
반별 현황	0세반(　)명 1세반(　)명 2세반(　)명 3세반(　)명 4세반(　)명 5세반(　)명 시간제(　)명 방과후(　)명 시간연장(　)명 24시간(　)명					
사고아동명		성별	남 · 여	생년월일	년　월　일	
사고일자	년　월　일	목격자명		사고시간	오전/오후	
사고 당시 원장 및 담임교사 근무상황						
부모연락사항						
연락시간	오전/오후	119신고 여부		□안함 □신고함(오전/오후　시)		
사고발생 장소	□ 수송중　□ 견학중　□ 실외놀이장　□ 실내놀이실 □ 화장실　□ 복도　□ 주방　□ 대근육활동실(유희실) □ 교사실　□ 식당　□ 계단　□기타(　　)					
사고당시 활동내용	□ 목욕 및 배변시간　□ 교실활동　□ 계단 오르내리기 □ 실내자유놀이　□ 점심/간식/수유시간　□ 실외자유놀이 □ 계획된 실외놀이　□ 놀이시설 설비　□ 물놀이 □ 견학　□ 낮잠　□ 기타(　　　)					
상해를 입은 시설 설비	□ 오르기 시설　□ 평균대　□ 크롤(기어나가는 시설) □ 장애설비　□ 현관문/교실문　□ 실외고정물 □ 회전대　□ 놀이집　□ 시소 □ 미끄럼틀　□ 그네　□ 바퀴달린 탈것 □ 바퀴달린 장난감　□ 잘 모르겠음　□기타(　　　)					
상해의 유형	□ 화상　□ 쇼크/질식　□ 추락/강타　□ 물체에 끼임 □ 찢어짐　□ 뼈가 부러지거나 탈구　□ 압박, 눌림 □ 베임　□ 찰과상(벗겨짐)　□ 삠　□ 물림　□ 찔림 □ 식중독　□ 기타 중독　□ 호흡곤란　□ 기타(　　　)					

상해를 입은 다른 아동이 있는가 ?			□ 예 □ 아니오
사고원인	□ 바닥으로 떨어짐 : 떨어진 높이 약 m 바닥의 형태 : □ 뛰거나 발을 헛디뎌 넘어짐 □ 다른 유아에게 물림 □ 다른 유아에게 맞거나 밀림 □ 바퀴 달린 탈것(인라인 스케이트 등) □ 물체에의해 다침 □ 음식물에 의한 질식 □ 곤충에 물리거나 쏘임 □ 동물에게 물림 □ 열, 추위에 노출 □ 기타( )		
다친 부위 (좌, 우 표시)	□ 머리 □ 눈(좌, 우) □ 귀(좌, 우) □ 코 □ 입 □ 목 □ 가슴 □ 등 □ 엉덩이(좌, 우) □ 생식기 □ 팔(좌, 우) □ 손(좌, 우) □ 다리(좌, 우) □ 발(좌, 우)		
사고 관련 특이사항			
보육기관에서 행해진 응급처치(상술 예 : 압박붕대, 세척, 붕대, 위로 등)			
상해 · 배상보험 가입 현황			
□ 상해 □ 배상 □ 기타( ) 보험금 최고한도 인당( )만원 건당( )만원			
응급처치자		의료기관 진료여부	□ 안함 □ 함
의료기관 진료를 한 경우	□ 외래 진료를 받음(예 : 진료실, 응급실) □ 입원(시간/일)		
기타 사후처리 상황 (경찰조사, 피해합의 등)			
사고아동 보호(치료)를 위한 추후 계획			
재발방지를 위한 조치사항			
직원 서명	(인) 날짜 : . . 오전/오후		
부모 서명	(인) 날짜 : . . 오전/오후		

부록 6. 어린이집 감염병 발생현황 보고서

보육통합정보시스템 감염병 발생 보고서

<작성 방법>

- ▶ 보고 질환 : 10가지 감염병(수족구병 외 9종)에 한함
  ※ 질병 종류는 유행 정도에 따라 변경될 수 있음
- ▶ 보고대상자 : 해당 질병으로 **'의사진단을 받은 아동'에 한하여 연령별 아동 수 기재**
- ▶ 보고시기 : 매주 월요일에 보고(지난주 월~토에 발생한 현황을 집계하여 보고)

보고대상 기간	년 월 주(전주 월~토까지)					
연령별 / 질병명	0세	1세	2세	3세	4세	5세 이상
수족구병	명	명	명	명	명	명
풍진	명	명	명	명	명	명
유행성 결막염	명	명	명	명	명	명
인플루엔자(유행성 독감)	명	명	명	명	명	명
장염	명	명	명	명	명	명
홍역	명	명	명	명	명	명
유행성이하선염(볼거리)	명	명	명	명	명	명
전염성농가진	명	명	명	명	명	명
수두	명	명	명	명	명	명
무균성수막염	명	명	명	명	명	명
아동상태	□ 자택격리 중 : ○명 □ 등원 중 : ○명 □ 사망 : ○명 □ 기타 ( ) 직접입력					
조치사항	(해당사항을 모두 체크) □ 어린이집 소독실시 □ 타아동의 감염여부 확인(검진실시 등) ※ 의심 증상 아동은 즉시 병원내원 조치 □ 각 가정에 감염병 발생사실 공지 □ 기타 ( ) 직접입력					
조치계획	(해당사항을 모두 체크) □ 어린이집 소독실시 □ 타아동의 감염여부 확인 □ 각 가정에 감염병 발생사실 공지 □ 기타 ( ) 직접입력					

부록 7. 보육실 시설/설비 및 놀잇감 안전점검표

보육실 시설/설비 및 놀잇감 안전점검표

담당	시설장

년 월 일 점검자 :

점 검 내 용	점검 상태		조치사항
	예	아니오	
1. 의자나 책상 등의 설비 중 부서지거나 날카로운 부분이 없고 못이나 부품 등이 빠져 나와 있지 않다.			
2. 문이 부드럽게 열리고 닫히며 손끼임 방지장치가 있다.			
3. 벽면에 돌출된 부위가 없다.			
4. 비가 올 때 천장이나 벽에서 누수되는 곳이 없다.			
5. 깨진 유리창이 없고 창틀에 파손된 부분이 없다.			
6. 교구장, 수납장, 벽의 선풍기, 창문, 형광등, 게시판 등이 흔들리지 않는다.			
7. 교구장, 수납장 등은 안전을 위해 아래쪽에 무거운 물건을 보관하고, 선반에는 물건이 떨어지지 않도록 지지대를 설치한다.			
8. 놀잇감이 부서지거나 날카로운 모서리가 없다.			
9. 놀잇감에 유해색소가 칠해져 있거나 칠이 벗겨져 있는 부분이 없다.			
10. 영아가 삼킬만한 작은 놀잇감 · 부품이 없다.			
11. 바닥이 미끄럽거나 돌출된 부분이 없고 압핀이나 못 등이 떨어져 있지 않다.			
12. 선풍기에 안전망이 씌워져 있으며, 과열되었는지 확인한다.			
13. 창문에 안전장치와 방충망이 되어 있다.			
14. 손상된 전선이 없다.			
15. 콘센트에 안전뚜껑이 덮여 있다.			
16. 약품이나 교사용 가위, 세척제 등의 위험한 물건은 영유아의 손이 닿지 않는 곳에 보관되어 있다.			
17. 칠판 · 융판 등이 견고하게 부착되어 있다.			

어린이집

부록 8. 보육교직원용 아동권리 자가 체크리스트

*중앙아동보호전문기관 홈페이지(www.korea139.org)에 게재되어 있음

보육교직원용 아동권리 자가 체크리스트

이 체크리스트는 보육교직원들을 대상으로 아동권리에 얼마나 민감한지를 파악할 수 있도록 만든 자가 점검 체크리스트입니다. 이를 통해 보육교직원들이 아동권리를 침해하는 아동학대 행위가 무엇인지를 인식하게 하고 아동학대를 포함한 전반적인 아동권리에 대해 종사가가 점검할 수 있는 기회를 제공하고자 합니다. 어린이집 원장 및 교사를 포함한 종사자들의 정기적 사용을 권장합니다.

이 체크리스트는 보육교직원이 일상에서 아동의 권리를 보호하는지를 파악하기 위한 자가 체크리스트입니다. 해당하는 문항에 체크(∨) 하시고 점수를 통해 아동권리에 대한 민감도를 확인해 보세요.

	점검 항목	전혀 업음	1회	2회 이상	거의 매일
1	아동에게 원망적, 거부적, 적대적 또는 경멸적인 언어폭력을 한 적이 있다. • 아동에게 욕을 하거나 나쁜 말을 한 적이 있는 경우 : 돼지야! 이 못생긴 게. 멍청아! 바보, 나가 죽어라 등 • 아동을 비판, 비난, 조롱, 모욕, 우롱한 적이 있는 경우 : 넌 혼자 이것도 못하니? 애비 없는 자식. 너처럼 못하는 아이는 처음 봤다며 무시하는 행위 등				
2	아동의 인격이나 감정/기분을 무시하거나 모욕하는 행위를 한 적이 있다. 매운 음식을 먹을 때 물을 마시지 못하게 하는 행위. 음식을 먹는 속도가 느리다는 이유로 연령이 낮은 반으로 보내서 아동이 수치심을 느끼게 하는 행위 등				
3	아동에게 위협을 주는 언어나 행동을 한 적이 있다. 숫자 다 셀 때까지 해! 엄마한테 일찍 데리러 오지 말라고 할거야! 동생반이나 원장반으로 보내 버릴거야! 엄마 아빠한테 이를거야! 집으로 내쫓을거야! 시키는 행동을 하지 않으면 그 아동의 바깥놀이를 하지 못하게 하는 행위 등				
4	아동에게 폭력적인 장면을 노출한 적이 있다. 아동에게 종사자 간 싸움 장면을 노출시키는 행위. 원장이 아동에게 폭력을 행사하는 것을 다른 아동이 목격하는 경우 등				
5	(자, 회초리, 긴 막대 등의) 도구로 아동을 위협한 적이 있다.				
6	화장실, 창고 등의 아무도 없는 빈 장소에 벌을 세우기 위해 아동을 가둔 적이 있다.				
7	긴급상황이 아닌 경우에도 아동을 재촉하거나 공포분위기 조성을 위한 목적으로				

	아동에게 고함을 지른 적이 있다. "당장 그만두지 않으면 혼자 놔두고 갈거야!"				
8	아동의 신체부위를 때린 적이 있다. 맨손이나 발로 때리거나 사랑의 매 등의 도구를 사용하여 때린 행위 등				
9	아동에게 신체적 손상은 입히지 않았지만 고의적으로 아동의 신체를 가해하는 행위를 한 적이 있다. 아동의 팔을 당겨 서두르게 하는 행위. 아동의 머리나 엉덩이를 치며 행동을 중지시키는 행위. 먹기 싫어하는 음식을 억지로 입을 벌려 먹이는 행위. 아동을 꼬집거나 잡고 흔드는 행위. 목을 잡고 조르는 행위 등				
10	낮잠시간이나 놀이시간 등에 아동을 혼자 있게 하거나 아동 간 다툼을 방치한 적이 있다.				
11	아동에 대한 기본적 보호 · 양육을 소홀히 한 적이 있다. 아동이 적절한 음식을 충분히 제공받도록 하지 않거나, 식사 때가 되어도 식사를 제대로 챙겨주지 않거나 상한 음식을 아동에게 주는 행위 등				
12	아동을 위험상황이나 비위생적인 환경에 방치한 적이 있다. 아동이 위험한 물건(칼, 압정, 핀 등)을 가지고 놀아도 내버려 두는 행위. 아동이 자는 낮잠시간에 책상 위에 의자를 두는 행위. 일부러 화상을 입게 하는 행위. 아동이 흘린 음식을 먹게 하거나 기저귀를 긴 시간 동안 갈아주지 않는 행위 등				
13	아동에게 필요한 의료처치를 제공하지 않은 적이 있다. 아동이 몸이 아프다고 해도 보호자에게 알리지 않거나 병원에 데려가지 않고 그냥 내버려 두는 행위 등				
14	과도하게 신체접촉을 하거나 아동의 신체를 노출시킨 적이 있다. 기저귀갈이 할 때 다른 사람 앞에서 생식기를 고의적으로 노출시키거나 만지는 행위. 사람들 앞에서 속옷을 갈아입히거나 용변을 보도록 하는 행위				
15	음란비디오나 책을 아동에게 보여준 적이 있다.				

〈자가 체크리스트 사용방법〉

• 사용주기 : 근무개시 1주일 이내에 필수. 이후는 분기별 혹은 반기별(연 2회 정도) 사용을 권장합니다.

분류	세부내용
없다	당신은 아동 권리를 위해 최선을 다하고 있습니다.
1개 이상 '있다'에 체크한 경우	'예'에 해당되는 항목의 행동을 하지 않도록 주의가 필요합니다.

부록 9. 차량안전점검표 및 차량 영유아 등·하원 일지

차량안전점검표 및 차량 영유아 등·하원 일지

20 년 월 일 요일 날씨: 맑음, 흐림, 비, 눈

결재	운전기사	보육교직원	원장

차량번호		탑승자	
운전기사명		승차영유아수	명

< 차량안전점검표 >

점검내역		상태 월	화	수	목	금	토	비고
운전기사	① 차량 외부의 이상 유, 무를 확인한다.							
	② 차량시동 후 엔진 및 각종계기판 이상 유, 무를 확인한다.							
	③ 차량 출발 전 탑승자의 안전벨트 및 문단속을 확인한다.							
	④ 타이어 압력 및 트랙은 양호한가?							
	⑤ 주차 브레이크는 정상인가?							
	⑥ 차량 내 영유아가 전원 하차 하였는지 확인한다.							
보육교직원	① 차량에 안전하게 탑승시키고 안전벨트를 착용시킨다.							
	② 원아는 항상 보호자에게 직접 인계한다.							
	③ 차량에는 보호 장구 및 구급상자 등이 있는지 확인한다.							
	④ 차를 출발 또는 후진시키기 전에 영유아가 어디 있는지 살핀다.							

< 영유아 등·하원 일지표 >

영유아명	반명3	월				화				수				목				금				토			
		등원		하원		등원		하원		등원		하원		등원		하원		등원		하원		등원		하원	
		출발	도착	출발	도착	출발	도착	출발	도착	출발	도착	출발	도착	출발	도착	출발	도착	출발	도착	출발	도착	출발	도착	출발	도착

부록 10. 아동학대 조기발견을 위한 부모 안내서

*중앙아동보호전문기관 홈페이지(www.korea139.org)에 게재되어 있음

어린이집 아동학대 조기발견을 위한 부모 안내서

1. 자녀에게 이러한 징후가 발견되면 아동학대를 의심해 보세요.

- 자녀에게 관찰되는 손상이 상식적으로 발생하기 어려운 경우
  - 겨드랑이, 팔뚝이나 허벅지 안쪽 등 다치기 어려운 부위의 상처가 있는 경우
  - 2세 미만의 자녀에게 머리 손상이나 장골 골절이 발생한 경우
- 자녀의 신체에 학대 의심 증거가 있는 경우
  - 다발성의 시기가 다른 멍이 있는 경우
  - 회음부/엉덩이 화상, 팔다리에 스타킹이나 장갑 모양의 사지 화상 등이 있는 경우
- 자녀의 상흔이나 사고에 대한 설명이 교사와 자녀 간에 일치하지 않는 경우
- 원 내에서 아동이 다쳤음에도, 특별한 이유 없이 병원에 데려가지 않거나 지연된 경우
- 자녀가 갑자기 평소와는 너무 다른 행동 등을 보이는 경우
  - 자기 파괴적인 행동 또는 공격적인 행동을 하거나 특정 물건을 계속하여 빨거나 물어뜯는 경우
  - 자녀가 혼자 있기를 거부하거나 특정 유형의 사람들 또는 성인에 대해 두려워하는 경우
  - 갑자기 어린이집에 가는 것을 거부하거나 외출을 거부하는 경우

2. 학대가 의심될 때는 자녀를 이렇게 도와 주세요.

- 112로 신고해 주세요.
  - 아동학대가 의심될 경우, 경찰에 신고하여 자녀의 추가 피해를 예방해 주세요.

- 아동보호전문기관에서 자녀의 마음을 치료해 주세요.

※ 가까운 지역아동보호전문기관은 www.korea1391.org에서 확인하실 수 있습니다.

- 몸에 생긴 상처는 시간이 지나면 저절로 나을 수 있지만, 학대로 인해 마음에 생긴 상처는 시간이 지나도 낫지 않을 수 있습니다. 학대피해아동의 치료와 상담을 전문적으로 수행하는 아동보호전문기관에 연락하여 자녀가 건강하고 행복하게 자랄 수 있도록 해 주세요.

아동학대 예방을 위한 "착한신고" 앱(App)

아동학대의 범위, 징후, 관련법, 신고 방법 및 아동학대예방교육 자료 및 가까운 지역아동보호전문기관을 스마트폰에서도 편리하게 다운로드할 수 있는 어플리케이션입니다.
(아이폰/IOS) : App Store에서 "아동학대" 검색 후 다운로드
(삼성, LG/안드로이드) : Play 스토어에서 "아동학대" 검색 후 다운로드

3. 아동학대 의심상황에 대한 이야기를 나눌 때에는 아래의 방법으로 해보세요.

〈상황 1〉 자녀가 어린이집에 다녀와서 "선생님이 나를 아프게 했어."라고 이야기한다.

1) (매우 놀라며) 뭐라고? 선생님이 아프게 했다고? 때렸단 말이지? 머리 때렸어, 엉덩이 때렸어? 손으로 맴매했어? 몇 대 때렸어? (X)

2-1) (차분한 목소리로) 그랬구나. 어린이집에서 어떤 일이 있었는지 자세히 이야기해 줘. (O)

2-2) '선생님이 아프게 했다.'는 게 무엇인지 이야기해 줘. (O)

- 자녀의 표현을 어른의 관점으로 생각하여 추측하는 것은 오해를 불러일으키기 쉽습니다. 자녀가 표현하고자 하는 것이 무엇인지 정확히 파악하는 것이 중요하며, 부모님이 임의로 추측한 내용을 아동에게 질문할 경우 유도질문이 되거나 자녀의 기억이 변형될 가능성이 있습니다.
- 또한 부모가 놀라거나 당황하는 모습을 보이면, 아동은 자신이 잘못했다고 생각하거나 혼이 날까봐 학대상황에 대해 말을 하지 않으려 할 수 있습니다.

〈상황 2〉 부모가 자녀에게 학대상황에 대해 질문하였으나, 자녀가 대답을 하지 않거나 모르겠다고 한다.

1) 엄마한테 얘기해 봐. 응? 빨리 이야기해야 엄마가 도와 주지. (언성을 높이며) 네가 말 안하면 못 도와 준다니까! (X)

2) 지금은 그 이야기를 하고 싶지 않구나! 언제든지 이야기하고 싶을 때 다시 이야기해 줘. (O)

- 자녀에게 대답을 강요하거나 다그칠 경우, 자녀는 거짓된 대답을 할 가능성이 있습니다. 조금 답답하시더라도 자녀 스스로 이야기할 수 있도록 기다려 주세요.

〈상황 3〉 자녀의 이야기가 구체적이지 않거나 추가적으로 확인할 이야기가 있다.

1) 어제 엄마한테 얘기했던 거 더 자세히 말해 봐. 선생님한테 맞았다는 얘기 있잖아. 잘 좀 기억해 봐. (다음 날) 이제 기억났어? 선생님한테 맞은 이야기 여기 아빠랑 할머니한테도 해봐. (X)

2) 자녀가 이야기할 때까지 학대상황에 대해 먼저 이야기를 꺼내지 않는다. (O)

- 학대여부를 확인하기 위해 학대 의심상황에 대해 재차 질문하는 것은 아동의 기억을 변형시킬 가능성이 있고, 학대의 기억을 다시 떠올리게 하여 자녀가 힘들 수 있으니 반복하여 질문하지 않는 것이 바람직합니다. 전문가가 직접 아동과 이야기할 수 있도록 해 주세요.

4. 그 밖에도 다음 내용을 유의하여 자녀와 이야기해 주세요.

• 자녀를 안심시켜 주세요.
  - 자녀가 부모에게 학대상황을 이야기해도 벌을 받거나 피해가 발생하지 않을 것임을 알려주어 안심하고 이야기할 수 있도록 해 주세요.

• 질문은 간단하게 해 주세요.
  - 아동들은 보통 집중시간이 짧기 때문에 질문을 단시간에 마치는 것이 바람직합니다. 해당 지침은 우선적으로 자녀에게 학대가 있었는지 여부를 확인하는 것이 주목적이므로, 재차 질문하여 자녀의 기억이 변형되지 않게 해 주세요.

참고 문헌

김계자(2004). **영유아를 위한 안전교육.** 서울: 동문사.

김영실 외(2010). 영유아 안전교육의 내용 및 방법에 대한 유아교사의 인식, **유아교육 연구, 30**(40), 49-78.

김일옥 외(2013). **아동안전관리.** 경기: 양서원.

경찰청(2014). 도로교통공단 교통사고 통계.

곽은복(2008). **아동안전관리.** 서울: 학지사.

교육과학기술부(2000). 유아를 위한 안전교육 지도 자료. 서울: 교육부.

______________(2008, 2012). 유치원 교육과정해설(Ⅱ).

교육과학기술부, 보건복지부, 육아정책연구소(2012). 3~5세 연령별 누리가정 지원을 위한자료집.

교육과학기술부, 보건복지부(2013). 3~5세 연령별 누리가정 교사용 지침서.

국민안전처(2014). 안전길잡이단계.

구경선 외(2013). **아동안전관리.** 경기: 정민사.

권덕수 외(2014). **아동안전관리.** 경기: 정민사.

권혜진 외(2011). **아동안전관리.** 서울: 창지사.

________(2013). **영유아 안전 · 건강교육.** 서울: 창지사.

김승현(2005). 유아교사의 안전지식 정도 및 안전연수에 관한 인식과 요구 조사. 이화여자 대학교 교육대학원 석사학위 청구논문.

김영실 외(2015). **영유아 안전관리.** 경기: 공동체.

김일옥(2009). **영유아를 위한 응급처치**. 경기: 양서원.

김재호(2003). **안전교육과 응급처치.** 서울: 대경북스.

도로교통공단(2014). 어린이 교통사고 통계자료.

마혜미(2014). 스마트기기 안전교육에 대한 교사와 학부모인식연구. 덕성여자대학교 석사학위논문.

문혁준(2000). 어머니의 양육태도 및 TV/비디오 시청중재와 아동발달 특성. **아동학논집, 25**(1), 47-60.

박성익(1997). **교수 · 학습방법의 이론과 실제**. 경기: 교육과학사.

박수련(2012). 잡으면 못 놓는 스마트폰. 유아도 중동 증상. 중앙일보 2012년 8월 14일.

방인옥 외(2012). **유아교육과정**. 경기: 정민사.

방송심의위원회(2012). 스카트폰 이용 실태조사.

박찬옥 외(2010).미디어와 함께 건강하게 살아가요.

보건복지부(1998). 영유아 안전 보육프로그램

__________(2008). 보건복지통계연보.

__________(2009). 한국 아동청소년 종합실태조사.

__________(2012). 2012 어린이집 보육교직원 안전교육.

__________(2014). 2014년도 보육사업안내.

보건복지부 · 중앙보육정보센터(2010). 보육시설 종사자 안전교육.

서울특별시 보육지원과(2004). 안전한 보육환경 조성을 위한 안전교육 프로그램.

서울특별시(2004). 안전한 보육환경조성을 위한 안전교육 프로그램.

소방방재청(2008). 유사사고 발생 근절을 위한 소방활동 안전사고 사례집.

_________(2013). 연도별 화재 발생보고.

송태희 외(2008). **유아교사를 위한 영유아 영양과 건강**. 경기: 교문사.

손진희(2006). 극놀이와 그리기를 통한 교통안전교육 프로그램의 효과 비교. 경남대학교 교육대학원 석사학위청구논문.

신의진(2004). 과잉조기인지교육이 유아의 성장발달에 미치는 영향-부모의 역기능적 양육태도로 인한 유아의 여상과다 시청률 중심으로-.

오정옥(2008). 유아교육기관의 화재안전교육 실태. 덕성여자대학교 대학원 석사학위청구논문.

유광찬(1997). **교육방법 신강.** 경기: 교육과학사.

윤선화(2000). 유아교사의 아동 안전지식, 지각 및 실천에 대한 연구. 숙명여자대학교 대학원 석사학위 청구논문.

윤선화 외(2010a). **영유아를 위한 안전관리.** 한국생활안전연합.

_________(2010a). 영유아 안전교육과 안전교육 프로그램. 한국생활안전연합.

이기숙 외(2002). **영유아를 위한 안전교육과 응급처치**. 경기: 양서원.

이기숙 외(2012). **영유아 안전교육.** 경기: 양서원.

_________(2014). **영유아 안전교육**. 경기: 양서원.

이성호(1999). **교수방법론.** 서울: 학지사

이순자 외(2014). **아동안전관리.** 경기: 양서원.

이윤경 외(2013). **아동안전관리.** 서울: 학지사.

이윤미(2011). 영유아교육기관 안전사고 실태와 처리과정 법적책임에 대한 교사의 인식. 연세대학교 교육대학원 석사학위논문.

이인실 외(2006). **아동안전관리.** 서울: 형설출판사.

이정수 외(2008). 유아의 인터넷 안전교육 프로그램 개발. **사회과학연구, 14**, 113-132.

정아란(2013). **아동안전관리.** 경기: 공동체.

정정옥 외(2013). **유아교육기관에서의 안전교육.** 서울: 창지사.

조경자 외(1998). **유아건강교육**. 서울: 학지사.

중앙보육정보센터(2008). 보육시설 안전 매뉴얼 연구. 보건복지가족부.

________________(2009). 보육시설 안전관리 매뉴얼.

________________(2009). 보육시설 운영 문서 자료집.

________________(2009). 보육시설 응급처치 매뉴얼.

통계청(2010). 사고에 의한 어린이 사망 OECD 국가비교.

채혜선 외(2014). **아동안전관리.** 경기: 양서원.

초록우산 어린이재단(2012). 실종아동전문기관 2012사업보고서-2013 사업계획서

최민수(2000). **부모와 교사를 위한 영유아 건강과 안전**. 서울: 학지사.

최혜선 외(2013). **표준보육과정 · 누리과정을 적용한 현장중심 영유아 안전교육.** 서울 : 도서출판 신정.

_________(2011). **영유아 안전교육.** 경기: 양서원.

한국보육진흥원(2010). 표준보육실습지도지침.

______________(2013). 어린이집 원장 사전직무교육.

______________(2014). 제3차 어린이집 평가인증 안내.

한국인터넷 진흥원(2011). 2011년 인터넷이용실태조사.

한국산업안전공단(2003). 초등저학년 안전교육 자료, 교과와 함께 하는 교육.
한국소방안전협회(2014). 소방통계(화재현황)
한국소비자원(2014). 어린이 안전사고 유형별 실태조사.
__________(2012). 어린이 안전사고 유형별 실태조사.
한국정보화진흥원, 인터넷중독대응센터-영유아(보호자)스마트기기 중독예방가이드북.
한국정보화진흥원, 교육인적자원부(2007). 유아동 부모용 스마트미디어 중독예방 가이드라인.
한국직업능력개발원, 교육부(2014). 어린이집 운영방침 수립.
행정안전부(2011). 안전생활 길잡이 지도서.

Cole. Crandall, & Kourofsky(2004). We can teach young children fire safety. Young Children, 59(2), 14-18.

Heinrich, H. W. et al.(1980). Industrial accident preventation(5th ed.). New York: Megraw-Hill.

Hall-Long, B. A., Sohell, K., & Corrigan, V.(2001). Youth safety education and injury prevention program. Pedicatric Nursing, 27(2), 141-148.

Kendrick, A. S., Kaufmann, R., & Messenger, K. P.(1995). Healthy young children, a maual for programs. NAEYC.

Martoz, Rush, & Cross(1989). Health, safety and nutrition for the young child(2nd ed.). Delmar Pub. Co.

〈인터넷 사이트〉
국가재난정보센터. http://www.safekorea.go.kr.
국민안전처(2014). http://www.mpss.go.kr/main/main.html
꼬망쎄. http://www.edupre.co.kr/
보건복지부. http://www.mw.go.kr/
보육통합시스템 http://cpms.childcare.go.kr/
소방방재청. http://www.nema.go.kr.
식품안전처 식중독예방 대국민 홍보. http;//www.kgda.go.kr/fm/index.do
아이사랑보육포털. http://www.childcare.go.kr/
인터넷중독대응센터. http://www.iapc.or.kr.
중앙보육정보센터. http://www.educare.or.kr/
(주)스마트 소방. http://www.smartfire.co.kr.

통계청. http://www.kostat.go.kr.

폴인러브(경기지방경찰청). http://polinlove.tistory.com/

한국보육진흥원. http://www.kcpi.or.kr/

한국정보화진흥원. http://www.nia.or.kr.

한국소방안전협회. http://www.kfsa.or.kr/

저자소개

✍ 이명조

서울대학교 대학원 교육심리학 전공(교육학 석사)
미국 University of Arakansas 유아교육전공(교육학 박사)
현, 한국외국어 대학교 사범대학교수

✍ 차승환

성신여자대학교 일반대학원 유아교육과 박사(수료)
현, 구립 보림어린이집 원장
한국외국어 대학교 외래교수

✍ 우정순

성신여자대학교 일반대학원 유아교육과 박사(수료)
현, 경인여자대학교 겸임교수

✍ 김영옥

사랑어린이집 원장
현, 영유아교육연구소 연구위원

✍ 김란옥

백석대학교 유아교육학과 석사(졸업)
현, 백석예술대학교 외래교수
서창1지구 어린이집 원장

✍ 배진희

성신여자 대학교 교육대학원 유아교육과 석사(졸업)
현, 금천구 육아종합지원센터장

아동안전관리 -개정판-

2018. 08

초판발행 2015년 9월 10일
개정1쇄 2018년 8월 15일

저 자 이명조 · 차승환 · 우정순 · 김영옥 · 김란옥 · 배진희
발행인 김현태
발행처 태영출판사

주 소 (08301) 서울 구로구 구로동 104-10 동남오피스텔 201호
전 화 02 · 839-3757, 839-3752
팩 스 02 · 837-3754

등 록 2005년 5월 30일 제12-421호
홈페이지 http://www.taeyeongbook.co.kr
E-mail tys2005@hanmail.net
ISBN 978-89-6302-232-1 93370
정 가 18,000원